KB127529

대한민국 행복지도

박태준미래전략연구총서 4

대한민국 행복지도

아시아

| 책머리에 |

행복지도의 귀중한 자료들

김병현(포스텍 박태준미래전략연구소장)

개인마다 삶의 모습은 각기 다르겠지만, 공통적으로 추구하는 인생의 목표는 '행복한 삶'일 것입니다. 행복은 개인적 측면들, 요컨대 가치관이나 '마음 비우기' 같은 수양에서 비롯되기도 하지만, 개인이 살아가고 있는 시대의 사회적 환경이 행복에 미치는 영향도 무시할 수 없습니다. 어쩌면 사회적 존재인 인간에게는 사회적 영향이 더 클지도 모릅니다.

이러한 맥락에서 포스텍 박태준미래전략연구소는 올해 실사구시적인 미래전략연구 주제의 하나로서 '더 행복한 한국사회로 나아가기 위해 가장 중요한 과제가 무엇인가'를 선정했습니다. 행복에 영향을 미치는 사회적 환경에 초점을 맞추고, 조금 더 나은 사회적 환경을 건설하기 위한 방안에 대해 모색하고자 합니다. 구체적으로는 이 시대를 살아가는 수많은 사람들이 '불행하다'고 느끼게 만드는 다양한 정치·사회·경제적 문제들을 직시하고 고찰하고자 합니다.

여기서 저희 연구소 연구위원회는 토박이 한국인이 아닌 분들의 목소리를 경청해보는 것이 더 객관적이고 효과적일 수 있다는 판단을 내렸습니다. 우리 사회에 대한 고견을 제시해줄 필자를 찾는 과정이 쉽지는 않았지만, 감사하게도 여러 분야에서 활동 중인 외국인 전문가, 결혼이주여성, 한국에 유학 온 박사과정 학생, 탈북 작가 등 모두 21개국 36인이 참여해주셨습니다. 모국어로 쓴 에세이 11편은 전문번역가의 손을 거쳐 수록하였습니다.

한국에 대해 잘 알고 있는 필자들은 '한국사회의 행복문제'를 어떤 시각으로 읽어내고, 이에 대해 어떤 대안을 갖고 있을까요? 근래에 우리의 청년세대를 중심으로 '헬조선'이라는 말이 유행처럼 번지고 있습니다. 비슷한 또래의 외국인들은 한국사회에 대해 어떻게 진단하며, 어떤 처방을 권유할까요?

이 책의 가장 큰 의의는 외국인들의 시선을 통해 토박이 한국인들과 정책입안자들을 자극할 만한 '귀중한 자료'를 제공해준다는 점일 것입니다. 이를 통해 '대한민국의 행복지도, 한국사회의 행복지도'를 한 단계 더 발전시킬 수 있기를 희망합니다. 한국을 향한 애정과 관심이 여느 한국인들 못지않은 36인 필자들의 경험에서 비롯된 남다른 혜안과 고견은 우리사회에 '충분히 의미 있는 메아리'를 일으킬 것입니다. 사실 이들이 말하는 것들이 결코 생소하지는 않습니다. 아니, 오히려 익숙할 것입니다. 이들이 진단한 '심각한 사회적 병리'들은 실상 우리가 외면하고 있었던 문제에 지나지 않습니다. 이 책이 우리의 무관심을 일깨워주기를 희망합니다.

이 책에 담은 '행복 한국사회'가 가까운 미래에 실현되기를 희원하면서 필자 여러분에게 감사 말씀과 함께 건승 축원을 보내드립니다.

차례

제2부. 무엇을 내려놓아요?

차례

제3부. 다문화 엄마들이 말해요.

제1부. 어떻게 쉴까요?

가치체계를 재정립할 때가 왔다

망고 제인 안기르(케냐)

"빨리 가고 싶다면 혼자 가고, 멀리 가고 싶다면 함께 가라."

— 아프리카 속담

2016년 7월, 나는 현재 한국에 살고 있는 외국인 33명을 대상으로 "한국의 행복"이라는 주제로 간단한 설문조사를 실시했다.[1] 많지 않은 수이지만, 문화적 배경이나 직업, 연령대가 다양했다. "'아주 많이 불행함' 1점에서 '아주 많이 행복함' 10점까지 중에서 한국인은 얼마나 행복해 보입니까?" 응답자 중 대다수(78.8%)는 한국의 행복도를 1점에서 4점 사이, 그러니까 '아주 많이 불행함'에서 '불행함' 사이로 평가하였다. 그들 중 가장 많은 수인 응답자의 39.4%가 4점을 꼽았다. 이 결과는 다음과 같은 질

1 설문결과는 https://docs.google.com/forms/d/1KvaAtle3wHaVlIIuMnwR0RmgyzR39id9dilWigWImEg/edit에서 볼 수 있다. 설문조사는 소셜미디어를 통해 온라인으로 진행하였다.

1992년 5월 24일 태어남. 현재 숙명여대에서 성치과학과 국제관계를 전공하고 있음. 유학지로 한국을 선택한 것은 한강의 기적과 한국인들이 그토록 빠르게 정치경제적 발전을 이룬 이야기에 매료되었기 때문. 조국 케냐와 다른 아프리카 국가들의 정치경제적 발전에 큰 관심이 있음. 앞으로 한국과 케냐의 개발을 위한 동맹에 교두보가 될 수 있기를 희망.

문으로 이어진다. (서구에서는 거의 한 세기가 걸린 놀라운 경제적, 정치적 발전을 불과 한 세대 만에 이룩한) '한강의 기적'을 이룬 나라가 어떻게 불행한 사회로 인식될 수 있을까?

이 불행감을 설명할 수 있는 많은 이유가 있다 — 2000년대 초반 이후 둔화된 한국의 경제성장률[2], 점점 증가하다가 마침내 2016년 12.5%라는 최고치를 기록한 15세에서 29세 사이 인구의 실업률[3], 점점 느는 듯한 정치적 부정부패, 숨 막히는 교육시스템, 견디기 힘들도록 긴 노동시간 등등. 하지만 나는 이 불행감의 바탕에 있을 한 가지 요인으로, 그동안 사회적 가치보다 물질적 가치를 더 강조해옴에 따라 생겨난 "성공에 대한 아주 잘못된 인식"을 반드시 지적하고 싶다.

한국사회에서 성공한 삶은 대개 세 가지 척도로 측정된다. 교육적 성취(특히 어떤 학교를 나왔는가), 다니고 있는 회사나 공기업(더 중요하게는 그곳에서의 직위), 대도시의 아파트와 고급차 같은 자산인데, 이것들은 모두 필연적으로 물질적이다. 물론 이런 방식으로 성공을 측정하는 것이 한국에서만 있는 일은 아니다. 그러나 이런 것들을 지키기 위해 얼마나 큰 노력을 기울이는지를 보면 한국사회에 아주 강력한 물질만능주의가 뿌리 깊이 박혀 있음을 분명히 알 수 있다. 나는 순전히 물질적 성취에만 집중해 성공을 정의하는 이러한 태도가, 한국인들이 느끼는 불행감을 만들어내는 데 늘 일조하고 있음에도 불구하고 주요원인으로 지목되는 경우는 적다고 생각한다.

물질적 가치를 중시하는 '성공에 대한 잘못된 인식'이 어떻게 한국사회의 불행감을 불러오는 주요원인이 되는 것일까? 한국은 자원이 풍부하지 않아서 인구가 주요자원이 되어온 국가로서 99,720제곱킬로미터밖에 안

2 https://en.wikipedia.org/wiki/Economy_of_South_Korea#/media/File:Historical_GDP_growth_of_South_Korea.png

3 http://www.koreatimes.co.kr/www/news/biz/2016/03/488_200537.html

되는 작은 영토에 50,801,405명쯤의 많은 인구가 살고 있다. 한 개인이 성공하기 위해서는 뛰어나야만 한다. 이 모든 사람들이 성공을 똑같이 인식하고 같은 것을 원한다면, 곧 경쟁이 따라온다. 경쟁이 그 자체로 바람직하지 못한 것은 아니다. 경쟁은 사회 안에 창의력을 불러일으키고 특정한 목표를 추구할 수 있도록 동기를 북돋는 역할을 한다. 그러나 모든 사람이 비슷한 목표를 추구한다면, 그리고 그 목표가 자신이 살아남을 수 있는 유일한 길처럼 보인다면, 경쟁이 그것을 성취하기 더욱 어렵게 만들어서, 너무 치열한 나머지 자신을 무너뜨릴 수 있는 지경에 다다를 수 있다고 나는 믿는다.

한국의 젊은이들은 유년기에 들어서자마자 치열한 경쟁을 현실로 맞닥뜨린다. 엄격하게 표준화된 시험에서 좋은 결과를 내서 최고의 대학들 중 하나에 들어가려면, 충분한 이해보다는 암기에 중점을 둔다고 비판받는 고된 학업시스템을 견뎌내야 한다.[4] 시간이 지나면 중소기업보다 선호되는 대기업에 입사하기 위해 경쟁해야 한다. 이 경쟁 탓에 때로 얼굴을 '고치는' 성형수술까지도 해야 하는데, 한국사회에서는 '특정한' 종류의 아름다운 외모를 가진 이들에게 더 쉽게 기회가 오기 때문이다. 입사 후에도 상사들을 만족시켜 승진을 하기 위한 경쟁이 있고, 이 때문에 "멸사봉공"[5]이란 말처럼 자신이 속한 회사를 위해 개인적인 삶을 희생하기도 한다. 이 경쟁적인 문화는 어떤 차와 집을 가졌는지, 자녀가 어떤 학교를 다니는지까지로 확장된다. 이것은 성공적인 삶을 살기 위한 끝없는 악순환이다.

그렇다, 여기에 엄청난 대가가 따르는 것은 분명하다. "얼룩말의 검은

4 Tanya Thomas (2010. 4. 27). "Intensely Competitive Education In South Korea Leads to Education Fever". Medindia.

5 http://www.koreaherald.com/view.php?ud=20150116001008 "멸사봉공"이란 원래 개인의 삶을 희생하면서 공동체의 발전을 위해 헌신하는 것을 격려하는 일본의 개념이다.

줄무늬를 쏘면 하얀 줄무늬도 죽는다"라는 아프리카의 속담이 있다. 사회의 한 측면이 왜곡되면 전체 구조에 영향을 미친다. 경쟁적인 학교시스템은 아이들에게서 창의력을 고갈시키고, 표준화된 시험을 치름으로써 사람은 모두 다르다는 인간성의 기본적인 속성과는 반대로 동질성이 강요된다. 선택된 몇몇 대학만을 위한 경쟁은 학생들이 적성보다 학교이름을 보고 학교를 정하게 만든다. 아주 경쟁적인 입사면접은 한국의 일터에서 생산성을 떨어뜨리는 결과를 부른다. 왜냐하면, "모든 경쟁에는 승자의 수가 정해져 있고, …… 이것은 회사측에서 보면, 최고의 기술을 가진 이들도 한정적이기" 때문이라고 헤럴드지의 클레어 리는 말한다.[6] 그러나 이것들보다도, 더 위험한 것은 협동과 공동체정신 같은 사회적 가치들을 잃는 것이다.

칼 마르크스는 "경쟁은 개인들을 서로에게서 분리시키고 공동체의 모든 진정한 형태를 모조리 약화한다"고 지적하였다.[7] 간디 역시 바람직한 사회를 "각 개인이 협동하고 다른 이의 행복을 위해 봉사하며, 사람들이 서로의 기쁨과 슬픔, 성취를 공유하는 것이 사회적 삶의 규범"이 되는 곳이라고 생각하였다.[8] 나는 경쟁이 치열해지면 폭력적이고 한 사회에 좋지 못한 영향을 주며 경쟁과 대척점에 있는 공유와 협동 같은 인간적 가치들에 위협을 끼친다는 점에 동의하지만, 간디와 마르크스처럼 경쟁 자체가 나쁜 것이고 사라져야 한다고는 생각하지 않는다. 한국의 경쟁적인 문화와 자본주의 체계는 그 단점에도 불구하고 세계은행 추산 1인당 GDP가 1950년대에 100달러에 불과하던 나라에서 2015년에 27,221달러에 이르는 나라로 탈바꿈하는 성공에 큰 기여를 해왔다.

그러나 나는, 지금의 경쟁적인 문화는 너무 지나치기 때문에 이제 한국

6 http://www.koreaherald.com/view.php?ud=20150116001008

7 Allen E. Buchanan, Marx and justice: the radical critique of liberalism, Taylor & Francis, 1982

8 Parmeshwari Dayal, Gandhian Theory of Social Reconstruction, Atlantic Publishers & Dist, 2006

사회가 자신의 핵심가치와 원칙들을 재평가하고 재수립해야 하는 시점에 왔다고 생각한다.

알리바바의 최고경영자이자 설립자인 잭 마(마윈)는 다보스 세계경제포럼에서 중국의 더딘 성장에 대해 이야기하며 이렇게 말했다.

"중국이 계속 9% 경제성장률을 유지한다면, 분명히 무언가가 잘못됐을 겁니다. 푸른 하늘을 보지 못할 수도 있습니다. 품질을 기대할 수 없을지도 모르죠. …… 인간의 몸과 마찬가지로, 덩치가 계속해서 커질 순 없습니다. 때가 되면 몸의 성장은 느려집니다. 그 대신 마음을 키우십시오. 문화를 키우십시오. 가치를 키우십시오. 지혜를 키우십시오."

이 연설은 한국이나 다른 많은 개발도상국에도 똑같이 적용될 수 있을 것이다. 한국은 짧은 시간 안에 커다란 경제적, 정치적 발전을 이루었다. 이제는 더 고차원적인 가치를 개발할 시간이다. 한국은 이미 환경보호나 역사적, 문화적 유물보존 같은 분야들에서는 올바른 길에 들어서 있다. 그러나 가치체계를 재정립하는 문제는 특히 미래의 젊은 세대들을 위해 지체 없이 심각하게 고민해야 한다. 성공적인 삶은 물질적 가치뿐 아니라, 오히려 인간성을 보여주는 사회적 가치들을 반드시 포함해야 한다.

이를 제도적으로 실현할 수 있는 한 방법은, 교사들이 학생들의 다양성을 북돋아주도록 훈련하고 그것을 실현하는 것이다. 아름다움은 그저 표면적인 것이 아니라는 것, 어떤 형태와 크기의 턱과 코도 아름답다는 것을 알려주자. 비전문직을 더 가치 낮은 것으로 생각하지 않게 하고, 의사나 교수들만큼 농부들을 존중하게 만들자. 농부의 노력도 의사의 작업만큼 국가 생존에 필수적이다. 그러면 아마 앞으로 한국 농부들노 결혼상대로 덜 매력적이라는 인식을 벗게 되어, 더 많은 젊은이들이 자신감 있게 농업에 뛰어들 수 있을지도 모른다. 농업분야는 지구온난화와 기술발전 때문에 교육수준이 높은 인재가 점점 더 필요해지고 있다.

한국은 협력을 통해 이룬 성취의 가치를 강조함으로써 경쟁보다 협력이 더 많아지게 만들어야만 한다. 나의 조국 케냐는 이 협동에 관한 문제에서는 완벽에 가깝다. 아프리카 문화가 원래 공동체적인 것은 누구도 부인할 수 없다. 우리는 "우리가 있어서 내가 있다"고 말하고, 독립 이후 케냐인들의 슬로건은 "하람비(Harambee)", 즉 "함께 당긴다"라는 뜻의 스와힐리어일 정도이다. 우리가 경쟁을 믿지 않는 것은 아니다. "(사회에서) 솟아나길 바라는 사람은 늘 깨어 있어야 한다"는 유명한 스와힐리어 속담은 다른 이들보다 성공하고 싶으면 더 많은 노력이 필요하다는 뜻이다. 그러나 우리는 물질적 성공보다는 내가 앞으로 나가기 위해 다른 이들을 뒤에 버려두고 오면 안 된다는 원칙이 더 중요하다고 생각한다. 혼자 앞서가서는 오래 갈 수 없기 때문이다. 그래서 아프리카인들은 또한 "빨리 가고 싶다면 혼자 가고, 멀리 가고 싶다면 함께 가라"고 말한다.

'생존'의 삶인가 '생활'의 삶인가

나심 이브라힘(아프가니스탄)

"쾅! 다다다다쾅! 콰광!"

"나심! 어서 일어나! 어서 뒷산으로 올라가!"

어디선가 들려오는 시끄러운 굉음, 아버지의 고함. 새카만 밤이었다. 아버지와 어머니, 갓난아기였던 동생과 나는 허겁지겁 돌산으로 이끌려 올라갔다. 일주일을 시퍼렇게 얼어붙은 산에서 보내고 내려왔을 때, 집에 있던 염소와 양들은 온데간데없이 사라졌다. 그 뒤 나는 삼촌을 본 적이 없다. 그렇게 탈레반은 우리 가족에게도 큰 아픔을 남겼다.

내 이름은 나심 이브라힘이고, 아프가니스탄 사람이다. 유난히도 비가 많이 쏟아져서 푸른 강이 범람한 다다음해에 태어난 나는, 일곱 살 때 처음 나이와 태어난 날을 헤아릴 수 있었다. '난민'으로 등록되던 날은 생일이 되었고, 비가 많이 내렸던 그해에 대한 엄마의 기억은 나이가 되었다.

1990년대 초, 나의 조국 아프가니스탄은 탈레반 때문에 쑥대밭이 되었

1991년 아프가니스탄에서 태어남. 한국 드라마 〈주몽〉을 보고 한국에 대한 호기심이 생겨 2014년 한국에 오게 되었다. 한국어를 열심히 배워 아프간어, 페르시아어(이란어), 영어, 몽골어와 더불어 한국어도 유창하게 구사한다. 포스코청암재단 아시아펠로사업의 지원을 받아 서강대학교 국제대학원을 졸업, 현재 한국 회사에서 철강수출 업무를 맡고 있다. 꿈은 조국 아프가니스탄을 재건하는 것.

다. 우리 마을과 가족도 예외는 아니었다. 산으로 올라가 탈레반의 습격을 피하기를 몇 차례, 아버지는 아프가니스탄을 떠나 이란으로 가기로 결심했다. 이란에는 할아버지와 큰아버지가 살고 있다고 들었다. 하지만 그들이 'Fardis'라는 지역에 있다고만 알고 있을 뿐, 우리는 그들의 전화번호나 정확한 주소도 알지 못했다. 그러나 우리는 무조건 떠나야 했다.

얼마 안 되는 집 세간을 정리한 우리는 '브로커'라 불리는 사람들을 따라 이란 국경이 있는 동쪽으로 향했다. 큰 승합차에 짐처럼 실려 국경에 도착하자, 그들은 우리 가족을 내리게 했다. 어린 시절이었지만 시뻘건 불빛이 번쩍이던 삼엄한 국경은 아직도 눈에 선하다. 차를 열어 어떤 사람들이 탔는지 일일이 확인하는 국경경비대를 보며 우리는 망연자실했다. 그러나 다시 돌아갈 수는 없었다. 우리는 몇 날 며칠을 국경 근처 다리 밑에서 지내며 기회만 엿보았다. 마침내 큰 화물차 수십 대가 국경을 넘으려고 줄지어 몰려들었다. 기회가 온 것이었다. 그렇게 우리 가족은 큰 화물차 옆에 바짝 붙어 국경을 넘었다. 드디어 우리는 안도의 한숨을 쉴 수 있었다.

하지만 그것도 잠시, 브로커들에게 돈을 주고 흩어져버린 다른 사람들과는 달리 우리 가족은 브로커에게 줄 돈이 없었다. 결국 우리는 어딘지 모를 허름한 건물 지하에 감금되었고 어머니만 풀려날 수 있었다. 브로커는 시간을 줄 테니 친척을 찾아 돈을 받아오라고 했다. 어머니는 낯선 길을 나섰다. 큰아버지의 이름과 사는 지역명만 알 뿐이었는데……. 일주일, 이주일, 한 달이 지나도 어머니는 돌아오지 않았다. 나는 어머니를 잃은 줄만 알고 매일 울었다. 눈물에 적셔졌다 말랐다 다시 적셔져 마음이 오래된 신문지처럼 바스러졌을 때쯤 어머니가 돌아왔다. 빈손이었다. 두 달의 시간에도 불구하고 어머니는 큰아버지와 할아버지를 찾지 못한 것이었다.

"모두 도망가! 어서 빨리!"

감금 생활을 하던 어느 날 저녁, 갑자기 지하실 문이 열렸다. 불법적으로 우리를 감금하는 것이 동네에 알려졌는지 경찰이 습격한 것이었다. 경찰에 잡히면 우리는 다시 아프가니스탄으로 추방될 수밖에 없었다. 우리 가족은 미친 듯이 뛰어 도망갔다.

우리는 정처 없이 길을 헤매다 체념했다. 붉은 진흙이 뒤덮인 더럽고 꾀죄죄한 행색은 누가 봐도 아프간 난민으로 오해 받기에 충분했다. 숨어야 했지만 우리는 숨을 힘도, 의지도 없었다. 너무 힘들고 배가 고팠다. 그러던 중 갑자기 경찰차 한 대가 우리 옆에 섰다. 우린 너무 놀랐지만 도망갈 수 없었다. 이윽고 차 문이 열리고 경찰관 한 명이 말했다.

"도와줄까요? 도움이 필요한가요?"

우리는 너무나 놀랐다. 하지만 악의가 없어 보이는 그 경찰관에게 큰아버지의 이름을 말했다. 경찰관이 수소문 끝에 큰아버지를 찾아주었다. 우리는 극적으로 큰아버지와 상봉할 수 있었다. 경찰관은 거지꼴을 한 남자가 한 아이는 들쳐 업고 다른 아이는 손을 잡고 끌고 가는 모습을 그냥 지나칠 수 없었다고 했다. 나의 어린 시절은 그렇게 지나갔다.

나는 한국 사람들에게 이렇게 묻고 싶다. 눈을 감고 '행복'을 떠올렸을 때 무엇이 생각나는지? 나는 눈을 감고 '행복'을 떠올리면 무엇보다 먼저 여섯 살 때 기억이 떠오른다. 탈레반이 휩쓸기 전의 아름다운 우리 마을, 노란 들꽃, 풀 뜯던 염소들, 친구들과 뛰놀던 들판이 생각난다. 마음 졸이지 않고, 안전하고 평화로운 마음의 안식. 이것이 내가 바라는 진정한 행복이다. 그러나 아프가니스탄에서는 얼마 전에도 대학에서의 폭탄 테러로 수십 명이 목숨을 잃었다.

한국 친구들과 '행복'에 대해 이야기했던 적이 있다. 친구들은 '로또가

됐으면 좋겠다' '강남 아파트에 살고 싶다' '외제차를 몰고 싶다' 등을 이야기했다. 나는 그들이 너무 이상하다고 생각했다. 그들이 원하는 것은 대부분 '무엇을 갖는 것'이었다. 행복에 대한 정의가 '소유'로 이루어져 있다는 것이 놀라웠다. 많은 한국 사람들은 '소유'가 행복을 가져다준다고 생각한다.

한국은 고도 성장기를 거치며 큰 경제발전을 이루었다. 그러나 경제발전 그 자체가 궁극의 목적이 되어버린 것 같다. '잘 살아 보세'가 궁극의 목적이 될 수 있는가? '무엇을 위해 잘 살 것인가'에 대한 의문을 제기하는 사람을 만나보기 어렵다.

"무엇을 위해 잘 살아야 하는데?"

이 질문을 던질 때 대다수 한국인은 매우 당황스러워한다.

"잘 살면 되는 거지, 무엇을 더 바래야 하는데?"

이렇게 되묻는 사람도 적지 않다.

하지만 내 생각은 다르다. 정신적인 비전이 있고, 그에 따른 풍요가 있어야 공허하지 않다는 것이다. 적어도 '생존'을 넘어 '생활'의 단계에 이르렀다면 말이다. '생존'이 생과 사를 가르는 절대적인 고민이라면, '생활'은 삶의 만족을 결정하는 상대적인 고민이다. 생과 사를 논하지 않아도 되는 삶이라면, 좀 더 고귀한 정신적인 목표를 추구할 수 있지 않을까? '내가 저 아파트를 샀어야 하는데, 내가 저 시계를 갖고 싶은데, 내가 저 위치에 오르고 싶은데'라는 고민들은 생과 사의 갈림길에 섰던 내가 보기에는 그저 쓸데없는 고민처럼 보인다.

그리고 내가 느끼기에는 많은 한국인들이 다른 사람과 비교하여 그만큼 가지지 못한 것을 불행해하는 것 같다. 이것이 많은 한국인들에게 행복을 가로막는 큰 이유처럼 보인다. 한국인들의 SNS에는 늘 자신이 가진 것들에 대한 자랑으로 가득하다. 그들이 SNS를 통해 보여주는 것은 '내가 이러한 훌륭한 외모를 가졌다', '나는 이러한 것을 누리고 즐길 만큼 돈과 시간적 여유가 있다'가 유난히 많다. 많은 한국인들은 이러한 포스팅을 보며 부러워한다. 거기에 자신을 비교하며 스스로를 깎아 내리고 의기소침해 하기도 한다.

대다수 사람들은 자신이 가진 것에 대해서는 잊고 살아가지만, 자신이 갖지 못한 것들은 마음에 심어둔다. 가진 것을 깨닫지 못하게 하는 것은 무엇일까? 그것이 바로 탐욕이라고, 나는 생각한다. 탐욕을 따라가면 불평만 자리할 뿐이다. 반대로 감사를 떠올리면 상황은 정반대가 된다. 나는 감사할 때 비로소 진정한 마음의 평화가 시작된다고 생각한다.

생사를 넘나들던 어린 시절, 나는 나의 삶이 쓸모없다고 생각했다. 늘 쫓겨 다니고 이방인 취급을 당하는 것이 너무나 싫었다. 하지만 어느 순간 내 삶에 감사가 싹튼 뒤부터는 모든 것이 달라졌다. 이를테면 아침에 아무 탈 없이 잘 일어나는 것, 심지어 내가 잘 잤다고 느끼는 것 그 자체가 감사할 일이다. 그리고 감사는 나에게 삶의 동기와 힘, 열정을 불러왔다. 이것은 탐욕과는 전혀 다른 것이었다. 감사를 통한 삶의 힘은 도전하면 할수록 기쁨 그 자체였다. 탐욕에 의한 시도와 결과가 불평불만을 가져온다면, 감사를 통한 모든 일은 성공과 실패를 가릴 것 없이 즐거운 것이었다.

이제 한국은 정신적인 풍요로움에 대한 과업을 이룰 때라고 생각한다. 물질적인 번영에 따른 '생존'이 해결되었다면, '생활'을 살찌우는 내면의 풍요로움을 필연적으로 들여다봐야 할 때일 것이다. 인간을 구성하는 영·혼·육에 있어 육신을 살찌웠다면, 그 다음 과업은 당연히 내면을 풍요롭게 하는 것이다. '무엇을 위해 살 것인가?', '내 삶을 통해 추구하고자 하는 것은 무엇인가?'와 같이 인간으로서의 존엄성을 지키고 정신적, 영적인 내면의 풍요로움을 이루는 길이 무엇인지에 대한 깊은 성찰을 이루어야 한다. 물론, 주어진 삶에 대한 감사도 필요하다. 탐욕을 위해 맹목적으로 앞서가기보다 감사를 기반으로 도전에 나서는 사람들이 많아져야 한다.

내면의 목표를 세우는 것과 주어진 삶에 감사하는 것. 이것이 더 나은 한국사회, 더 행복한 한국사회를 만드는 길이라고, 나는 믿는다.

과도한 소비주의와 포근한 인정, 그 사이에

일리야 벨랴코프(러시아)

한국에 온 지 어느덧 13년이 지났다. 한국에 온 첫날이 지금도 뚜렷하게 기억에 남아 있다. 러시아 블라디보스토크공항에서 출발할 땐 비가 엄청 많이 오고 다소 추웠지만 인천공항이 나를 맑고 푸른 하늘과 따뜻한 봄 날씨로 맞이했다. 공항에서 대학교 기숙사까지 이동할 때 차창 밖에는 진달래꽃, 개나리꽃이 활짝 피어 있었고, 거리의 서울 시민들은 분주해 보였다. 그 모습은 해외여행조차 첫 번째인 나에게 진지한 행복으로 다가왔다.

한국 사람들의 첫인상은 행복 그 자체였다. 당시의 러시아 사람들보다 더 많이 웃고 인생에 대한 태도가 더 간편한 것 같았다. 한국에 사는 첫 몇 달 동안 나는 정말 행복의 나라로 온 것 같았다. 사회생활도 제대로 안 해 본 나에게 친구들과 놀기엔 딱 좋은 서울에 사는 것은 너무나 즐거웠다.

하지만 대학교를 졸업하고 직장생활을 하면서 한국 사람들이 첫인상처

1982년 9월 8일 러시아 블라디보스토크에서 태어남. 현재 원어민 강사·방송인·기자. FEFU 한국학과 졸업한 후 2003년에 한국에 처음으로 왔음. 연세대 국어국문학과 석사 졸업. 국내 대기업, 통번역 업무, 의료 통역 등 다양한 업무를 맡아 봤고, 학원에서 원어민 강사로 일하면서 JTBC '비정상회담' 프로그램을 통해서 알려졌고 방송 활동과 기자 활동을 병행하고 있음.

럼 그렇게 행복하지 못하다는 것을 알게 되었다. 겉으로는 웃음과 즐거움이 넘치는 사회로 보이지만 속은 그렇게 환한 모습이 아니라는 것을, 나는 경험이 쌓이면서 알게 되었다.

13년 동안 한국에 살면서 많은 한국인에게 들은 질문은 바로 '왜 한국에 사느냐'라는 것이다. 불행에 빠진 나라이면서 문제가 많은 사회인데, 외국인인 내가 도대체 무엇이 좋아 그렇게 오래 버티느냐라는 것이 그 질문 뒤에 있는 의문이다. 그 의문에 대한 답은 아주 간단하다. 당연한 이야기로 들릴 수 있겠지만, 외국인이 보는 한국과 한국인이 보는 한국이 너무나도 다르기 때문이다.

한국은 한국 사람들조차 헤아릴 수 없을 정도로 독특한 나라다. 반세기 전 만해도 아프리카에서 제일 가난한 짐바브웨보다 더 가난했다. 20세기 초 일제강점기 때 고유한 문화를 잃을 뻔했고, 통일된 나라가 강제로 둘로 쪼개져 내전 속으로 던져진 후에는 계속 외부의 지도를 받아 왔다. 이런 곡절 많은 역사 때문에 종교들도 다 진기하게 섞였다. 2016년에 외국인이 볼 수 있는 한국사회는 바로 그런 신기한 모습이다. 국민 의식에도 그와 같은 고통들이 아직 뚜렷하게 남아 있다.

그래서 현재의 대한민국은 세계에서 "해 아래의 장소"(Spot under the Sun)를 찾으려고 노력을 하고 있으나, 이런 노력은 고생으로 보일 뿐 행복으로 인식되지는 않는다. 행복이라는 것은 목적지가 아니라 길이다. 서방국가들이 이 말을 이해하기까지 몇백 년이 걸렸고, 한국은 아직 도달하지 못한 것 같다. 그렇다면 현재 대한민국 사회의 불행을 일으킨 요소들은 어떤 것일까.

경제적으로 성공한 대한민국 사회에서 행복의 제일 큰 적은 소비주의 마인드라고, 나는 생각한다. 돈을 벌어 물질적인 소비를 하거나 서비스를 누리는 건 괜찮지만 적당한 수준을 넘으면 문제가 생긴다. 재정적으로 감당할 수 있는 수준 이상으로 물질적인 집착을 갖거나 일상생활에 지장을 줄 수 있는 행동을 하는 것은, 소비주의가 과도한 수준에 이르렀다는 경보라고 본다.

한국사회에서 과도 소비의 실례를 자주 볼 수 있는 건 아쉬운 일이다. 한 가지만 예를 들어 보자. 외국 사람들이 한국을 방문할 때 누구나 놀라는 한국 사람들의 명품 집착이다. 비싼 자동차나 액세서리, 브랜드 옷 등과 같은 명품은 당연히 다른 나라에서도 쓰는 사람들이 많다. 하지만 유럽이나 미국과 같이 이른바 선진국 명품 소비자들은 주로 그 사회의 상류층에 한정된다. 특정한 사회계층이나 재정적인 여유가 있는 사람들이 명품의 주요 소비자들이다. 값비싼 상품이나 서비스는 원래 극소수의 엘리트가 일반 사람들과 거리를 두기 위하여 만들어진 것이고, 전 세계에서 유명한 브랜드를 갖고 있는 것은 바로 이런 엘리트에 속한다는 뜻에서 시작되었다. 그러나 한국에서는 재정적으로 감당할 수 없는 사람들조차도 명품을 소유하려고 한다. 직장생활을 하면서 주어진 연차를 안 쓰고 나중에 보상을 받아 그 돈으로 명품 백을 사려는 몇 명을 보았다. 나의 한국인 친구 중 한 명도 회사를 다니면서 매년 해야 하는 건강검진을 포기하고 건강검진에 쓸 돈을 받아 자기 아내에게 명품 백을 선물한 적이 있다. 명품 백보다 자기 몸 관리가 더 중요하지 않느냐는 나의 질문에 그 친구는 주변에서 다 그렇게 한다고 하면서 만약 자기 아내가 명품 백을 갖고 있지 않으면 부모님이나 주변 사람들의 비판적인 시선을 받는다고 답했다. 과연 이러한 물질적인 소유가 진지한 행복을 줄지 의문스럽기만 하다.

그러면 한국 사람들에게 경제적인 부분이 불행의 이유가 되는 것인가. 돈을 더 많이 벌고 더 많은 소비를 누리며 '소비의 천국'에 살 수만 있다면 더 행복해지는 것인가. 돈과 행복의 관련성은 자연스럽고 당연한 일이라고 생각할 수 있지만 과연 꼭 그런 것인가. 유엔은 매년 '세계행복지수'를 발표한다. 2015년 한국은 158개 국가 중 47위였다. 2013년에 최고 41위를 도달한 뒤로 2년 연속 하락하고 있다. 한국사회가 계속 불행해지고 있다는 신호다. 경제협력개발기구(OECD) 회원국 중에서는 꼴찌다. 여기서 더 놀라운 건 러시아가 64위로 순위가 크게 높아졌다는 것이다.

불행의 이유에 대해 경제를 탓하는 사람들이 흔하다. '먹고 살기 힘들어서 사람들이 행복하지 않다'는 것이다. 하지만 나는 꼭 그렇지만은 않다고 본다. 특히 한국 같은 경우는 이 논리를 적용하기 힘들다. 다시 통계를 보자. 2008년 금융위기가 터져서 전 세계를 비롯해 한국경제에도 큰 영향을 미쳤다. 그러나 2년 이후인 2010년에 한국은 위기를 빨리 극복한 나라로 꼽혔다. 2011년부터 꾸준한 경제 성장을 보였다. 그럼에도 불구하고 국민 행복지수는 내려가고 있는 것이다.

러시아의 경우를 보면, 경제와 국민의 행복은 별로 관련성이 없다는 것을 쉽게 알 수 있다. 석유가격이 상승해 '오일 머니'를 가장 많이 벌어들였던 2004~2008년 동안 러시아 경제성장률은 사상 최고를 기록했다. 그런데 2006년 유엔 행복지수를 보면 러시아는 178개 국가 중 172위였다. 이는 내전 중인 시리아보다 더 낮은 순위다. 반면에 2015년의 러시아 경제는 따로 설명을 붙일 필요조차 없이 안 좋은 한 해였다. 서방의 경제 제재에다 석유 가격 급락, 그에 따른 소비자 물가 급상승으로 15년 만에 처음으로 재정 적자를 기록했다. 하지만 2015년 러시아 국민의 행복지수는 64위다. 5년도 안 되는 짧은 기간에 거의 3배로 급성장한 것이다. 정말 신기해할 수밖에 없는 현상이다.

경제가 꾸준히 성장해도 점점 불행해지는 대한민국 국민, 그리고 경제가 바닥을 쳐도 오히려 더 행복해지는 러시아 국민. 과연 그 이유가 어디에 있을까. 경제가 아닌 다른 데에서 그 답을 찾아 봐야 할 것이다.

경제뿐만 아니라 사회, 정치 등에 있어서 러시아와 한국은 전혀 다른 상황이다. 그래서 위에서 언급한 순위를 해석하기 위해서는 나라마다 경제가 아닌 독특한 상황을 하나하나 살펴 볼 필요가 있다고 본다.

한국의 경우는 사회적인 면을 주목해야 할 것 같다. 2014년 세월호 참사를 비롯해서 대형 사건사고가 잇따라 일어났고, 2015년에는 역사 교과서 국정화, 2016년에는 한국인에게 아픈 기억을 불러일으키는 위안부 문제 해결 논란, 미국 사드 배치 문제와 그에 따른 중국과 러시아와의 관계 악화 같은 정치적 이슈, 유치원 아이 폭행 사건이나 '땅콩 리턴'을 비롯한 소위 '갑질 사건' 같은 사회적인 이슈들이 연속으로 불거져 국민들에게 심리적 불안을 심어주었다. 여기에다 점점 떨어지는 취업률, 경쟁이 날로 심해지는 교육까지, 이것들이 국민의 심리에 미래를 불안하게 느끼게 하는 요인들이 된 것 같다. 행복이란 현재의 안전도 중요하지만 미래에 대해 안심할 수 있어야 완성되는 것이다. 그러나 내 주변의 한국 친구들 중에 대한민국의 미래가 밝다고 보는 사람이 별로 없다는 점은, 신기하기도 하면서 아쉬움을 남긴다. 러시아 사람인 나에게는 러시아보다 한국의 미래가 훨씬 밝고 행복해 보이는데 말이다.

러시아는 왜 행복지수가 높아진 것일까. 이 질문에 대한 답을 찾으려면 러시아 현대 역사를 언급할 필요가 있다. 1990년대 초반 소련이 붕괴되면서 사회 질서도 바닥으로 추락했다. 길거리에서 도둑질 당할까봐 집 밖으로 나가기 무서울 정도로 러시아 국민들의 불안감이 높았다. 중앙방송국에 나오는 뉴스는 매일 강도나 살인 사건, 마피아 그룹끼리의 충돌, 끊임없는 시민들의 시위, 마약 사용도 증가 등이 넘쳐났다. 그러다가 경제가 급성장한 2000년대를 맞았고, 범죄율이 급락하기 시작하면서 국민에게 어느 정도의 재정적인 안전과 사회적인 질서가 주어졌다. 러시아 사회는 균형과 안전을 찾고 평화로워졌다. 그래서 2014년 강한 금융위기를 겪으면서도 지난 10년 동안 쌓아왔던 안정감을 쉽게 포기할 수 없었다. 이제 불행에 빠진다는 것 그 자체에 지쳐버린 것이었다.

러시아 사람들은 경제가 어렵더라도 행복하게 살고 싶었다. 또 경제적 측면에서도 2014년 금융위기가 러시아에 미친 충격은 해외 언론들이 그려주는 것처럼 그렇게 심각하지 않았다. 1998년 금융위기 때는 1달러에 6루블에서 1달러에 42루블까지 일주일 만에 7배 이상으로 루블화 가치가 대폭락했지만, 이번에는 1달러에 33루블에서 현재 62루블까지(즉, 1년에 2배) 하락한 정도여서 국가 경제에 치명적 영향을 미칠 정도는 아니다. 경제 상황이 악화된 것은 누가 봐도 분명하지만 사회 질서나 정치적인 상황이 아주 튼튼하고 그나마 안전하기 때문에 러시아 국민들은 예상과 달리 불행하기는커녕 더 행복해지기 시작했다. 요즘은 모스크바에서 아웃도어 스포츠가 열풍이라고 한다. 이는 행복이란 주변에서 찾아야 하는 것이 아니라 내 안에서 찾아야 한다는 걸 보여주는 것이 아닐까 싶다.

한국 친구들과 행복에 대해 이야기를 나눌 때가 있다. 나는, 한국 친구들이 항상 행복에 대해 크게 생각한다는 느낌을 받는다. 지금보다 더 큰 아파트로 이사 가면 행복할 것이다, 지금보다 더 비싼 차를 사면 행복할 것이다, 지금보다 돈을 더 많이 벌 수 있는 직장을 가지면 행복할 것이다 등이 대표적인 행복 추구의 내용들이다. 현재 삶을 불행해하는 것도 미래의 행복을 추구하는 것도 무조건 물질적인 조건과 관련시킨다는 말이다.

얼마 전에 내가 새로운 일을 파트타임식으로 하게 되어 친구들에게 알려줬다. 그러나 러시아 친구와 한국 친구의 반응이 신기할 만큼 대조적이었다. 다음주 월요일부터 새 일자리에서 일하게 되었다는 이야기를 하자 러시아 친구는 할 일이 어떤 일이냐부터 물어본 반면에, 한국인 친구는 돈을 얼마 받느냐부터 물어봤다.

돈에 대해 신경 쓰는 것이 나쁘다는 이야기는 당연히 아니다. 자본주의

사회에서 살려면 돈을 생각하고 돈을 항상 고려하는 것이 당연한 일이다. 하지만 그렇다고 해서 돈을 버는 것을 인생의 목표로 하는 것은 불행에 빠지는 지름길이다. 돈이란 아무리 많이 벌어도 항상 부족하다고 느껴진다. 행복은 돈이 아니라 돈을 버는 과정 자체이다.

나 또한 행복이란 무엇인지에 대한 생각을 자주 하는 편이다. 가난한 집안에서 자란 나는 항상 돈만 있으면 행복할 것이라고 생각했다. 그러나 재정적인 독립을 이룬 지금은 생각이 바뀌었다. 돈으로 산 행복이 오래 가지 못한다는 걸 잘 안다. 돈은 일상생활에 많은 도움을 주지만, 내가 정말 행복하다고 말할 수 있는 순간이 돈과 전혀 관련이 없는 순간이라는 것을 어느 때부터 깨닫기 시작했다. 그걸 알았던 순간에 나는 깜짝 놀랐다.

최근에 일 때문에 고향인 블라디보스토크에 다녀왔다. 정말 오랜만에 가는 거라 기대도 컸고 설레기도 했다. 부모님도 도시의 거리도 러시아 음식도 강한 향수를 자아냈다. 주변에 있는 한국인 친구들은 다 부럽다고 한결같이 말했다. 해외에 오래 떨어져 살면서 다시 고향으로 돌아가는 건 말로 표현할 수 없는 행복 아닌가. 그런 행복을 나는 너무나 느껴보고 싶었다.

러시아에서 바쁜 나흘을 보냈다. 학회 발표니 강연이니 눈 깜짝할 사이에 시간이 지나가 버렸다. 다시 한국으로 돌아오는 비행기 안에서 머릿속에 질문이 하나 떴다. 이 나흘 동안 정말 행복했을까. 그렇기도 하고 그렇지 않기도 하다는 느낌이 참 이상했다. 생각할수록 묘한 노릇이었다. 고향에 오랜만에 갔다 와서 행복한 부분도 당연히 있었지만, 그보다 진정으로 행복했던 순간은 아주 순수했다는 사실을 깨닫고 스스로도 놀라고 말았다. 어머니가 해준 내가 제일 좋아하는 음식, 바로 그 아주 작은 것이 나의 진정한 행복의 이유였다.

행복? 행복이 얼마나 커야 행복을 느끼는 것인가?

직장생활을 할 때였다. 피곤한 하루 끝에 퇴근하고 버스를 타고 집에 돌아가면서 음악을 들었다. 지친 일주일이 끝나는 '불금'이었지만 놀고 싶은 마음이 전혀 없었다. 집에 가서 바로 자고 싶었다. 하루 종일 일하면서 밥 한 끼도 먹지 못했지만 밥 먹을 생각조차도 없었다. 버스에서 내려서 집으로 가는 길에 포장마차를 지났다. 문뜩 생각이 들었다. 아무리 피곤해도 간단하게라도 밥을 먹고 자야겠다. 그래서 플라스틱 휘장을 걷고 안으로 들어가 내가 좋아하는 왕만두를 포장해 달라고 주문했다. 주인아주머니가 나를 보고 피곤해 보인다고 말씀하시더니, 왕만두 봉투 안으로 김밥 한 줄을 같이 넣어 주셨다.

그 사소한 정(情)에 나는 감동을 받았다. 피곤한 나의 모습을 보고 건네준 그 김밥 한 줄, 그것은 한국의 일반적인 음식이 아닌, 훨씬 의미 있는 한국인의 상징이 되었다. 따뜻한 마음씨의 상징이라고 해야 할까. 너무 피곤해보여 집에 가서 밥도 못할 것 같으니 김밥을 먹으라고 주신 아주머니의 그 마음씨. 누군가에겐 아무것도 아닌 일일 테지만, 나에겐 피곤한 하루 끝에 기분이 180도 달라지게 해준 일이었다. 그리고 한 사람에게 아무것도 아닌 것이 다른 사람에게는 큰 보탬이 될 수 있음을 새삼 깨달았다. 이게 바로 행복이 아닐까.

한 친구가 자기 생일 파티를 제주도에서 하자고 해서 친구 몇 명과 함께 한국 남쪽의 하와이, 제주도로 떠났다. 생일날에 하루 종일 놀고 저녁에는 그 유명한 흑돼지 삼겹살을 먹기로 했다. 음식을 먹으면서 이것저것 시끄럽게 이야기를 나누니, 주인아주머니가 뭐가 그렇게 재미있느냐며 참견을 하시더니, 생일 파티 하러 제주도까지 내려왔다고 하자 미역국 한 그릇을 가져다 주셨다. 한국에서 생일 때 꼭 먹어야 하는 거라고. 그것은 무척 사소한 행동이지만 우리에게는 아주 크게 느껴졌다. 이게 바로 행복이 아닐까.

우리 일상의 행복은 정말 작은 것들에 있다. 길거리에서 눈을 마주친 사람에게 미소 짓기, 건물 안으로 들어갈 때 뒤에 따라오는 사람을 위해 현관문 잡아 주기, 버스 노선도 앞에서 헤매는 사람에게 도움이 필요하냐고 물어보기 등과 같은 사소한 일들이 우리 삶을 더 따뜻하게, 더 편하게 만들어주지 않을까. 결국 아름답고 편한 세상은 나부터 시작한다는 것을 잊지 말았으면 좋겠다. 우리 주변에 있는 사람들에게 마음의 선물을 조금 더 자주 하면 우리 세상도 같이 변할 것이다.

러시아 철학자 코즈마 프루트코프(Kozma Prutkov)의 말이 생각난다. "행복하고 싶으면 행복하라." 처음에 이 말을 들었을 때 나는 무슨 말인지 이해하지 못했다. 도대체 어떻게 행복하라는 거지, 주변이 나를 괴롭히고 있는데 말이다. 하지만 지금은 충분히 이해하고 아주 동감한다. 나의 행복은 내 주변에 있는 것이 아니라 내 안에 있다는 뜻이다. 나를 행복하게 해주는 것은 환경, 주변 사람들, 돈, 날씨 등이 아니라 '나'뿐이다. 내가 사는 곳이 어딘지가 중요한 게 아니라 내가 무슨 생각을 가지는지가 더 중요하다.

한국 사람들이 갖고 있는 그 선천적인 낙관주의를 잃지 않았으면 한다. 유머로 주변에 반응하고 내가 내 주변을 어떻게 하면 더 행복할 수 있게 만들 수 있을까라는 질문부터 고민해보면 한국사회 전체의 분위기가 나아지지 않을까.

“여자답게” “남자답게”, 그러나 “인간답게”

아나스타씨아(에스토니아)

나는 한국에 처음 왔을 때부터 지금까지 모든 것, 모든 사람, 모든 일에 매료되어 있다. 한국은 잘 짜인 대중교통으로 어디를 가든지 안전하고 편리하게 이동할 수 있는 나라임이 틀림없다. 게다가 한국은 방문하기에 너무나 아름답고 흥미로운 목적지가 수없이 많기 때문에 한국에서 생활하면서 지루해질 시간이 전혀 없다. 수천 년의 역사를 보존하는 박물관, 깨끗한 공기가 가득한 산 속에 숨어 있는 불교 사찰, 한복을 입은 사람들로 붐비는 한옥마을, 둘이 먹다가 하나가 죽어도 모를 만큼 맛있는 삼계탕 식당 등 한국인은 물론 외국인도 마찬가지로 가볼 만한 곳들이 즐비하다. 그리고 한국의 진수는 무엇보다도 너그럽고 따뜻한 마음이 있는 한국인들이다. 또한 교육에 대해서라면 나의 대학교 교수님, 동학, 다른 한국 친구들 모두 군계일학이다.

그러나 세상에 완벽한 나라와 사람이 어디 있을까. 나의 고향인 에스토니아처럼 한국에도 해결할 수 없거나 해결하기 힘든 문제가 많은 것이 틀

1988년 5월 21일 태어남. 탈린대학교(에스토니아) 동양학 학사 중국어와 중국문학 전공. 현재 서울대학교 석사 3학기 국어국문학과 고전문학 전공, 한국 정부초청장학생.

림없다. 그 중 어떤 문제는 글로벌 이슈이지만, 어떤 문제는 다만 한두 나라에서 이루어지는 특정 문제이다. 예를 들어, 남북분단은 오로지 한 나라의 문제라고 볼 수 있는 반면에 환경오염, 저출산, 고령화 등은 여러 나라에 꽤 만연한 문제이다. 임금 격차가 없는 나라는 없기 마련이다. 그리고 어떤 나라에서는 남녀 불평등, 성차별이나 성희롱이 가혹한 현실의 문제이다. 세계적으로 널리 알려져 있는 #yesallwomen이라는 SNS 운동에서부터 미국에서 활발한 성차별과의 투쟁까지 세계적으로 양성 평등을 위한 투쟁은 끝날 기미가 보이지 않는다.

한국에서 생활하다 보니 가장 중요한 문제들 중에 하나가 '남녀 불평등'이라는 점을 알게 되었다. 대다수 대학교 동학과 한국 친구들은 한국의 남녀 불평등이 중요한 사회 문제라고 생각할 뿐만 아니라 서양의 선진국들보다 더 심각하다고 본다. 이 주제에 토론하면서 친구들은 이런 문제가 한국 역사 속에 깊이 박혀 있다는 점을 지적하였다.

솔직히 말하자면 나는 세계 여러 나라들에 존재하는 남녀 불평등의 문제에 대해 알고 있었으나 한국에 왔을 때까지 그 문제를 직접적으로 경험한 적이 없었다. 실제로 나는 고향뿐만 아니라 몇 년 동안 다른 나라들에서도 살아본 적이 많은데, 성차별을 한 번도 겪지 않았다. 내 고향인 에스토니아는 아이슬란드, 핀란드, 스웨덴과 같은 북유럽 나라들처럼 성평등 순위가 높은 나라이다.

그런데 한국에 와서 몇 가지 성차별에 부딪히게 되었다. 모두 악의는 없는 일이었지만 내 마음을 아프게 하고 말았다.

한국 사람들은 대다수가 남녀 불평등과 성차별이 정확히 어떻게 되는지를 이해하지 못하는 것 같다. 얼마 전 대학원 수업에서 여성주의와 관련된 수제로 열띤 토론을 벌였다. 한 학우가 자신의 유럽여행 경험에 대해 열정적으로 이야기하였다. 그는 독일에서 사는 동안 어떤 여자가 무거운 가방을 드는 것을 도와주려고 한 적이 있단다. 그런데 그 여자는 기분이 상해 자기가 스스로 들 수 있다며 거절했다고 한다. 또한 어떤 여자와 같이 레스토랑에서 맛있는 식사를 한 다음에 나갈 때 자신이 계산을 다 하고 싶었지만, 여자는 자기도 돈이 있으니 무조건 반반씩 계산해야 된다고 했다. 이러한 경험을 바탕으로 그는 외국 여성들이 한국 여성처럼 왜 여자답게 행동하지 못하느냐는 질문을 던졌다.

여성주의와 양성 평등을 혼동하지 말았으면 좋겠다. 한 학우의 경험들은 여성주의와 양성 평등의 진수가 아니기 때문이다. 사람이 살아가는 모든 영역에서 남자와 여자를 서로 차별하지 않고 동등하게 대우하며, 똑같은 참여 기회를 주고, 똑같은 권리와 이익을 누릴 수 있다는 것이 바로 양성 평등의 진수이다.

한국에서 남녀 불평등과 관련되어 가장 많이 들을 수 있는 문제는 출산휴가나 영아 보육과 관련된 것이다. 이것은 최근에 생긴 문제가 아니라 지속적으로 지적된 이슈이다. 많은 사람들은 시간이 흐를수록 더 심각한 상태로 대두되는 사회적인 문제라고 한다. 더구나 한국에서 시행되고 있는 '육아휴직제도'와 '현실'은 별개라는 점을 지적한다. 놀랍게도 상당수의 한국 친구들은 출산에 대해 행복한 것이라기보다는 굉장히 애매한 것으로 여길 뿐만 아니라 누구와도 쉽게 논할 수 있는 주제가 아니라고 여긴다. 한국 여자의 경우에는 성공적인 경력과 출산은 동시에 쉽게 할 수 있는 일이 아닌 것 같다.

인터넷에는 임신 중이거나 출산휴가 중인 한국여성들이 차별 받는 것과 관련된 이야기들이 흔하다. 출산휴가 중인 여성 대신 비정규적 직원을 고용하지 않아서 다른 직원들의 업무가 가중된다는 것도 그 중 하나이다. 에스토니아에서는 '출산휴가 중 엄마 대신 임시직 직원 모집'이라는 채용 공고를 흔히 볼 수 있다. 에스토니아처럼 그렇게 임시직 직원을 모집하는 것은 한국 여성들에게 안전하고 행복한 출산휴가를 제공하는 데에 큰 도움이 되지 않을까 싶다.

뭐니 뭐니 해도 우리 아이들은 우리의 미래이다. 그래서 한국 남성들은 육아 휴직에 대한 수용 태도를 바꿀 필요가 있다. 한국 남성의 육아휴직 보장기간은 세계적으로 꽤 높은 편이지만 다양한 문제들에 걸려서 휴직을 사용하는 남성들이 많지는 않다. 좀 더 행복한 한국사회로 가기 위해서는 한국 남성들이 아이들과 같이 보내는 시간이 많아져야 할 뿐만 아니라 육아휴직에 대한 수용의 태도가 변화해야 한다.

양성 평등과 관련해서 해결되어야 하는 또 다른 문제는 신체적인 학대와 악담이라고 할 수 있다. 나는 한국에 와서 한국 사람들, 특히 남자들에게서 심심찮게 들은 말이 있다. "너는 왜 여자처럼 하지 않아?", "너 머리 스타일 언제 여자답게 할 거야? 남자들은 머리 짧은 여자를 좋아하지 않아." 등등. 이러한 말을 나는 한국에 오기 전에는 한 번도 듣지 못했다.

일 년 전의 어느 날이었다. 친구와 같이 지하철을 탔다. 그런데 어떤 아저씨가 내 얼굴을 유심히 쳐다보는 것을 알아차렸다. 시간이 좀 지났다. 그 아저씨가 내 얼굴에 있는 점을 손가락질하며 영어로 떠들었다. "No, no, no, no beautiful, no beautiful" 이러고는 마음에 안 든다는 듯이 고개까지 가로저었다. 황당한 일이었다.

나에게는 가장 아픈 기억으로 남은 이야기가 하나 있다. 그는 나의 친구이고 한국인이고 여성이다. 그는 고등학교 다닐 때 어머니한테서, "앞으로 살면서 좋은 남편을 만날 수 있도록 얼굴 성형수술을 해야 한다"는 말을 들었다고 했다. 이것은 문화 차이라고 할 수도 있겠으나, 나는 큰 충격을 받았고 그만큼 마음이 아팠다.

한국에서는 "여자는 여자답게"라는 말 뿐만 아니라 "남자는 남자답게"라는 말도 흔히 들을 수 있다. 물론 양쪽 다 외모에 대한 비판을 담은 말이다. 나는 한국사회가 여성의 가능성을 외모로만 제한하는 사회라고 몇 번이나 생각해본 적이 있었다. 안타깝게도 많은 한국 사람들은 외모나 행동에 대한 말이 '차별'이라는 것을 느끼지도 못한 채로 그냥 넘어간다. 아예 무감각한 것이다. 인터넷을 검색하다 보니 '#여자답게'라는 캠페인을 찾아서 마음이 따뜻해졌다. 좀 더 행복한 한국사회로 가기 위해 "여자답게"와 "남자답게"를 넘어서 "인간답게"로 변화할 필요가 있다.

한국의 여성에 대한 성차별 문제는 전근대 때부터 쌓인 문제인 것 같다. 역사적으로 남성 중심적인 사회였던 한국은 여성의 역할을 경시하고 사회 참여를 제한했다. 여성에게는 보조적인 역할을 강요했다. 세월이 흐를수록 그러한 추세는 고정관념이 되었다. 이제는 남성의 여성에 대한 고정관념과 여성의 남성에 대한 고정관념이 함께 바뀌면 좋겠는데, 최근에는 한국 드라마로 인해 오히려 성에 대한 고정관념이 더 강화된 측면이 적지 않다. 드라마의 남성 주인공은 항상 돈이 많고 유명하고 멋있는 반면에, 여성 주인공은 항상 굉장히 여성스럽고 예쁘고 마음이 착하다. 물론 드라마에서 강하고 야심만만한 여성 주인공도 만나볼 수 있다. 약하고 가족 중심적인 여성 주인공에서 강하고 자신감 있는 여성으로 변화하고 있는 모습은 보기에도 너무 좋다.

나는 한국 고전문학에 관심이 깊어서 유교사상을 이해하기 위한 독서를 해야 한다. 며칠 전에 논문을 읽다가 '남녀유별(男女有別)'이라는 사자성어를 보았다. 이는 남자와 여자 사이에 분별이 있음을 가리키는 말로, 남녀가 서로 쳐다보지도 못하게 했던 유교문화를 상징하는 것이다. 한국에서 남녀 불평등에 대해 논의할 때 아직도 '남녀유별'은 상당히 적절한 말인 듯하다.

놀랍게도 많은 한국인들은 성 평등에 열중하지 않는다. 뿐만 아니라, 성 평등을 향해 노력하고 운동하는 사람들, 특히 여자들에 대해서는 공격적이고, 예의 없고, 여성스럽지 않다고 여기는 경향이 강하다. 여성을 차별하지 않고 동등하게 대우하며 똑같은 참여의 기회를 주고 똑같은 권리와 이익을 누릴 수 있게 하는 것이 양성 평등 사회의 모습이다. 양성 평등은 여성의 무거운 가방을 들어주거나 식당에서 남성이 계산한다는 것보다 훨씬 크고 심각한 이슈이다.

한국사회에서 양성 평등을 향한 운동이 시작된 것은 그리 오래지 않다. 그러나 천리 길도 한 걸음부터라는 말처럼 시작한 후 열심히 노력하는 것이 성공의 비결이다. 한국 사람들이 작은 것부터, 자기 자신부터, 쉬운 것부터 남녀 불평등의 어려운 문제를 차근차근 해결해 나간다면 좀 더 행복한 한국사회가 되기 마련이다. 이를 위해서는 여성들의 적극적인 사회 활동이 필요하다. 정치적인 측면에서 여성의 권리를 위한 법을 만들려면 여성들의 정치적 진출이 어느 정도 있어야 한다. 그러나 이러한 활동에는 무엇보다도 여성과 남성의 협동 노력이 중요하다.

한국사회는 '남녀무별(男女無別)'의 길이 멀어 보인다. 그러나 가고 있고, 틀림없이 가게 될 것이다.

눈앞의 행복을 거머쥐는 사회적 시스템

사하부트지노바 루이자(우즈베키스탄)

한국에서 학부과정을 다니면서 글쓰기 수업시간에 재미있는 설문조사를 진행한 적이 있다. 수업을 같이 들었던 외국인 친구들에게 언제가 가장 행복하는지에 대해 물어보았다. 놀랍게도 빈도가 가장 높았던 답은 '밥 먹을 때'였다. 아무리 생각해봐도 틀린 말 같지 않았다. 나도 마찬가지였다. 한국인 학생들의 경우 어떤 대답이 가장 많이 나타났을까? 아마도 '대학 입학한 날', '취직한 날', '시험 합격한 날' 등의 답들이 나왔을 것이다.

서로 다른 문화권 학생들이 보편적 인간의 감정인 행복에 대한 의식에서 차이를 보이는 이유는 무엇일까? 물론 사람들은 사고방식, 문화, 개인의 경험, 교육수준과 상관없이 같은 인간으로서 서로 다른 것에서 행복을 추구할 수 있다. 누군가에게 물질적 행복이 우선이지만 다른 누군가에게는 가족, 우정, 직업, 공부, 봉사활동, 종교, 취미, 여행 등이 행복이 될 수 있다. 우즈베크인들은 가족과 대인관계에서 안정감과 행복을 찾는다.

1986년 11월 17일 태어남. 2006년~2009년 : 우즈베키스탄 세계언어대학교 영어영문학과 학사, 2010년~2014년: 연세대학교 국어국문학과 학사, 2014년~2016년: 이화여자대학교 국어국문학과 석사, 2016년~ : 이화여자대학교 국어국문학과 박사 과정.

바쁜 일상 속에서도 식구들과 함께 시간을 보내기 위해 집으로 달려가는 직장인들의 모습이 아름답다. 우즈베크 사람들은 퇴근길에 무조건 마트에 들려 식구들을 위해 맛있는 먹을거리를 사간다. 이런 마음은 누구든 다 잘 안다. 누군가가 나를 기다리는 집으로 돌아가는 것, 그 느낌을 말로 설명하기란 어려울 것이다. 하지만 학교와 일 등 여러 가지 이유로 가족들과 보내는 시간이 감소될 수밖에 없는 경우들이 아쉽게도 적지 않다. 우리 모두가 가족과 일 중에 하나를 골라야 되는 선택 앞에 서게 되는 순간들이 종종 있다. 그럴 때 마음은 가족과 함께이지만 몸은 멀리 떨어져 있다.

우즈베크인들은 가족과 함께 보내는 시간이 가장 행복할 때다. 우즈베키스탄은 대가족으로 사는 사회이고 가족마다 형제가 2명 이상이기 때문에 대가족의 식구들이 6~10명이나 된다. 모든 식구들이 모여서 같이 TV를 보거나 식사하고 이야기를 나누는 분위기에서 피로가 풀린다. 개인이 가족과 시간을 보낼 수 있는 만큼 여유를 갖는 것은 우즈베키스탄의 사회적 시스템 덕분이다.

우리의 행복을 보장해줄 수 있는 힘 중에 하나가 사회적 제도이다. 행복은 순간적이면서도 주관적인 감정이긴 하지만 이를 즐길 수 있도록 조건을 제공해주는 존재는 사회적 환경이다. 개인과 사회는 상호의존적 관계에 있고 서로가 서로의 발전을 위해 노력한다는 것이 사실이다. 우리가 사회적 제도로부터 받을 수 있는 혜택은 여러 가지가 있다. 그 중에 하나는 휴가이다. 이 영역에서 한국과 우즈베키스탄은 큰 차이를 보인다.

한국의 근로기준법에 따르면 근로자가 1년 이상 개근 시 15일의 유급휴가를 받을 수 있다. 2013년 고용노동부의 통계자료에 의하면 한국인들의 유급 휴가 평균 사용률은 60.4%이다. 우즈베키스탄의 경우 11개월 이상 근무 후 30일 유급휴가를 갖게 된다. 이는 한국인 근로자의 휴가보다 두 배가 되고 우즈베크 직장인들의 90% 이상은 휴가를 사용한다.

출산전후휴가의 경우도 마찬가지로 우즈베크 여성들이 한국여성들보다 더 긴 휴가를 갖는다. 한국 근로기준법에 따르면 유급 출산전후휴가가 3개월이고 육아 휴직은 1년이다. 우즈베크 여성의 출산 전 유급 휴가는 2개월이며 출산 후 유급 휴가와 육아 휴직은 3년이다. 예전에 5개월 후 회사로 돌아간 여성들이 있었지만 오늘날에는 법적으로 출산 여성들이 아이가 3살 될 때까지 아이를 보살피는 의무를 부여받았다. 사업장에 따라 다르겠지만 출산 후 휴가와 육아 휴직은 법정 18개월 동안 유급 휴가이며 18개월은 무급 휴가가 된다. 여성 직장인이 3년 동안 휴가를 가지는 동안 해고당할 수 없고 직장에 돌아와서 같은 일자리와 같은 업무를 맡게 된다. 즉, 출산휴가가 끝난 후 여성이 돌아갈 수 있는 직장이 있고 우즈베크인들이 이를 합리적이라고 보기 때문에 문제가 생기지 않는다. 여성의 사회적 역할이 출산하여 아이를 키우면서 식구들을 챙기는 것으로 인식되기 때문에 여성들은 인생의 행복을 가족에서 찾는다.

그 밖에도 여성들에게 직장과 시민센터에서 출산 축하금이 주어진다. 시민센터는 출산한 여성에게 3년까지 지원금을 제공해준다. 시민센터에서 경제적 지원을 받을 필요성이 있는 가족은 아이가 18살이 될 때까지 지원금을 받는 경우도 있다. 이와 달리 한국은 아내가 출산한 경우 남편도 5일에서 7일까지 유급휴가를 신청할 수 있다. 우즈베크 남자들은 출산휴가를 신청하지 못하지만 아내가 가정주부일 경우에 직장과 시민센터에서 출산 축하 지원금이 지급된다. 이런 방식으로 기족과 사회가 함께 아이를 키워나가는 것이다.

직장인들의 퇴근시간도 주목할 만하다. 2015년 OECD 근로시간수 통계자료에 따르면 한국은 멕시코와 코스타리카 다음으로 3등을 차지하고 있다. 이는 상대적으로 높은 지수이다. 한국은 주 5일 근무하고 하루에 평균 근무시간이 8시간이다. 우즈베키스탄은 일주일에 6일 근무하고 퇴근 시간이 저녁 6시이다. 하루 평균 근무시간이 5~7시간이지만 상황에 따라 3~4시간으로 조절이 가능하다. 그 중에도 분할 근무가 많기 때문에 개인이 하루에 4시간까지 일하게 되는 경우들이 적지 않다.

게다가 우즈베크 직장인들은 야근을 하지 않는다. 야근이 어려운 이유는 사람들이 밤에 활동하는 것을 즐기지 않기 때문이다. 따라서 일반 가게들은 저녁 8시와 9시 사이에 문을 닫고 식당들은 밤 10시나 11시에 문을 닫는다. 이에 비해 한국은 밤 12시에 모든 재미가 시작된다. 우즈베크에는 노래방이 없다. 우즈베크인들은 노래보다 춤을 즐기기 때문이다. 커피숍도 없다. 손님을 집으로 모시는 것을 예의로 생각하기 때문이다. 또한 종교적 이유로 인해 술집도 없다. 결과적으로 밤에 밖에서 할 수 있는 활동이 거의 없기 때문에 사람들이 실내에서 시간을 보낸다.

직장인들뿐만 아니라 학생들의 경우도 학교에서 보내는 시간이 상대적으로 짧고 자유시간이 많다. 학생들은 평균적으로 하루에 5시간을 학교에서 보낸다. 초등학생, 고등학생, 대학생들의 등교시간이 아침 8시이며 하교시간은 오후 1시이다. 중학생들의 경우 등교는 오후 2시이며 하교는 저녁 7시이다. 학생들은 방과 후 교실에서 시간을 보낼 수도 있지만 대부분이 집에 돌아가서 가족이나 친구들과 같이 시간을 보낸다. 우즈베키스탄 학생들은 전공을 선택할 수 있지만 이수 학점과 필수과목이 정해져 있기 때문에 대부분 오후 1시 이후엔 한가하다.

술집뿐만 아니라 회식문화도 덜 발달되어 있어 우즈베크인들이 식구들과 보내는 시간이 늘어날 수밖에 없다. 보통 모든 식구가 다 모여서 함께 식사를 한다. 사회적 시스템을 통해 식구들이 더 가까워지는 것이다. 그리고 온 가족이 한 자리에 모일 수 있게 해주는 요인 중에 하나가 우즈베크인들이 대가족으로 산다는 것이다. 어른들을 모시고 살기 때문에 어른

세대와 어린 세대의 만남과 의사소통이 가능하고, 한국과 달리 우즈베크 어른들은 평생교육원 같은 기관들을 다니는 대신에 손자들을 돌보면서 노인 시절을 보낸다.

사회적 지원과 시민들을 위한 정책들이 우리 인생의 본원이 된다. 사회적 시스템에서 개인이 가족과 보낼 수 있는 시간을 많이 마련해주면 그 혜택을 잘 누리는 것이 우리의 몫이라고 해도 과언이 아니다. 우즈베크인들에게는 사회적 지위보다 식구로서의 몫이 더 중요하다. 사회 구성원이기 전에 우리는 누구의 자식이고 부모이고 형제이다. 때문에 우즈베크 부모는 자신의 삶의 의미를 자녀들로부터 찾고 자식들은 부모님을 자기 인생의 큰 복으로 생각한다. 그리고 우즈베크 사람들은 여러 시련들을 겪으면서 성공하든 실패하든 간에 언제든지 돌아가 의지할 수 있고 안아줄 수 있는 가족이 있다는 믿음으로 인생의 고난에서 덜 힘들게 빠져나갈 수 있는 것이다.

행복에는 정해진 틀이 없다. 다만 개인이 행복해지기 위해 경제적이고 사회적인 안전이 필수조건이라는 점은 물론이다. 우리 인생에서 성공이 중요하지만 그 기쁨을 함께 나눌 수 있는 사람이 내 곁에 없으면 그 행복을 즐길 수 있는 기간이 짧을 수밖에 없다. 모든 사람들이 출세를 위해 달리지만 힘들어하거나 외로울 때 우선적으로 떠오르는 사람은 바로 식구들이고 함께 하고 싶은 사람도 바로 식구들이다. 특히 우즈베크인들은 종교, 문화, 전통을 소중하게 여기는 민족이고 사소한 것에 대해 감사하고 그 기쁨을 가족과 함께 나누고자 노력한다. 또한 우즈베크인들은 한국인들에 비해 '나는 행복하다, 기분이 좋다'라는 말을 많이 한다. 내가 먼저 행복해져야 다른 사람들과 따뜻함을 나눠줄 수 있고 그 사람들을 안아줄 수 있는 것이다.

행복에 대한 의식은 매우 중요하다. 행복해지기 위해 긍정적인 마인드를 가지고 긍정적인 감정을 더 많이 표현하는 것이 답이 될 수 있다. 한국 사회는 유난히 눈치를 보는 사회이기 때문에 서로를 많이 칭찬하면서 살았으면 좋겠다는 생각이 든다. 서로가 행복해지는 방법은 긍정적 감정을 더 많이 표현하고 서로에게 사랑을 전달하는 것이다. 한국인들은 정이 많지만 여유가 없다는 말을 많이 들어봤다. 이로 인해 오는 스트레스도 많겠지만 내가 있고 싶은 자리에 있고 내가 하고 싶은 것을 하면서 내 인생을 살아가는 것이 각자의 선택이자 몫이다. 인생을 과대하게 긍정적으로 살아가도 좋다. 불안하면 나 스스로가 더욱 더 아프고 힘들다.

우즈베크인들은 '다른 사람들이 나를 이해할 때 나는 가장 행복하다'라는 말을 자주 한다. 따라서 우즈베크인들에게 상대방과의 의사소통이 필수조건이다. 상대방을 이해하기 위해 먼저 그와 공감하는 방법을 배워야 된다고 생각한다. 사람은 대인관계를 통해 자신을 찾을 수 있고 더 훌륭한 사람으로 성장할 수 있다. 한국인들은 외국인들에 비해 상대방에 대한 칭찬을 아끼고 맞장구도 잘 치지 않는 것으로 알려져 있다. 아쉬운 점은, 칭찬과 맞장구는 타인과의 의사소통에 있어서 빠질 수 없는 요소이며 인간이 긍정적 감정을 표현할 수 있는 방법 중에 하나라는 것이다.

얼마 전에 인간 심리와 관련된 러시아어 기사에서, "인간의 인생은 두 부분으로 나뉜다. 전반부에서 후반부를 걱정하면서 살고 후반부에서 전반부를 돌이키고 싶은 마음으로 산다"라는 글을 본 적이 있다. 우리의 오늘이 나중에 돌이키고 싶은 과거가 되었을 때, 이 오늘이 행복한 오늘인지 불행한 오늘인지 우리에게 달려 있다.

인간은 자신을 불안하게 만드는 것들에 대해 잘 알고 있지만 본인을 행복하게 만드는 것들을 다시 한 번 생각해볼 필요가 있지 않을까 싶다. 행복은 선택이다. 내가 행복을 선택하면 내가 행복한 것이고, 내가 불안을 선택하면 내가 불안한 것이다. 우리 스스로가 우리의 행복을 만들어나가고 사소한 것들로부터 기쁨을 주고받으면서 식구를 만나기 위해 달려가는 자세를 가졌으면 한다.

그리고 우리 눈앞에 있는 행복을 놓치지 않게 사회 정책을 재검토할 필요가 있지 않을까 싶다. 직장에서 여성들이 받을 수 있는 혜택을 다시 고려해서 출산 휴가기간을 늘리는 것이 좋은 방향인 것 같다. 출산전후휴가와 마찬가지로 일반 휴가도 기간을 추가하거나 의무적으로 휴가를 보내도록 하는 것이 한국사회가 좀 더 행복해질 수 있는 하나의 방법이다. 학자들에 의하면 아이는 3개월까지 부모님한테, 그 중에도 특히 어머니한테 받은 사랑, 그리고 7살까지 배울 수 있는 지식으로 평생을 살아간다고 한다. 개인이 어린 시절에 부모에게 받았던 애정과 관심을 토대로 남에게 사랑과 따뜻함을 나눠줄 수 있는 것이다. 그러므로 어린 시절의 추억이 다양하고 부모와 가까운 관계에 있었던 사람은 표현력도 풍부하고 창의력도 좋다. 과거에 대한 추억과 오늘날의 대인관계에서 행복을 찾을 수 있다는 말이 있는 것처럼, 행복한 어린 시절을 갖는 아이는 더 행복해질 수 있다.

사람은 24시간 행복하기 어렵다. 그러나 인생을 살아가면서 행복한 순간들이 종종 있고, 바로 그 순간들을 위해 살아갈 가치가 있다. 우리 어머니는 이 말씀을 자주 하신다. 인생에 시련들이 많지만 주변을 둘러봐라, 행복은 생각보다 가까이 있다.

행복의 비밀은 시간이다

핀자루 아델리나(루마니아)

지금의 대한민국은 강한 나라이며 세계적인 경제·기술 지도국으로 존경할 만하다. 궤도는 쉽지 않았다. 식민지, 전쟁, 분단, 독재의 트라우마를 극복하고 자체적으로 폐허로부터 재건해냈다. 박태준 같은 훌륭한 지도자들의 집중적인 노력과 시민들의 헌신적인 피땀으로 세계의 무대에서 우월한 나라로서 위치를 차지할 수 있었다. 한국이 천연자원이 풍부한 나라가 아닌 점은 주목할 만한 가치가 있다. 한국의 놀라운 개발이 한국인들의 최선에 의한 것임을 알게 해준다.

최근의 문화적 수출로 한국은 가장 인기 있는 여행지 중 하나가 되었다. 웅장한 궁전과 오래된 절의 고요한 분위기로부터 큰 도시의 쾌활한 거리까지, 외국인들은 한국의 신구(新舊) 조화에 매력을 느낀다. 매년 관광객들을 1억2천 명 이상 끌어 모은다. 또한 외국인 학생들도 한국 유학에 더욱 깊은 관심을 갖게 되었다. 왜 그렇게 되었는지 이해하기는 어렵지 않다. 겉으로 보기에는 모든 것이 이상적이기 때문이다. 하지만 과연 그럴까?

1992년 5월 8일 태어남. 부카레스트 국립 대학교 외국어 및 외국문학 대학 졸업. 역사·정치·사회와 국제 관계 등 다양한 분야에 관심이 많음. 현재 서울대학교 대학원 학생(국어국문학과 현대문학 전공).

한국사회 하면 서울이 생각나고, 서울 하면 여름 아침의 출근시간이 생생하게 그려진다. 모든 사람들은 같은 목표를 가진다. 직장이나 학교에 제 시간에 도착하는 것. 버스와 자동차 경적 소리가 눅눅한 공기 속으로 메아리치는 와중에 정류장에서 초조한 사람들이 발을 두드리며 끊임없이 시간을 확인한다. 무거운 가방을 메고 있는 학생들이 시끄러움을 피하려고 헤드폰을 낀 모습도 보인다. 지하철이라고 다르지 않다. 군중은 열차를 놓치지 않으려 서두른다. 문이 닫히는 소리. 시작, 정지, 잠시 멈춤, 되감기, 빨기 감기.

모든 것이 충격적인 속도로 움직인다. 숨 넘어갈 듯한 일상의 생활에서 탈출할 시간은 거의 없다. 요즘 한국사회의 대세적인 목표는 '열심히 일해서 너의 꿈을 이뤄라'인 것 같다. 물론 한국 사람들은 열심히 일한다. OECD에 따르면 한국의 평균 근무시간보다 근무시간이 긴 나라는 멕시코뿐이다. 학생들도 좋은 대학에 입학하기 위해서, 좋은 곳에 취업하기 위해서 꾸준히 엄청난 노력을 한다. 하루에 14~15시간까지 공부한다. 수능에서 모든 과목에 높은 성적을 얻어야 하기에 압박을 받게 된 것이다. 이 '압박'을 주목하지 않을 수 없다. 어릴 때부터 한국인은 이런 반복된 패턴에 맞추어져 있다. 그러다 보니 당연히 그렇게 해야 한다는 생각을 갖게 된다. 우선 좋은 교육을 받고 월급이 높은 일자리를 잡은 다음에 결혼한다. 문제는 그 중간에 시간이 별로 없다는 것이다. 가족이나 사회의 압박에 굴복해 자신만의 꿈, 좋아하는 것, 하고 싶은 것을 분석할 시간이 없다. 자아를 발견할 시간도 없다. 나중에는 생활의 부담으로 그 시간은 더 줄어든다. 이래서 많은 사람들이 환멸을 느끼게 된다. 여기에서 키워드는 '시간'이다.

미하엘 엔데(Michael Ende)의 『모모(Momo)』라는 소설이 떠오른다. 이 책의 전체 제목은 『모모, 시간도둑과 사람들에게 빼앗긴 시간을 돌려준

한 아이의 이상한 이야기』이다. '회색 남자들이' 지구에 와서 인간들의 시간을 빼앗으려 한다. 그들은 인간들을 설득하기 위해서 '시간 은행'에 시간을 안전하게 맡길 수 있다고 한다. 엔데는 시간의 중요성을 강조하면서 스트레스로 시간을 낭비하는 걸 비판하는 것이다. 한국사회에도 이런 조언을 적용할 수 있다. 경제적인 성공에 대한 강한 욕망이 사회 구조에 깊게 뿌리 박혀 있는데, 그것에만 집중한다면 다른 것을 놓칠 수 있기 때문이다.

"세상에는 아주 중요하지만 너무나 일상적인 비밀이 있다. 모든 사람이 이 비밀에 관여하고, 모든 사람이 그것은 알고 있지만, 그것에 대해 깊이 생각하는 사람은 거의 없다. 사람들은 대개 비밀을 당연하게 받아들이고 조금도 이상하게 생각하지 않는다. 이 비밀은 바로 시간이다."(『모모』 중에서)

하루 종일 공부하는 학생들의 경우 여가 활동은 어렵다. 집, 학교, 학원 밖의 다른 사람들과 관계 맺기를 많이 할 수 없다. 성적 때문에 스트레스가 심각해지다가 서서히 고립되기도 한다. 때문에 SNS나 게임을 도피처로 삼게 된다. 높은 경쟁심이 본질적으로 부정적인 것은 아니지만, 젊은 층에서 심해지면 큰 악영향을 미칠 수도 있다. 그런 상황을 피하기 위해서는 자신의 꿈을 이루는 것을 격려해야 한다. 직업에 관한 거라면 '압박' 없이 자신이 선택할 수 있는 자유를 제공해야 한다. 무엇보다 중요한 것은 개성을 기르고 하는 일에 열정을 가지는 것이다. 결국은 자신의 미래에 대한 결정은 스스로 해야 한다. 가족도 아니고 사회도 아니다. 열심히 공부하는 것은 필요하지만, 단기적인 성과를 위해 교육을 엄격하게 시킨다면 장기적으로 부정적 효과를 초래할 수 있다.

학업을 마친 다음 직업을 가진 사람들은 똑같은 문제와 직면할 가능성이 높다. 압박과 시간이 그것이다. 월급과 결혼에 대한 사회적 압박을 받는 것은 보편적이다. 그리고 오랜 시간 일하는 것은 개인의 삶에 충격을 준다. 일에만 몰두하면 인간관계가 고통 받는 것이다. 이 측면을 심각하게 고려해야 한다. 결국에는 전체 사회에 중대한 영향을 지속적으로 끼칠 수 있기 때문이다. 현재 한국사회는 고령화 사회로 진입했다. 앞으로 이 현상을 저어하고 삶의 질을 높이기 위해 피고용인의, 즉 민간 부문에서 근무하는 피고용인의 직업 일정에 대한 조치가 필요하다.

좀 더 행복한 한국사회로 가기 위해 어떤 것이 가장 중요할까에 대한 답은 바로 '시간'이 될 것이다. 시간을 아끼는 것이 아니라 좋아하는 일을 하면서 시간을 보내야 한다는 것이다. 사회적 압박을 느끼지 않고 자유롭게 지내면서 시간을 즐겨야 한다는 것이다.

한국의 '빨리 빨리' 문화를 생각해보면, 대부분의 경우에는 매우 유용하고 효율적이지만 종종 더 나른한 생활 속도가 필요해 보인다. 단조로움에서 벗어날 수 있게 사색하는 시간을 누릴 수 있어야 한다. 생활의 리듬을 반드시 늦춰야 하는 것이다. 자신을 위한 시간을 보내고 독립심이 강한 이는 '어떻게 좀 더 행복할 수 있을까'를 스스로 물어볼 수 있는 사람이다.

행복할 시간이 있어야 행복할 수 있다

로드리게스 로페즈 엘리아(스페인)

친구의 친구가 어느 날 들려준 이야기이다. 대기업 임원으로 있는 그 친구의 지인은 하루 종일 일을 한다고 한다. 새벽 6시에 일어나서 아침을 먹고 회사에 출근한 뒤 하루 종일 업무에 시달리다가, 퇴근해서는 동료들과 회식을 하고 술자리를 갖고 나면 꼭 10시가 넘어서야 집에 들어가게 된다. 그런데 가족이 있음에도 불구하고 집에 들어갔을 때에는 강아지만이 그를 기쁘게 맞아 준다고 한다.

얼마 전 6년 지기인 친구를 4년 만에 만난 적이 있다. 그녀는 그날이 자기의 휴가라고 했다. 그렇지만 그녀의 팔목에는 수시로 확인 가능한 "스마트 시계"가 매어 있다. 그 시계는 갑자기 끼어들어 우리 얘기를 차단한다. 친구는 "미안하지만, 사장님한테 걸려온 중요한 전화라 받아야 해요. 잠깐만 기다려요"하면서 휴대폰을 가지고 카페 밖으로 나간다. 이러한 일은 우리가 같이 있었던 4시간 동안 세 번이나 일어났다.

나는 대학교 연구실에 매일 나간다. 주말이라도 휴일이라도 상관없이

1981년 8월 27일 태어남. 2009~2013년과 2014~2017년 정부초청외국인장학생. 한국문학 번역가. 강원대학교 한국학과 석사. 서울대학교 국어국문학과 한국현대문학 전공 박사과정 수료. 김춘수를 중심으로 연구하고 박사논문을 쓰는 중.

거의 매일 나간다. 학생인 것이 좋은 점도 있으니까 나처럼 아침 11시부터 조금 늦게 시작하는 학생들도 많고, 밤늦게까지 계속 공부하는 학생도 한둘이 아니다. 그것도 요일에 상관없이 그렇다.

한국 사람들은 아마 그런 일들이 매우 일반적이라고 생각할 것이다. 그러나 다른 나라에서는 그렇지 않을 수도 있고, 사실은 그렇지 않은 경우가 더 많다. 한국은 세계에서 가장 많은 시간 동안 일하는 나라 중에 하나이다. 또한, '과로사'의 세계 랭킹 순위를 차지하는 아시아 나라들 중 한국은 3등이다. 사실 '과로사'라는 단어 자체는 일본에서 처음 생겼고 일본과 중국, 그리고 한국 이외의 다른 나라에는 없다. 때로 유럽이나 미국에서 과도하게 일해서 죽은 경우가 뉴스에 등장하기도 하지만, 별도로 '과로사'라는 단어가 만들어질 정도로 빈번한 일은 아니어서, 아시아의 특징적인 문제라고 할 만하다. 게다가 그 통계들은 흔히 일하다가 쓰러져 죽은 경우만 헤아린 것인데, 그 데이터에 오랜 시간의 공부나 과로로 인한 스트레스에 의해 자살까지 하는 경우를 보탠다면 더욱 더 걱정스러운 수치로 떠오르게 된다.

과도하게 일해서 죽을 수 있다는 사실만으로도 정말 우려할 만한 일이다. 그러나 극단적인 상황만 가지고 사회에 미치는 해로운 영향을 파악하기란 쉽지 않다. 일터에서 긴 시간을 보내는 것은 자기를 위해, 그리고 자기 주변의 사람을 위해 보내는 시간이 매우 부족하다는 것을 의미하기 때문이다. 직업 자체는 사람의 삶에 중요한 역할을 하고 있고 개인적인 만족의 원천일 수도 있다. 그러나 오직 일하는 것에만 자기 삶을 바쳐 살아가는 것이 반드시 진정으로 행복한 생활과 깊은 관련을 맺는 것은 아니다.

어느 사회의 행복은 그 사회에 속하는 각 개인들의 행복과 깊은 관련을 맺기 마련이다. 그러므로 행복이 무엇인지를 발견하는 것과 그 행복에 어떤 방법으로 접근할 수 있는가를 알게 되는 것은 매우 긴요한 문제가 된다. 옛날부터 수많은 철학가들과 여러 종교의 대표들이 그 질문에 답하는 것에 전념해왔고, 오늘날에는 그들뿐만 아니라 심리학자들과 신경학자들까지도 그러한 문제에 대해 관심을 기울이고 있다. 그러나 문제는 전문적으로 연구를 해도 사람마다 결과가 다르기 때문에 개념적으로는 만족할 만한 정의를 내리기가 힘들다는 데 있다. 그럼에도 불구하고 과학에서는 특히 선진국 사회의 행복과 관련하여 어떤 중요한 질문에 대한 대답을 제시하고 있는데, 그 질문들은 '원하는 것을 원하는 대로 쉽게 얻을 수 있는 국민들, 적어도 끼니에 대한 걱정이 전혀 필요 없는 국민들이 왜 그렇게 별로 행복하지 않다고 느끼는가?'라는 것과 관련이 있다.

하버드대학 교수인 심리학자 다니엘 길버트(Daniel Gilbert)는 바로 그러한 문제를 오랫동안 연구해왔다. 그는, 흔히 우리가 진정으로 행복하다는 것을 인식하지 못함으로써 그로 인해 행복에 이르기 위한 매우 중요한 것을 희생하게 되고 실제로는 행복과 멀어진다고 주장한다. 그의 연구 결과는 여러 책과 인터넷으로 참고할 수 있는 TED 발표나 면접 등으로 널리 알려졌다. 길버트는 선진국의 국민에게 가장 많은 행복을 가져오는 행동의 종류로 음악 듣기, 운동하기, 성교하기, 그리고 수다떨기 등을 특별하게 꼽을 수 있다고 하면서 그러나 무엇보다도 인간에게는 다른 사람과 시간을 보내는 것, 다른 사람과 경험을 나누고 소통하는 것이 필요하다고 강조했다.

사람들이 행복해지는 방법들을 떠올릴 때, 그것이 길버트가 행복에 이르게 해주는 행동으로 제시한 항목들과 일치하지 않을 수도 있다. 그러나 나는 '사람이 행복하게 살기 위해서 다른 사람이 필요'하다는 것을 못 받아들이는 사람은 별로 없을 것이라고 생각한다. 다만 나의 생각에는 행복의 이야기를 다룰 때 길버트는 간과하고 있지만 나로서는 절대 간과할 수 없는 것, 길버트가 강조한 '사람'만큼 중요한 개념이라고 여겨지는 것이 있다. 그것은 바로 '시간'이다. 가족과 같이 있기 위해서, 음악을 듣기 위해서, 책을 읽기 위해서, 친구들과 같이 놀기 위해서……, 우리는 항상 그 여유, 그 시간이 필요하다.

내가 보기에 한국 사람들에게 가장 부족하다고 할 수 있는 것을 꼽자면 단연 '시간'이라 하고 싶다. 왜냐하면 사실 여부는 어느 정도인지 몰라도, 외국인들에게 한국의 첫인상은 늘 급하게 움직이는 사회, 항상 모든 것을 "빨리 빨리"(제일 먼저 배울 수 있는 한국 단어 중에 2등이나 3등을 차지함) 하는 사회와 가까운 이미지이기 때문이다. 거리마다 24시간 열려 있는 편의점이 많고, 10시 넘어서도 문을 닫지 않는 가게를 찾는 것이 어렵지 않고, 매일 새벽까지 손님으로 가득 찬 술집도 있다. 외국인들이 처음 왔을 때 보게 되는 이러한 한국(서울이 특히 그렇다고 할 수 있지만 대도시만의 특징도 아니다)의 모습을 생각하면 앞에서 말했던 친구의 친구 이야기가 진짜인지 거짓인지는 상관이 없다. 중요한 것은 이런 것들이 믿을 수 있는 이야기라는 점이다.

시간이 부족해서 생기는 결과는 한국 사람들이 다 잘 알고 있는 것 같다. 다른 사람과 같이 충분히 시간을 보낼 수 없는 사회는 불안한 사회가 되고, 거기서 더 나아가 고독한 사람의 사회, 개인주의자의 사회가 된다. 또한 그러한 사회에서는 자기 자신을 돌볼 시간도 부족하고 다른 사람에 대해 생각할 시간도 부족하기 때문에 타인의 문제나 걱정은 중요하지 않다고 여기게 됨으로써 공동체의 감동도 점점 사라지게 된다.

이러한 문제들은 당연히 걱정스러운 것들이지만 그보다도 더 심각한 문제가 하나 더 있다. 그것은 바로 저출산 문제다. 왜냐하면 '시간'을 거의 몽땅 회사에 바치다보니 출산을 연기하는 결정을 하게 되는 경우도 있고, 아예 아이를 낳지 않겠다는 결심이 생길 수도 있다. 이것은 한국뿐만 아니라 거의 대부분의 선진 국가에서도 생겨날 수 있는 문제인데, 한국에서는(그리고 내 나라인 스페인에서도) 특별히 더 우려스러운 일이다. 현재 한국이 세계적으로 제일 높은 자리를 차지하는 하나가 저출산 국가라는 타이틀이다. 한국은 평균적으로 가장 늦은 나이에 아이를 낳는 나라들 중에도 1등을 차지한다. 스페인은 한국보다 몇 순위 뒤이다. 스페인에서 한국만큼 많은 시간 동안 일하지 않더라도 시간 관리의 문제로 인해(점심식사는 2-3시에 하는데 식사를 할 때 흔히 2시간 동안 쉬는 회사가 많아서 퇴근 시간이 그만큼 늦어진다) 출근을 일찍 해도 퇴근을 한국처럼 늦게 하게 된다.

물론 퇴근이 늦어져 여유가 별로 없다는 것만으로 한국과 스페인의 복잡한 저출산 문제 전체를 설명하기는 어렵다. 하지만 앞으로 부모가 될 사람들이 시간이 없고 바쁘다 보니 아기를 낳으면 경제적으로나 직업적으로 어떤 희생을 치르게 될 것이라고 계산하면서 출산을 연기하게 되는 것을 고려하면 저출산 문제와 시간 여유의 부족이 밀접한 관계가 있다고 할 수 있다.

그래서 스페인에서는 이 문제가 나올 때마다 '가사조정'이라는 개념이 같이 대두되고, '가사조정'의 문제를 해결할 수 있다면 저출산의 문제도 줄일 수 있다고 예측한다. '가사조정'의 문제는 회사에서 일하는 시간이 가족의 생활과 조화롭지 않아 특히 여성이 자기 직업과 아이를 낳는 것 중에 하나를 선택해야 하는 갈등을 반영한다. '가사조정'의 문제를 다루는 것은 선진국가의 일하는 문화와 우리 삶의 직업 및 여유의 의미를 재설계할 뿐만 아니라, 가족 속의 남성-여성의 역할에 대해서도 다시 생각하는 기회를 제공한다. 따라서 일하는 시간과 가족과 보내는 시간 사이에 새로운 균형을 찾아야 한다고 주장하는 사람들은 아기를 낳으면 출산 바로 후에 아이를 기르기 위해 회사가 부모에게 유급 휴일 기간을 주고 그 기간을 어머니와 아버지가 교대로 이용하는 것이 좋다고 말한다. 또한 회사의 출근과 퇴근 시간을 유연하게 해서 회사가 정하는 것이 아니라 노동자가 그 시간을 선택하도록 하자는 것, 아이를 양육하는 일을 부모가 공동으로 나누자는 것도 주장한다.

이 모델은 북유럽 국가들이 오래 전부터 정책적으로 실행해온 것으로, 그 중에 노르웨이의 결과가 좋은 예이다. 노르웨이는 사회 속에서 여성의 역할을 강화하면서 '가사조정'을 이루기 위해 특별한 정책을 실행하여, 출산율을 1.77%(2014년 유럽의 평균 1.58%)로 늘릴 수 있었다. 이 통계가 하나의 근거도 되겠지만, '가사조정'을 주장하는 사람들의 견해에 따르면, '가사조정'을 하면서 남성-여성의 평등을 위한 정책을 함께 강화하면 일하는 시간이 유연해지고 저출산 문제를 개선하여 가족과 사회의 안정에도 기여할 수 있다고 한다.

과로와 관련된 문제들은 그 원천이 경우마다 다를 수 있다. 한국의 경우에 여유시간의 부족은 자유주의와 자본주의의 문화를 깊이 받아들이면서도 유교와 관련된 옛날의 한국 상류계급의 가치(유교식 가부장제 문화)를 유지하는 직장 문화에서 그 기원을 찾을 수 있다. 두 양상이 합치한 결과는 사장님, 선생님, 윗사람 등의 권위를 매우 중시하면서 경직된 분위기가 형성되고, 동시에 여유로움을 활동하지 않는 게으름으로 오해하게 되어 그것을 두려워하는 사회가 된다. 쉬지 않고, 계속 일하는 것이 좋고, 오랫동안 일하는 것이 미덕인가? 이것은 한병철이 말하는 "피로의 사회"에 속한다. 그 개념을 만들고 세계적으로 보급시키는 철학가가 한국 출신이라는 것이 우연이 아니라고 여겨진다. 좋은 직장을 잃거나 못 찾을지 모른다는 두려움과 안전하고 행복한 생활보다 경제적 부를 선호하는 것이 무리하게 많은 시간 동안 일하게 되는 현상을 부추긴다.

권위를 중시하고 존경하는 것은 한국이나 아시아의 특별한 양상인 것 같다. 권위를 강조하는 것은 생산율을 늘리는(독일처럼 생산율이 가장 높은 나라들에서는 노동자가 제일 적은 시간 동안 직장을 다닌다) 동시에 노동자가 좀 더 행복하게 살 수 있는 해결책을 만드는 것을 더욱 어렵게 한다. 바로 '눈치 보는' 문화 때문이다. '눈치 보기'와 같은 문화는 한국의 외국인이 '빨리빨리'처럼 일찍 배울 수 있는 것이 아닌데도, 한국사회를 이해하기 위해 상당히 중요하다고 생각된다. 외국인들, 아니면 유럽 사람들이 한국 직장이나 학교 문화에 적응하는 과정에서 겪어야 하는 문제들은 대부분 '눈치 보기'로 설명이 가능할 것이다. 말만 하면 해결될 수 있는 문제인데도 '눈치 보기' 때문에 말을 제때 하지 못해서 해결되지 않는 바람에 더욱 큰 일이 되는 경우도 종종 발생한다. 회사나 학교에서 자유롭게 의견을 표현할 수 있는 분위기를 조성하는 것은 현재의 상태를 더 좋은 쪽으로 바꾸기 위한 첫걸음이다.

나는 게으름을 합리화할 생각은 전혀 없다. 게으름과 여유는 다르다. 여유시간은 자기 발전과 가족의 화목을 위해 필수적이기 때문에 행복한 사회를 이루기 위해서도 매우 중요한 것이다. 여유시간은 단지 휴식시간만을 의미하는 것이 아니고, 휴식을 취하는 것만으로 행복하게 살아갈 수 있는 것도 아니다. 그러므로 아무것도 하지 않으면서 시간을 보내는 것이 아니라 우리가 즐겁고 기분이 좋아지는 것을 해야 하고, 그 좋은 행동을 할 때 무엇보다도 우리 주위에 있는 다른 사람과 나누는 것이 중요하다.

사회란 그 공동체 속에 같이 살기를 선택한 개인의 무리이다. 그 공동체 속에 있어야 혼자서는 찾기 어려운 안심과 보호를 찾을 수 있다. 따라서 사회 속에서 사는 것이란 그 사회 속에서 다른 사람과 함께 살아가는 것을 의미한다. 이 과정에서 각각의 모든 사람이 다 중요하다. 심지어 길을 가다가 매일 지나치는 모르는 사람들이라도 그렇다. 어떤 도시에 수많은 시민이 없다면 그 도시를 이룰 수 있는가? 도시라고 할 수 있겠는가?

여유시간을 늘리는 정책은 가족, 친구, 애인 등과 같이 활동하는 것을 장려하는 정책과 함께 가야 한다고 생각한다. 이러한 점을 한국 사람들도 잘 깨닫고 있다. 내 경험에 비춰보면, 많은 한국 사람들은 여유가 별로 없더라도 시간이 나면 어떻게 잘 보낼 수 있는지를 아는 것 같다. 체육관을 다니든지 다른 언어를 배우든지 하루 종일 애기들과 같이 정원에서 놀든지 등산을 하든지, 한국 사람들은 시간이 있으면 가족이나 친구들과 함께 재미있게 그리고 건강하게 보낼 줄 안다. 그렇기 때문에 가족이나 친구와 같이 행복하게 보내는 그 순간들의 가치와 우리 삶의 행복이 어떤 상관관계에 있는가를 잘 인식하고 인정해야 하는 것이다.

물질적인 것에 대한 추구보다도 경험에 투자하는 것을 배우고, 행복을 위한 삶의 경험이 대부분 무료라는 것을 배우는 것은 매우 중요하다. 그 배움을 통해 세계에 대한 입장을 바꿀 수도 있고, 어떤 것을 이루기 위해 어떤 희생을 할 만한지와 관련된 질문에 대해 다시 생각할 수도 있다. 그 질문에 대답하는 것은 우리가 어떤 사람이 되고 싶은가라는 질문에 대한 대답이기도 하다. 그 질문에 어떤 답을 할 것인가? 그 뒤에 어떤 삶을 살아갈 것인가?

젊은이들에게 정치참여 시스템을

리티카 듀타(인도)

민주주의가 제 기능을 제대로 발현하기 위해서는 모든 국민, 특히 젊은이의 정치참여가 수반되어야 한다. 젊은이들의 정치참여가 그 국가의 민주주의의 미래에 큰 영향을 미치기 때문이다. 그런데 한국의 청년들은, 그들의 투표 참여율이 낮은 것에서 확인할 수 있듯이, 정치에 대한 관심과 참여가 저조한 상황이다. 그들이 정치적 혼수상태에 빠져 있다고 비판하는 목소리가 들려오기도 한다. 젊은이들의 그러한 정치적 무관심은 한국사회의 더 나은 미래에 결코 도움이 되지 않을 것이다.

그래서 무엇보다도 한국의 청년들이 자신들의 생각을 자유롭게 밝힐 수 있는 사회적 시스템을 갖춰야 할 필요가 있다고 생각한다. 그것을 통해서 자신들의 삶에 직접적인 영향을 미치는 사회적 환경에 대한 불만과 이를 개선할 방법들을 이야기할 수 있게 해야 한다. 다행히 한국의 초·중·고등학교와 대학교에는 젊은이들의 정치참여 유도에 활용할 수 있는 시스템이 마련되어 있다. 그것은 학생들의 사회봉사활동 참여를 의무화한

1989년 12월 23일 인도에서 태어남. 현재 한국학중앙연구원의 한국문학 박사학위 과정 중. 한국문학번역원이 제공하는 한국 문학작품 전문번역자 양성 프로그램에도 참가. 인도 뉴델리의 자와할랄 네루 대학교에서 한국어 및 한국문학 전공으로 학사학위와 석사학위를 취득.

제도와 동아리 문화이다. 하지만 정치문제와 관련해서 젊은이들이 그 시스템들을 활용해 주도적으로 자신들의 목소리를 내기 바라는 것은 지나친 기대라고 할 수 있다.

한국의 주류 정치권 내에 젊은층을 대표할 정치인이 많지 않다는 것과 젊은 세대를 끌어들일 수 있는 아젠다를 내세우는 정당이 많지 않다는 것이 한국의 젊은이들이 정치에 무관심한 이유와 관련이 있어 보인다. 이는 "한국정치에 차갑게 반응한 청년 유권자들", "지난해 청년층 관련해서 제정된 법률 단지 3건, 아동 관련 법률 23건, 노인 관련 법률 13건과 현저한 대비"라는 제하의 2016년 4월 5일자 《코리아타임즈》 기사에서도 잘 나타난다.

작금의 한국정치에 공감할 수 없고 공감할 의지도 없는 대학생들과 청년층. 이제는 한국정부가 한국 민주주의와 한국사회의 더 밝은 미래를 보장하기 위해서 정책적으로 나서야 할 때라고 생각한다. 장기적인 정책 프로젝트를 추진함으로써 적어도 10년 후에는 좋은 결실을 거둘 수 있어야 한다.

정치에 대한 인식 제고 및 교육은 늦어도 중학교부터는 시작되어야 하지 않을까. 교육부가 정치시스템, 정치활동, 정치적 문제 및 기타 정치시스템을 둘러싼 대내외적인 현실 환경에 대해서 학생들에게 가르치는 필수교육과정을 도입해야 한다. 중고등학생들에게 그와 같은 어렵고 복잡한 주제들을 가르치기 위해서는 학생들이 자신들의 실생활과 연결시킬 수 있도록, 그리고 그 주제에 대한 관심을 지속적으로 유지할 수 있도록 설계된 교육과정을 마련하는 것이 필요하다. 뿐만 아니라, 그와 같은 교육과정을 도입하는 목적이 학생들이 시류를 따라가게 하거나 혹은 이미 정해진 정치관을 심어주는 데 있어서는 안 된다. 학생들이 어떠한 정치적 편견에서도 벗어나 자유롭고 독립적인 정치적 태도를 가질 수 있게 해주어야 한다.

대학생들의 경우도 마찬가지다. 대학생들이 전공에 관계없이 한국정치의 실상과 그 문제들에 대해 제대로 이해할 수 있을 만큼의 정치적 지식을 갖추도록 교육하려면, 대학들은 적어도 두 개의 필수과목을 제공해야 한다. 하나는 국내정치를 이해하기 위한 과정의 일환으로 국제정치를 다루는 강좌이고, 또 하나는 지식 공유를 위한 그룹 활동, 토론 등과 같이 정치참여에 필요한 기술들을 가르치는 강좌이다. 이러한 교육프로그램으로 6년에서 8년간 지속적인 노력을 기울인다면 정치적 가치관과 정치적 현실에 대한 자기주장이 확고한 세대를 길러낼 수 있을 것이다. 또한 그 결과로써 젊은이들이 자발적으로 정치활동에 참여하게 되며, 대학의 동아리방이 주류정치에 대한 오피니언 리더들의 산실로 거듭나는 날을 기대할 수 있을 것이다.

물론 이러한 모든 노력은 젊은 세대의 목소리에 귀를 기울일 수 있는 사회적 시스템을 마련하지 않은 상황에서는 특별한 의미를 찾을 수 없다. 세계 최대의 민주주의 국가라고 알려진 인도에서는 정부가 정책입안자들과의 직접적이고 공개적인 대화에 젊은이들을 참여시키기 위해서 어떤 노력을 기울이고 있는지를 소개하려고 한다.

인도의 온라인·오프라인 미디어 매체들은 대학생들의 정치참여의 중요성을 강조하고 확대하려는 노력을 함께 기울이고 있다. 이 언론매체들이 공동으로 추진하는 프로그램 중 하나인 "청춘의회(Youth Parliament)"는 젊은이들의 목소리를 대변할 수 있는, 19세에서 28세 사이의 자기 의견이 분명한 젊은이들을 선발하여 실세로 인도 의회에서 정책을 입안하는 인사들과의 대화에 참여시킨다. 이들 정책입안자들은 인도 정치권에서 정치적 결정에 상당한 영향력을 행사하는 인사들이다. 선발된 젊은이들은 주요 안건에 대한 자신들의 의견을 밝히고, 정책입안자들에게 인도의 외교, 정치, 경제 등 전반에 걸쳐 다양한 주제의 질문을 할 수 있다. 이 "청춘의회"를 통해서 젊은이들은 정책입안자들이나 장관들과 동등한 위치에서 질문하고 의제를 결정한다. 최근 뉴델리에서 개최된 "청춘의회"에서 참가자들은 인도의 예산 할당에 대해서 토론했다.

인도가 "청춘의회"라는 사회적 시스템을 마련한 목적은 어디에 있는가? 이 프로그램의 젊은 참가자들이 인도 의회의 운용방식을 습득하고, 조리 있게 자신의 의견을 표현하며, 훌륭한 미래 지도자로 성장할 수 있게 하는 데 있다. 그것을 이루기 위한 정치교육의 플랫폼이다.

2016년 인도 뉴델리에 위치한 자와할랄 네루 대학교(Jawaharlal Nehru University) 학생들의 "네루대 캠퍼스 시위"는 인도에서 복잡한 정치적 사안과 관련해서 학생들의 정치 참여가 얼마나 중요한 역할을 하는지를 단적으로 보여주는 귀중한 사례이다.

자와할랄 네루 대학교는 인문학 분야에서 독보적인 권위를 자랑하는 대학 중 하나로 극우주의, 중도좌파, 극좌파 등 다양한 정치사상과 이념을 신봉하는 지식인들이 공존하는 곳이다.

2016년 2월, 대학 총학생회장을 포함해 일단의 좌파성향 학생들이 모하메드 아프잘 구루(2001년 인도 의회 테러범에게 은신처를 제공한 죄로 사형을 당한 카슈미르 분리주의자)와 모하메드 아즈말 카사브(파키스탄 무장단체 라쉬카르 에 타이바 소속으로 2008년 뭄바이 테러 가담, 경찰에 생포된 유일한 생존자)에 대한 정부의 조치를 비판하는 시위를 열었다. 시위 참가 학생들은, 이들이 자살폭탄 테러범이 되어 테러 위협을 가할 수밖에 없었던 근본적인 원인에 대해서 집중적으로 이야기했으며 정의와 폭력에 대해서 의문을 제기했다.

총학생회회장 카나이아 쿠마르(좌익 운동가)가 반정부 선동죄로 뉴델리 경찰에 체포됐다. 추후 진행된 경찰 조사에서 이 사건이 비우익 단체에 대한 무고를 꾀한 우익단체의 음모라는 사실이 밝혀졌다. 반정부 구호를 외친 것은 총학생회장 카나이아가 아니라 정치적 갈등을 조장하려던 소수 학생들인 것으로 밝혀졌다.

이 사건과 관련해서 인도는 물론 해외 많은 지식인들이 인도 집권당에 대해 강력하게 비난의 목소리를 냈다. 지식인들은 인도 집권여당이 자신들과는 다른 정치 노선이나 이념을 표방하는 이들을 포용하지 못하는 편협한 태도를 보였다고 비판했다. 타인과 다른 의견을 표현하는 것은 기본권리이고 민주주의를 지탱하는 힘이다.

자와할랄 네루 대학교 총학생회장의 죄목인 인도 형법의 '선동죄'는 인도 민족주의자들의 독립활동을 억압하기 위한 목적으로 19세기 영국의 식민시대에 강화됐다. 영국의 식민지배에서 독립을 주장하던 인도 민족주의자 간디의 죄목 역시 선동죄였다. 현재 이 사건은 하급 사법재판소의 최종 판결을 기다리는 중이다.

자와할랄 네루 대학교 학생시위 사건은 광범위한 관점에서 논의해볼 만한 사안이지만, 여기서는 최대한 간단하게 언급하는 데 그쳤다. 이는 정부 정책에 대한 인도 대학생들의 비판적 태도가 얼마나 중요한지를 보여주는 데 초점을 맞추고 싶었기 때문이다.

인도 국민들의 뉴스 시청률은 상당히 높다. 인기 있는 뉴스 채널에서는 프라임 시간대에 정치인, 학자, 학생운동 지도자를 초대해 그날의 뉴스 특보를 주제로 동등한 입장에서 의견을 나누는 토론 프로그램을 방송한다. 이 프로그램은 국민적 관심이 높다. 높은 시청률이 바로 그 증거다. 이러한 뉴스 방송은 관련 주제에 대해 심층적으로 다룸으로써 정보 제공은 물론 정치에 대한 교육적 효과를 달성할 뿐만 아니라 고학력자들에게 정치토론의 습관을 심어주는 성과도 기대할 수 있는데, 이 토론의 자리에 젊은층을 대변하는 대학생이 동등한 위치에서 함께한다는 것은 앞에서 언급한 그 '사회적 시스템'이 갖춰져 있다는 것을 뜻한다.

그러나 인도의 교육제도가 학생들의 정치에 대한 학습을 보장하고 있는 것은 아니다. 인도 대학에는 학생들의 다양한 과외활동 참여를 독려하는 동아리방 문화가 없다. 인도의 중고등학교나 대학에는 젊은이들이 독립적인 정치관을 개발할 수 있도록 설계된 교과과정도 없다. 그 부재의 이유가 그들에게 그러한 것들이 필요 없기 때문은 아니다. 다만, 인도의 아이들은 다양한 정치적 의견을 접할 수 있는 환경에서 성장하는 동안에 상당히 성숙한 정치관을 갖게 된다. 심지어 그들은 자신의 의견을 표현할 기회가 주어지지 않는 상황에 대해 불안해하고 좌절감을 느끼기까지 한다. 전체 인구의 절반 이상이 25세 미만인 '청년국가' 인도는 정부 내에 청년 유권자들의 목소리를 대변해줄 대표자들을 대거 길러 내야하는 어려운 과제를 떠안고 있다. 반대로, 한국은 무엇보다도 사회적 시스템이 필요해 보인다. 언론매체들의 정치적 토론에 청년층을 대변하는 젊은이들이 등장해야 하고, 그들의 의견을 경청할 수 있는 사회적 분위기가 조성되어야 하며, 더 나아가 그들이 영향력 있는 지도자로 성숙할 수 있어야 한다. 이러한 사회적 시스템을 구축해야 하는 숙제를 한국사회는 안고 있다.

현재 한국과 인도는 여러 가지 관점에서 다른 상황에 놓여 있기 때문에 두 국가를 단순히 비교하는 것은 무의미한 결과를 초래할 것이다. 두 국가는 서로 다른 경제발전 단계에 있으며 각기 다른 과제를 안고 있다. 그러나 젊은 세대의 정치적 참여를 더 높은 수준에서 더 높이 끌어올리는 가운데 그들의 행복에 대한 발언에 대하여 사회적으로 경청하는 것은 국경을 초월한 두 나라의 공동 관심사이자 가장 시급하게 다뤄져야 할 사안이라고 생각한다.

경쟁과 자전거

솔튼 그리트 윌리엄(네덜란드)

서구 사회에서 태어나, 서구와는 완전히 다른 한국사회에 적응하는 것은 쉽지 않았다. 개인적으로 낯설었던 동양을 처음 접했던 건 2006년 홍콩에서였다. 비행기를 환승하려고 여덟 시간 정도 대기하며 홍콩을 구경하게 되었다. 비록 이것이 아시아의 온전한 면모를 접한 것이라고 볼 수는 없겠으나 그때가 내가 처음으로 서양 문화와는 정말로 달랐던 동양 문화를 직접 접했던 때였다. 이후 호주 여행 중 여러 한국 사람들과 만나게 되면서 한국에 대한 관심이 싹트게 됐다.

한국과 한국 문화에 대한 나의 관심은 그렇게 사람들과의 작은 만남에서 시작되었다. 처음 나의 관심은 이국적인 것들에 대한 이끌림이었기에 딱히 외국어를 공부했던 것은 아니었다. 그러다가 2007년 한국학을 공부하게 되었다. 당시 우리 반에는 나를 포함 총 6명의 학생이 있었다. 그때 이후 많은 일이 있었고 운 좋게도 공부와 휴식 등으로 여러 차례 한국을 방문할 기회가 생겼다. 한국을 방문하고 한국에 관해 공부해가며 자연히

1987년 12월 27일 태어남. 2007년~2012년 네덜란드 라이덴 대학교에서 한국학 학·석사과정 졸업 후 2013년부터 현재까지 한국학중앙연구원에서 한국사학을 공부 중. 한국역사를 공부하면서 한국사회적인 문제, 한국식 민주화 및 남북한 관계에 대해 관심이 많음.

한국 사람들과 어울리고 한국사회에 대해 점점 더 많이 알게 되었다.

한국에 머무는 동안 매운 한국 음식을 먹고 한국사회에 적응하면서 네덜란드와 한국에 존재하는 몇 가지 차이점을 분명히 알게 됐다. 그 중 첫 번째는 아마 대부분의 사람들이 이미 익히 알고 있을 텐데, 개인적으로 가장 시급하게 해결되어야 한다고 생각하지만 사실 가장 해결하기 어려운 문제일 것이다. 바로 한국 아이들의 행복에 관한 문제이다.

2014년 한국에 다시 돌아와 행복과 안녕에 관한 수업을 들었던 적이 있다. 어느 날 그 수업에서 아이들의 행복에 관하여 다루었다. 그즈음 한국 아이들의 행복 지수에 관한 보도가 있었다. OECD 국가 중 한국 아이들의 행복 지수가 최하위권을 기록했다는 내용이었다.[1] 이와는 대조적으로 2007년 UNICEF 발간보고서나 그 후 발표된 여러 보고서에 따르면 네덜란드 아이들의 행복 지수는 전 세계 최상위까지는 아니더라도 상당한 상위권에 속했다.[2]

OECD 회원국 아동의 행복 지수를 조사한 그 보고서는 물질적 안녕(Material Well-being), 건강 및 안전(Health and Safety), 교육적 안녕(Educational Well-being), 가족 및 교우 관계(Family and Peer Relationships), 행동 및 위험요소(Behavior and Risks), 주관적 안녕(Subjective Well-being) 등 여섯 가지 기준을 토대로 각 국 아이들의 행복지수를 측정했다. 이 여섯 가지 하위 범주는 아이들의 행복과 안녕을 담보하는 데 있어서 주요 공통분모이다.

여섯 가지 하위 범주 중 네덜란드 아이들과 한국 아이들 간 가장 큰 차이점은 '교육적 안녕' 범주에서 나타났다. 간단히 말해, 네덜란드 아이들

1 http://www.koreaherald.com/view.php?ud=20141105000701

2 http://www.unicef.org/media/files/ChildPovertyReport.pdf

은 내가 여태껏 만난 그 어떤 한국 학생보다 짧은 시간을 학교에서 보낸다. 가혹한 듯 보이는 한국의 교육 방식은 초등학교와 중학교에서 끝나는 게 아니라 대학교와 대학원까지도 계속 이어진다. 내 동기들에게는 밤늦게까지 공부하거나 밤샘 공부를 하는 것은 어쩌다 한 번 있는 일이라기보다는 거의 일상에 가까운 일이다. 어린 시절 나는 운 좋게도 도시의 바쁜 일상과는 거리가 먼 작은 시골 마을에서 자랐다. 덕분에 초등학교와 중학교 시절에 양질의 교육을 받으면서도 친구들과 마음껏 뛰놀며 유년기와 소년기에 필요한 성장을 할 수 있었다.

네덜란드와 한국 아이들 간의 또 다른 뚜렷한 차이는 좋은 성적을 내기 위해 아이들이 어깨에 짊어져야 하는 학업의 무게이다. 한국에서 지내면서 한국의 대학 입시에 관해 알게 되는 데는 그리 오랜 시간이 걸리지 않는다. 한국에서 대학 입시는 매우 중요한 시험이라 시험 당일에는 아이들이 외부 소음 때문에 시험에 집중하지 못하는 일이 없도록 항공기 운항이 제한된다. 스스로 만족하고 부모의 기대에 부응하며 사회의 기준에 맞추기 위해 이러한 시험을 두 번, 세 번 보는 학생들도 수없이 많다. 반면에 네덜란드는 학업성취도에 대한 학생들의 부담감이 상대적으로 낮다. 네덜란드 학생들은 많은 자유를 누리며 스트레스를 거의 받지 않는다. 네덜란드 아이들은 12세(한국 나이 13세)에 고등학교 입학시험을 친다. 그리고 이 시험이 이들이 향후 다니게 될 고등학교의 수준을 결정한다. 고등학교의 수준에 따라 아이들의 대학 입학 가능성도 거의 정해진다. 물론 예외는 있지만 대부분의 사람들은 자신들이 처음 들어간 고등학교를 다니며 이에 맞는 일자리를 구하거나 학업을 해나간다. 하지만 어떤 경우에도 네덜란드 학생들에게는 반드시 대학에 가야 한다는 부담감이나 기대치가 부여되지 않는다. 네덜란드에 있는 여러 대학이 그 수준에 따라 나눠지지 않는 것은 말할 것도 없다. 네덜란드에는 스카이(서울대, 연세대, 고려대)와 같은 개념은 존재하지 않고, 한 사람의 능력이 그 사람의 학업 성취도로 판가름되지도 않는다.

한국 교육 체제의 문제에는 많은 학생들이 고등학교 시절에 외국으로 유학을 간다는 점도 있다. 외국 고등학교가 더 좋아 보인다는 이유도 있겠으나 외국 고등학교가 전형적인 한국 고등학교보다 덜 엄격하고 학생들에게 요구하는 것이 적기 때문이기도 하다.

이러한 문제를 보다 큰 그림으로 본다면 '경쟁'이라는 한 단어로 귀결되는 듯하다. 한국인들의 마음가짐은 성공에 집중되어 있다. 이것은 모든 한국인들에게 적용되는 거대한 공식이다.

모든 사람에게 성공을 위한 길이 하나뿐이라면 사람들은 당연히 그 목적을 이루기 위해 자신이 할 수 있는 무엇이든 다 하려 할 것이다. 아이들의 경우, 그 길은 간단하다. 좋은 대학에 들어가고, 좋은 학점을 유지하고, 영어 실력을 키우고, 대기업 입사를 위해 최대한 많은 자격증을 따는 것이다. 한국사회의 사정이 이렇다 보니 심지어 대기업 인터뷰 준비를 도와주는 학원도 있다. 인터뷰 때 진부하지 않은 참신한 답변을 할 수 있도록 도와주는 것이다. 이것이야말로 내가 느끼는 가장 큰 모순이다. 성공을 위해 모두가 같은 길을 가야 하는 사회는 모두에게 엄청난 스트레스를 부과하기 마련이다. 이 스트레스는 특히 어린 청소년들에게 더욱 가혹할 것이다.

현재도 한국인들은 성공이 뜻하는 것과 행복해지는 것을 동일시하는 전통적 사고방식에서 거의 변화가 없는 것 같다. 이것은 한국과 네덜란드의 가장 큰 차이점으로 보인다. 한국이 경제적으로 부강해진 것은 오래되지 않았다. 1990년대까지만 하더라도 많은 사람들이 가난한 상태에서 전통 형식의 낡은 가옥에 살았지만, 지금은 대부분의 한국 사람들이 부유해졌다. 하지만 여전히 한국인들의 마음은 좋은 직장을 구해서 돈을 더 많이 버는 데 치중해 있다. 네덜란드의 경우, 물론 좋은 직장을 구하는 것이 삶의 중요한 요소이긴 한데, 누군가 대학에 갈 의향이 없거나 능력이 없어서 대학에 진학하지 않고 다른 직업 경로를 택하거나 노동을 한다고 해서 스스로를 창피해 하거나 체면이 구겨졌다고 생각하는 경우는 없다. 사랑하는 사람을 부양할 수 있고 다른 것들에서 삶의 행복을 찾을 수 있다면 학교에서 1등을 하기 위해 친구들과 경쟁할 필요도, 대기업에 입사하기 위해 더 많은 자격증을 딸 필요도 없는 것이다. 네덜란드에서도 예외가 없다는 것은 아니다. 그래도 한국만큼 치열하지는 않다.

한국의 '경쟁'은 학교생활 중 학생들 사이에서뿐 아니라 한국사회에 만연한 듯하다. 이 글을 쓰며 한글을 사용하는 것을 지양하려 했지만, 이 단어를 대체할 만한 좋은 영어 표현을 찾지 못했는데, 바로 '눈치'라는 단어이다. 한국인들은 경쟁이 너무 치열한 사회에 살아가다 보니 항상 다른 사람은 무얼 어떻게 하는지에 관심을 가지고 끊임없이 자신을 타인과 비교한다. 일각에서는 경쟁을 통해 우리가 할 수 있는 최대한을 끌어낼 수 있기 때문에 경쟁은 좋은 것이라고 말할지 모른다. 하지만 경쟁은 사람들에게 부정적인 영향을 미치기도 한다. 직장에서, 학교에서, 심지어 살고 있는 동네에서조차 자신이 하는 모든 일들이 타인의 관심 대상이 되기 때문이다.

한국은 공동체의식이 매우 강한 것 같다. 물론 여기에는 좋은 점이 많다. 하지만 타인의 시선을 의식해야 하고, 이를 피하는 것도 어렵다면, 매우 스트레스 받는 일이 될 것이다. 내가 대학원에서 경험한 것을 예로 들자면, 행사가 있을 때마다 한국 학생들은 모든 행사에 참석하곤 했다. 그 이유를 물어보니, 불참하는 것이 본인에게 안 좋은 영향을 미치고 심지어 학점에도 나쁜 영향을 미칠 거라고 생각하기 때문이라 했다. 학생들이 주말에 교수님과 등산을 하거나 저녁식사를 같이 하자는 연락을 받는다는 얘기를 듣기도 했다. 저녁식사 자체가 잘못되었다는 것은 아니다. 하지만 네덜란드인인 나에게 이는 정말 이상한 일이다. 네덜란드의 경우, 학생들과 교수 사이에는 두 사람의 관계가 아무리 좋다고 해도 일정한 거리가 유지된다. 교수님에게 전화를 걸거나 카카오 메시지라도 보내는 것은 상대방이 이에 응할 수 있는지 모르는 상황에서는 결코 있을 수 없는 일이다. 상대방의 자유시간을 빼앗아서는 안 되기 때문이다. 이메일을 보내거나 주중 회의 때 만나서 말씀을 드리는 것이 훨씬 더 공손한 방식일 것이다. 나의 한국인 친구들은 그것이 한국인들에게는 결코 이상한 일이 아니라고 했지만, 나는 아직 이러한 방식을 받아들이지 못하고 있다. 행사에 참석하지 않는 것이 학점에 나쁜 영향을 끼칠 거라는 얘기를 듣지 않았다면 이를 대수롭지 않게 여겼을 것이다. 행사에 반드시 참석해야 하는 것이 스트레스 요인이 된다고 생각하지도 않았을 것이다. 하지만 필수의무도 아닌 행사에 참석하지 않는 것이 학점에 부정적인 영향을 미칠 수 있다는 걸 알았을 때, 나는 정말 놀라지 않을 수 없었다.

한국 학생들이 학교와 학원에서 오랜 시간을 보내며 스트레스를 받는 것 외에 한국 학생들의 행복을 위해 반드시 해결해야 하는 것은, 학생들이 가족과 함께 오붓한 시간을 보내고 부모님과의 유대를 돈독하게 할 수 있는 여건을 마련하는 것이라고 생각한다. 한국 학생들은 매일 학교에서 오랜 시간을 보내다 보니 부모님 얼굴을 뵙고 함께 오붓한 시간을 보낼 기회가 거의 없다. 네덜란드의 경우 초등학교와 중학교가 비교적 일찍 끝나는 편이다. 학생들은 집에서 가족과 함께 저녁식사를 하며 어떻게 지내고 있는지 서로 대화를 나눌 수 있다.

한국 학생들뿐 아니라 한국의 직장인들도 마찬가지이다. 밤늦게까지 일하는 것이 당연한 것처럼 여겨지고 퇴근 후 동료와 함께 저녁을 먹는 것도 일종의 필수사항처럼 여겨진다. 내가 어렸을 때, 우리 식구는 저녁 6시 경이면 저녁식사를 함께 하고, 8시 경이면 함께 차를 마시곤 했다. 그렇게 하루에 있었던 일을 서로 이야기하는 가운데 가족으로서 유대감이 형성되곤 했다. 물론, 이는 내 개인적 경험으로, 네덜란드 가정이 모두 그렇다는 것은 아니다. 하지만 대도시에 살지 않는 사람들의 경우, 삶의 방식, 특히 저녁시간의 삶의 방식은 상대적으로 더 여유롭고 때로는 약간 지루하기까지 하다. 평일 저녁에 할 수 있는 일이라는 게 그리 많지 않기 때문이다. 그렇다 보니 대부분의 가정은 최소한 저녁식사라도 같이 하게 된다.

한국사회의 모습은 낮과 밤의 구분도 없고 주말도 없이 일주일 내내 24시간 깨어 있는 것 같다. 아버지들은 회사에서 밤늦게까지 일하고, 자녀들은 하루 종일 학교에 있다. 맞벌이 가정인 경우에는 아이들은 할머니 할아버지의 손에 맡겨지는 경우가 많다. 바쁜 한국사회의 특징을 고려할 때 왜 이러한 상황이 생기는지를 이해할 수 없는 것은 아니지만, 나는 아직도 내 한국인 친구가 했던 말을 기억한다. 그 친구는 자기가 어렸을 때 주중에는 한 번도 아버지의 얼굴을 뵌 적이 없고 어린 시절에 아버지와 관련된 가장 좋았던 기억은 함께 한강에서 공 던지기를 했던 것이라고 했다. 서로 너무나 바빴던 나머지 함께 오붓한 시간을 보낼 여유가 없었다는 사실에 대해 나는 정말 안됐다고 생각했었다.

한국이 현재의 학교와 교육 체제를 지금과는 조금 다르게 스트레스를 덜 받는 체제로 변모시킴으로써 아이들이 아이다움을 잃지 않고 더 즐겁고 걱정 없이 어린 시절을 보내도록 해줄 수는 없을까? 아이들이 방과 후 바로 집으로 갈 수 있도록 학원이 아예 없어졌으면 좋겠지만, 이를 위해선 한국인들의 사고방식이 바뀌는게 더 급선무라고 생각한다. 한국사회에서는 경쟁이 너무 치열해 스스로 느끼거나 판단하기에 최고 인생을 만들려면 매 순간 최고가 되어야 하고 가능한 많은 자격증을 따야 한다. 그러나 내가 보기에는, 아이들이 어른들의 '성공' 욕구의 영향을 받지 않았으면 좋겠다. 아이들이 보다 여유롭고 근심 없이 자랄 수 있게 되기를 바란다.

조선시대 이래로 '좋은 교육'은 한국에서 가장 중요시되는 것 중 하나였다. 그러한 마음가짐은 오늘날의 한국사회에도 면면히 유지되고 있는 것 같다. 좋은 대학에 입학하여 졸업하는 것이 여전히 성공을 위한 주요 방편으로 여겨지고, 대학 교육을 받지 않은 사람들에게는 사회적 편견이 작용한다. 그래서 교육 체제의 변화도 중요하지만 그에 앞서 한국인들의 마음가짐에서 변화가 일어나는 것이 더 중요하다고 생각한다. 큰 변화가 생기는 데에는 시간이 필요하겠지만, 올바른 태도를 지니고 있다면 분명히 가능한 일이라고 믿기 때문이다.

한국사회를 보다 좀 더 행복한 사회로 만드는 것에 대한 나의 두 번째 제안은 첫 번째 제안보다는 개인적인 성격을 띤다. 이 글을 쓰면서 나의 모국 네덜란드가 작은 나라이며 대부분의 한국 독자들은 네덜란드를 잘 모른다는 것을 알게 되었다. 따라서 네덜란드에 대해서 잠깐 소개하도록 하겠다.

'저지대국가(Low Country)'라고도 알려져 있는 네덜란드는 한국과는 아주 대조적이다. 네덜란드에는 산이 거의 없고 면적도 한국보다 작다. 네덜란드의 면적은 한국의 절반밖에 안 되며 인구는 1천700만 명을 조금 넘는다. 누군가 네덜란드에 관해서 농담을 한다면, 네덜란드에는 자전거 수가 사람 수보다 많다고 말할지 모른다. 땅이 좁고 평지가 많다 보니 사람들이 자전거를 많이 타는 편이다. 예를 들어, 자전거로 15킬로미터 거리를 등교하는 것은 네덜란드 학생들에게는 매우 평범한 일이다. 네덜란드 사람들이 자전거를 얼마나 좋아하는지는 학생들의 생활방식을 통해서도 엿볼 수 있다. 대학 시절에 나는 다른 도시에 살아서 학교에 가려면 기차를 타야 했다. 나는 매일 아침 기차역까지 자전거를 타고 가서 다른 500여 대 정도의 자전거 옆에 내 자전거를 안전하게 묶어둔 뒤 기차를 타고 학교에 가곤 했다. 학교 가까운 기차역에 내리면 나의 또다른 자전거가 나를 기다리고 있었다. 그곳에는 내 자전거 말고도 1천여 대의 자전거가 주인을 기다리고 있었고, 나는 내 자전거를 찾아서 학교까지 타고 갔다. 네덜란드는 거의 일 년 내내 비가 오고 우중충한 날씨가 이어지지만 우리는 날씨에 관계없이 자전거를 이용했다. 비가 오나 눈이 오나 심지어 강풍이 불 때에도 마찬가지였다.

내가 한국에 온 지는 2년이 조금 넘었다. 한국에서 자전거를 탄 지는 1년 반 정도 되었다. 그동안 나는 몇 번이나 거의 죽을 뻔한 고비를 넘겼다. 자전거도로가 끊겨서 어쩌다 보니 갑자기 차선에 들어가 있거나 자전거를 타는 사람들이 최소한의 배려를 하지 않은 탓이었다. 물론 서울은 자전거를 염두에 두고 만들어진 도시가 아니기에 크게 놀라울 일은 아니다. 내가 한국에서 처음 자전거를 탈 때보다는 여건이 많이 개선되었고 자전거도로가 여기저기 생겨나기도 했다. 그러나 아직도 출발지에서 도착지까지 온전히 자전거로 이동하는 것은 어려운 일이다. 취미로 자전거를 타는 사람들은 작은 하천이나 한강변의 자전거도로에서 자전거를 타는데, 교통수단으로서 자전거는 아직도 생소한 개념인 듯하다.

자전거도로와 보행자도로가 다른 색상으로 구분되어 있는 것도 정말 독특하다. 우리 동네의 경우 자전거도로는 분홍색으로, 보행자도로는 녹색으로 구분되어 있다. 하지만 자전거도로라는 개념이 최근에 생긴 것이다 보니, 대부분의 보행자들은 자전거도로와 보행자도로를 구분하지 않는다. 이렇다 보니 맞은편이나 뒤에서 오는 자전거에 길을 양보해주는 일도 거의 없다. 자전거광인 나에게 이는 정말이지 애석한 일이 아닐 수 없다. 하지만 이런 불만이 다소 어리석어 보이는 이유를 알 수 있다. 네덜란드는 산이 거의 없고 평지가 많은 나라이지만 한국은 산이 많기에 전국을 잇는 자전거도로를 만들기란 매우 어려울 것이다.

2015년에 친구와 나는 대전에서 전주까지 자전거를 타고 가기로 했던 적이 있다. 우리는 한국에 산이 많다는 점을 몰랐고, 우리의 생각보다 자전거 여행이 어려울 것이란 것도 예상하지 못했다. 대전을 출발한 뒤 우리의 판단이 잘못된 것이었다는 걸 깨닫는 데는 불과 20분밖에 걸리지 않았다. 하지만 우리는 자전거 여행을 강행하기로 했고, 결국 산을 몇 번 오르고 고속도로를 몇 번 지난 끝에 10시간 만에 겨우 전주에 도착할 수 있었다. 이를 계기로 한국은 자전거 여행에 적합하지 않다는 것을 깨달았다. 그러나 좋은 일도 생겼다. 한국의 경치가 얼마나 아름다운지를 깨닫게 되었던 것이다. 자동차로 빨리 지나가는 것보다 자전거로 천천히 여행을 하면 아름다운 경치를 감상할 수 있다. 고속도로를 따라 자전거도로가 생기면 자전거 애호가들과 한국을 찾은 관광객들이 자전거를 타고 전국을 둘러볼 수 있을 것이다. 내가 한국에 살기 시작한 이래 최근 몇 년간 자전거 사용자 수가 엄청나게 증가했다. 주말이면 우리 동네는 산에서 자전거를 타려는 사람들로 붐빈다. 한국의 자전거도로가 조금만 개선되어 사람들이 외곽에서도 자유롭게 자전거를 탈 수 있게 된다면, 자전거 타기를 즐기는 사람들의 삶이 크게 개선될 뿐만 아니라, 정신없이 바쁜 도시의 삶을 사는 사람들에게 일종의 치유적인 효과가 있을 것이다.

"정신 없는"에서 "여유 있는"으로

응우엔 응옥 뚜이옌(베트남)

내가 중학생인 20세기 말에 한국 드라마가 베트남 텔레비전에 나오기 시작했다. 첫 출현부터 지금까지 한국 드라마에 대한 베트남 사람들의 애정은 그칠 줄 모른다. 한국 드라마가 출현하기 전까지 많은 베트남 중부 지방 사람들에게는 한국이 60~70년대의 가난한 한국이고 베트남 전쟁에 끔찍한 참전군을 파병한 나라인 것으로 기억하고 인식했다. 그러나 처음에는 드라마로, 나중에 와서는 K-pop, 예능프로그램 등으로 이제 많은 베트남 사람들에게 한국은 경제적으로 발전한 나라이고 반짝이는 나라가 되었다.

한류, 한국 기업들의 투자 등 갖가지 이유로 베트남 사회에서 한국에 대한 관심이 많아졌다. 대학교들에서의 한국학, 한국어학 전공 분야들도 점점 인기가 많아졌다. 베트남 대학생들이 진학하러 한국으로 유학을 갔다. 이와 병행한 것은 한국 남성과 결혼한 추이였다. 한국 남성과 결혼한 베트남 여성들이 한국으로 이주를 했다. 한국은 여러 가지 이유로 많은 베

1984년 태어남. 성공회대학교, NGO대학원, MAINS 석사과정 졸업(2009년), 호치민 국립대 인문사회과학대학교 한국학 학사 졸업(2006년), 박태준 평전 베트남어 번역(2009년). 현재 중앙대학교 국어국문학과 박사 수료생

트남 사람들에게 단기적, 장기적으로 체류하는 나라가 되었다.

나는 학부생 시절에 한국 문화에 대해 더 알고 싶은 마음으로 한국학을 전공으로 선택했다. 공부하면서 베트남에 찾아온 한국 대학생들, 한국 시민단체들과 교류하면서 한국이 더 이상 내가 공부하는 교재들이나 텔레비전에 나타난 나라가 아니고 내가 만나고 친해져가는 한국 사람들의 나라가 되어 갔다. 나도 한국에 유학을 가고 싶었다. 2008년에 비정부기구에 대해 공부하고자 한국에 유학을 다녀왔다. 그리고 2014년에 한 베트남 대학교의 한국어 강사로서 한국어학을 공부하러 다시 한국에 들어왔다. 한국에 살면서 만난 사람도 많아지고 다양해졌다. 덕분에 한국에 대해서도 많이 알게 되었다. 그런데 알면 알수록 한국을 오히려 더 모르게 되었다. 2015년 4월 16일 오후 10시, 혼자서 시청 쪽 철벽과 광화문 쪽 철벽 사이의 텅 빈 거리에 서 있으면서 양쪽에서 세월호 사건 행진이 경찰과 경찰 버스로 막힌 사람들의 고통스럽고 분노어린 외침을 듣는 순간, 한국은 나에게 불안하고 불행한 나라가 되어 버렸다. 그때의 딱 일 년 전 시점으로 돌아간다.

2014년 4월 16일 오후 10시 경, 하루의 공부가 끝나고 친한 베트남 친구하고 채팅하다가 점심 때 SNS에서 살짝 봤던 기울어진 세월호 선박이 참혹한 사건의 주인공이 되었다. 기가 막혀 정신없이 전자 신문들을 뒤져 세월호 뉴스를 찾아 읽었다. 읽을수록 가슴이 뭉클해졌다. 공황 상태에 빠졌던 내겐 같이 얘기를 나눌 수 있는 사람이 필요했는데 마침내 룸메이트가 연구실에서 돌아왔다. 그러나 룸메이트와의 대화는 길지 못했다. "네, 저도 뉴스를 봤어요. 참 불쌍하네요." 다였다. 설마하면서도 충격적인 일이었다. 그렇게 룸메이트와의 세월호 대화는 다음날 잠깐뿐이었다. 이 사건에 대한 룸메이트의 태도가 진도 바닷물처럼 차가웠다. 나는 그렇게 느꼈다. 그러나 룸메이트만 그렇게 반응하는 것이 아니었다. 세월호 사건이 일어난 며칠 후 수업 시간에 교실에 찾아갔을 때, 한국 친구들의 반응이 어떠한지 혹시 나와 이러한 공포를 나눌 수 있는 사람이 있는지 등 여러 가지로 궁금하면서 기대도 되었다. 그러나 그렇게 해준 친구는 없었다. 반 친구들은 세월호 사건에 대한 관심이 별로 없어 보였다. 내 관찰과 내 느낌이 틀렸으면 했다. 그러나 세월호 사건이 어마어마하게 참혹한 사건임에도 불구하고 살아있는 많은 한국 사람들에게는 이 사건이 한 교통 사고에 불과했다. 자기 삶에 바빠서 세월호 사건과 같은 것에 많은 신경을 쓰지 못했다. 바빠서 남의 삶을 배려하지 못하는 것이다.

한국사회는 참 바쁘다. 베트남에 있었을 때 가끔 아는 한국 사람들이 놀러오면 너무나 기뻐서 종일 챙겨주곤 했다. 그래서 2008년에 한국 유학을 왔을 때 나와 친한 사람들이 끊임없이 나한테 찾아올 줄 알았다. 그러나 아니었다. 아주 친한 사람하고도 일 년에 한두 번밖에 만나지 못했다. 내가 찾아가지 않은 이상은 나를 보러 찾아오지 않는 사람도 많았다. 이러한 점에서 한국과 베트남이 너무나 다르다. 베트남에서도 사람들은 바쁘다고들 한다. 그러나 한국에서 사람들은 그냥 바쁘다고 하지 않고 "정신없이 바쁘다"고들 한다. "아이고, 정신이 너무 없었다." "정신없어서 만나주지 못했어. 미안해!" "정신이 없어서 답장이 이렇게 늦었습니다." 한국은 정신없는 사회가 되었다.

한국에서는 모든 사람들이 악착같이 일하는 것 같다. 사람들의 근면한 노동 덕분에 한국이 오늘날처럼 경제적으로 강국이 될 수 있는 것을 부정할 순 없다. 그러나 사람들이 온갖 일에 몰두하는 것을 봐서 한국 사람들이 일을 잘 조직하고 잘 처리하는 거라고 생각하지는 않는다. "정신없이" 일하는 습관으로 한국 사람들은 흔히 일할 때 일에 참여하는 다른 사람을 배려할 줄 모른다. 급하게 부탁하고 도움을 받은 후에 "고맙다"는커녕 "잘 받았습니다"와 같은 예의상의 말도 해주지 않고 사라지는 게 한국인의 일하는 스타일이다. 어느 날 태국 친구가 지친 목소리로 나에게 얘기했다. 나는 태국 친구의 말을 잘 이해할 수 있었다. 도움을 청했던 그 한국 사람들에게 나중에 물어보면 "미안해요. 정신이 없어서 그랬어요."라고 대답들 하곤 한다.

한국 사람들은 정신없이 빙빙 도는 삶 때문에 점점 자기 일에만 집중하고 남을 배려할 줄 모르게 되었다. 서울에서 지하철을 타면 이 사실을 늘 확인할 수 있다. 지하철을 타는 이들 중에서 자기 핸드폰에 시선을 주지 않는 사람을 찾기가 어렵다. 사람과 대면하는 대신에 핸드폰 화면하고 대면한다. 앉아 있는 한 한국 젊은이가 핸드폰 게임에 빠져 자기 앞에 힘들게 서 있는 노인을 못 보거나 못 본 척 한다.

한국 젊은이들도 현재와 미래를 위해 정신없고 힘들게 살아가고 있다. 그러나 한국사회의 현실이 그들에게 그러한 보장을 해주지 못하고 있다. 양극화 사회, 강자와 약자의 차별화 사회에서 많은 한국 젊은이에게 희망을 주지 못하고 있는 것이다. 나에게 한국어를 가르쳐주신 한 한국 선생님이 한번은 나를 보고 "한국 사람 얼굴이 베트남 사람 얼굴처럼 밝지 못하고 아주 어둡다"고 했다. 한 국어 교수님은 수업시간에 말했다. "우리 세대가 젊었을 때 열심히 일해서 오늘날처럼 성공할 수 있게 되었는데 우리 자식 세대는 아무리 열심히 일해도 부모님 세대보다 더 잘 나갈 수 없을 것 같습니다. 이렇게 후 세대가 전 세대보다 잘 나가지 못한다는 것이 한국의 현실입니다"라고.

계층화된 한국사회에서 약자한테 희망이 잘 보이지 않는다. 상사와 부하 직원, 고용자와 피고용자, 정규직과 비정규직, 부자와 빈자, 선배와 후배, 지도 교수와 지도 학생 등의 관계가 쉽게 인권침해의 관계가 되기도 한다. 강자의 권위 아래시 잘 살기 위해 약자가 언제나 강자의 눈치를 보면서 움직인다. 강자의 지시가 타당하든 타당하지 않든 무조건 따르고 절대로 자기의 의견을 강자 앞에서 제시하지 않는다. 강자가 기분이 좋아서 칭찬해주면 약자는 그것을 복으로 받아 그날 하루 기쁘고 행복하다. 강자가 기분이 나빠서 야단치면 약자는 계속 불안하고 불행해 한다. 이렇게 계층화된 한국사회에서 약자의 삶의 모든 의미는 강자의 손에 있게 된다. "그렇게 살 필요가 없어요. 자신의 기분이 남의 기분으로 좌지우지될 필요가 없어요." 하는 내 위로의 말에 조금 전 지도 교수에게 혼났던 한국 친구가 슬프게, "선생님이 한국을 몰라서 그렇게 말하겠죠. 지도 교수님과의 관계가 저의 졸업논문, 저의 인생을 결정할 수 있거든요"라고 대답했다. 여러 가지 이야기를 나눈 후에야 나는 친구의 상황을 이해하게 되었다.

친구는 서울 강북의 한 동네에서 경제적으로 여유롭지 못한 중산층 미만의 집안에서 자랐다. 친구가 다녔던 대학에도 다 고만고만한 지역에서 오는 학생들만 있어서 서로의 차이를 몰랐었다. 석사 공부도 같은 대학에서 했는데 학회를 다니면서 더 공부할 마음이 생겨 이렇게 큰 곳에 나왔다고 한다. 여기에 오니까 너무나 잘 살고 걱정 없는 사람들밖에 안 보인다고 한다. "제가 엄청 천재가 아닌 이상 환경도 좋고 영어도 잘하고 유학도 다녀온 사람들보다 잘하기는 힘들어요. 그래서 우울해요"라고 친구가 털어놓았다.

한국의 현실을 보니까 다시 베트남을 돌아본다. 베트남은 개발도상국이기 때문에 한국과 비하면 당연히 경제적으로 여유가 있지 못하다. 그러나 베트남 사회 안에서는 사람과 사람 사이에 아직은 여유가 있어 보인다. 윗사람과 아랫사람 사이가 한국처럼 딱딱하고 차가운 관계는 아니다. 한국의 사회관계 안에서는 사람들이 서로 직위로 호칭한다. "김 대리님, 박 사장님, 이 교수님" 등. 그러나 베트남에서는 주로 나이 차이를 고려해서 가족 안에서 사용하는 호칭들로 서로 부른다. 가령, 사장이 남성이고 나보다 나이가 열 살 내외로 많으면 내가 사장을 "오빠/형"으로 부를 수 있다. 만약 사장의 나이가 내 아버지 나이 정도가 되면 사장을 "삼촌"이라 부를 수 있다. 호칭 문화가 이렇게 되기 때문인지 사람들 관계가 직위 때문에 멀어지지는 않는 느낌을 준다고 생각한다. 덕분에 권력 있는 사람과 권력 없는 사람의 관계가 한국처럼 각박하지 않다.

한국은 행복한 사회인가? 이 질문에 답을 찾기 위해서 고려대학교 민족문화연구원에서 구축해낸 코퍼스 분석 도구[1]를 한번 이용해 봤다. 사이트에 들어가서 "단어 빈도 차트"에서 검색창에 "행복"이라는 키워드를 넣어서 분석 결과를 요구했다.

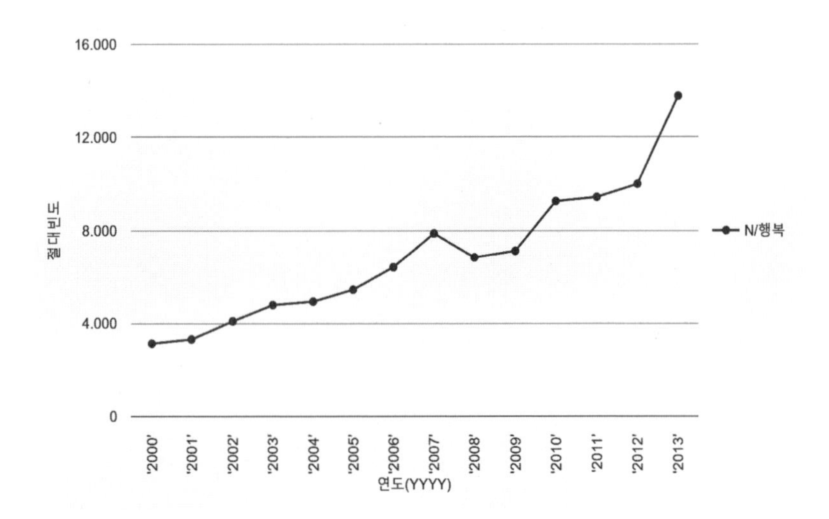

코퍼스 분석 결과에서 추려낸 위의 도식을 통해서 2000년부터 2013년까지 한국 신문들에서 "행복"이라는 단어가 나타나는 빈도가 어떻게 되는지를 알 수 있다. 2000년과 2013년 사이에 신문에서 "행복"의 출현 빈도

1 http://corpus.korea.ac.kr/ 고려대학교 민족문화연구원에서 구축한 코퍼스는 대규모의 신문 자료를 기반으로 한 언어, 사회, 문화적 변화 추이를 밝히고자 시작된 [물결 21] 사업의 일환으로 동아일보, 조선일보, 중앙일보, 한겨레신문(이상 가나다순)의 기사를 수집/가공한 언어 자원이다.

가 갈수록 높아지는데 특히 2012년과 2013년 사이에 급격하게 올랐다. 이는 한국사회 안에서 "행복"에 관한 요구가 급격히 높아졌음을 뜻한다. 한국 사람들이 왜 갑자기 2013년에 "행복"을 그렇게 갈망하는지를 알아보고자 다시 코퍼스 도구를 활용해서 2013년에 한국 신문들에서 "행복"과 함께 높은 빈도로 출현한 공기어들을 검색해 봤다. 결과는 다음과 같다.

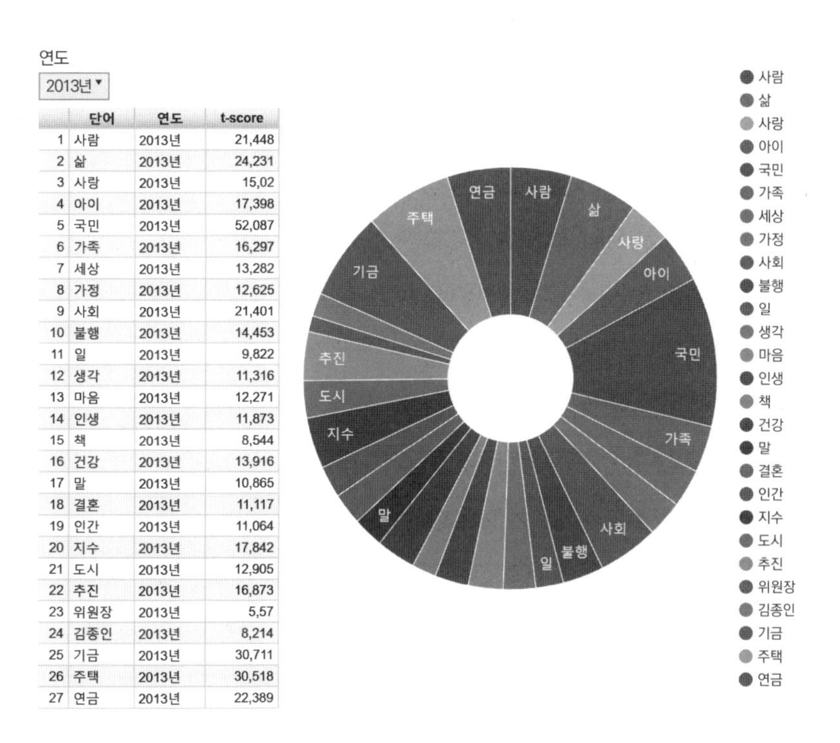
연도

2013년

	단어	연도	t-score
1	사람	2013년	21,448
2	삶	2013년	24,231
3	사랑	2013년	15,02
4	아이	2013년	17,398
5	국민	2013년	52,087
6	가족	2013년	16,297
7	세상	2013년	13,282
8	가정	2013년	12,625
9	사회	2013년	21,401
10	불행	2013년	14,453
11	일	2013년	9,822
12	생각	2013년	11,316
13	마음	2013년	12,271
14	인생	2013년	11,873
15	책	2013년	8,544
16	건강	2013년	13,916
17	말	2013년	10,865
18	결혼	2013년	11,117
19	인간	2013년	11,064
20	지수	2013년	17,842
21	도시	2013년	12,905
22	추진	2013년	16,873
23	위원장	2013년	5,57
24	김종인	2013년	8,214
25	기금	2013년	30,711
26	주택	2013년	30,518
27	연금	2013년	22,389

2013년 12월 한국 대선에서 박근혜 후보가 "국민 행복 시대"를 키워드로 18대 대통령에 당선되었다. "국민"뿐만 아니라 "행복"에 관한 이야기에 "기금, 주택, 연금, 사람, 삶" 등의 공기어도 높은 빈도로 출현했다. 일상생활에서 가장 기본적인 것인 '기금, 주택, 연금' 등에서 만족해야 사람들이 '행복한 사람'이 될 수 있고 '행복한 삶'을 살 수 있다고 생각한 것이다.

그러나 '국민 행복 시대'의 약속이 안타깝게도 세월호 사건으로 일찍 꺾이고 말았다. 아직도 세월호 선박과 실종자 9명이 진도 바다 속에서 인양되지 못한 가운데 정부와 사회에서도 세월호 유가족의 목소리를 잘 들어주지 않고 있다. 사드 배치에 반대하는 한국 시민들도 끊임없이 목소리를 높이고 있다.

베트남 사회에서 갈망하고 있는 민주주의는 한국 사회도 가지고 있다. 진정한 민주주의 사회에서는 사람과 사람 간의 진정한 의사소통이 이루어질 수 있어야 한다. 진정한 의사소통이 이루어지는 사회는 강자가 약자의 목소리를 들어줄 줄 아는 사회이다. 의사소통이 잘된 사회가 행복한 사회라고 생각한다. 한국이 이렇게 진정한 민주주의 나라가 되려면 더 이상 "정신없이 바쁘게" 움직이지 말아야 한다. 정신을 차릴 수 있도록 천천히 살며 주변 사람들과 대화하고 내가 아닌 남의 이야기를 들어줄 필요가 있다. 그래야 2015년 4월 16일 밤에 시청과 광화문 사이에 세워졌던 철벽과 같은 괴물이 무너지고 더 행복한 나라를 위해 목소리를 높인 사람들이 합류해서 한국이 촛불 빛으로 반짝이는 나라가 될 수 있을 것이다.

협력 교육과 다문화 교육

오동고 프란시스(케냐)

현재 한국은 선진국 대열에 합류하려는 중이다. 국제적 측면에서 살펴보면 경제력과 군사력이 강하다. 하지만 한국의 행복지수는 개발도상국가와 비교해 보아도 밑바닥에 있다. 이유는 무엇일까? 정답은 딱히 하나만 있지 않다. 사람마다 한국사회를 읽어내는 방식이 다르기 때문이다.

나는 한국에 6년째 살고 있다. 한국어를 배워왔지만 부족한 편이다. 그런 내가 이 글을 쓰는 까닭은, 한국인들이 좀 더 행복한 대한민국을 만들어갈 수 있다는 자부심과 자신감을 가지고 지금 걷고 있는 길보다 더 옳은 방향으로 나아가기를 희망하기 때문이다.

한국 학교에 가면 학생들끼리 아주 치열한 경쟁 태도를 발휘하고 있다. 경쟁적인 환경이 있으면 누구나 혼자서 일을 할 때보다 더 열심히 일을 하게 된다. 한 사람의 힘이 타인의 구동력이 되고 결국 한 사람으로부터

1988년 3월 25일 아프리카 케냐에서 태어남. 2007년 오레로 고등학교를 졸업, 2009년 공업화학 전공으로 케냐에 있는 케냐타 대학교에 입학, 2010년 한국정부초청장학생으로 한국에 입국한 후 약 1년간 한림대학교에서 한국어 어학연수를 했다. 2011년부터 4년 간 강원대학교 신소재공학전공으로 학사를 마침, 2015년부터 현재까지 포항공학대학교에 신소재공학과 석사과정 중. 2014년 한남대학교에서 주최하는 제10회 전국한국어말하기대회(문화체육관광부대상/세종상), 제1회 수원화성 한국어말하기대회(금상), 국립국제교육원에서 주최하는 수기부문(장려상) 국립국제교육원에서(공로상), 2015 KBS전국노래자랑 36년 인기상총집합(재기발랄상), 2016년 JTBC 일일비정상회담 99회 출연.

사회를 거쳐서 나라를 발전시킨다. 그러나 경쟁에는 건전한 경쟁과 건전하지 못한 경쟁이 있다.

건전한 경쟁은 남들과 원만히 협력한다. 서로를 도우며 무슨 일이 있어도 옆에 친구가 있어서 절망하지 않는다. 그러나 한국 학교에서는 서로 협력하기보다 혼자서 열심히 공부하는 학생들의 모습이 비일비재하다.

혼자서만 공부하다가 어려운 문제와 부딪히게 되면 스트레스를 받아서 부모님 몰래 담배나 술에 손을 대기도 한다. 이렇게 되면 학교생활이 힘들어질뿐더러 건강까지 해로워진다. 젊은이들은 나라의 미래이기 때문에 그들이 애초부터 스트레스를 받으며 성장한다면 유망한 나라의 미래를 기대하기 어렵다. 내 생각은, 한국 부모님들이 자식들에게 성공은 꼭 좋은 대학을 통해서만 이루어지는 게 아니라 학술적이지 않은 또 다른 길을 통해서도 가능하다고 확실히 알려주어야 한다.

케냐를 비롯해서 아프리카 나라들의 교육수준은 아직 한국만큼 높지 않다. 그럼에도 불구하고 국민의 행복지수는 상당히 높다. 아프리카 사람들은 서양 또는 아시아의 첨단 과학기술을 부러워한다. 반면에 서양 또는 아시아인들은 아프리카인들의 행복감을 갖고 싶어 한다. 아프리카의 많은 학교들은 무조건 공부만이 성공의 길이라고 가르치지 않고, 각자의 적성에 맞는 일을 찾아가도록 교육한다. 운동을 좋아하고 즐기는 사람이면 그것을 중심으로 교육을 받거나 스스로 노력해서 나중에 그것이 취미이자 직업이 된다. 아프리카에서는 꼭 모든 사람들이 대학교육을 받아야 하는 것은 아니다. 한국에선 조기교육으로 인해 방학이든 아니든 학생들이 매일 학원을 다니고 노는 시간도 없고 부모님과 함께 지내는 시간마저 부족하다. 결국은 학생들이 자신의 인생의 목표를 달성하기 위해 사는 게 아니라 부모님의 목표를 이루기 위해 마음에 불편함을 가지고 사는 것이다.

사람들의 성격과 재능은 각인각색이다. 타인의 목표를 이루기 위해서 열심히 살아가는 사람이 거기서 행복감을 느낄 리가 만무하다. 신발을 신는 것과 마찬가지다. 작거나 크거나 자신의 발과 맞지 않는 신발을 신고 아무리 천천히 걸어봐야 불편함을 느끼기 십상이다. 다르게 표현하자면, 코는 눈의 역할을 할 수가 없고 입도 눈의 역할을 할 수 없다. 우리 몸에서도 자연적으로 각각 기관에게 주어진 역할이 있는 것이다. 그러니까 부모님들도 자기 자식에게 자기 의견만을 강요하기보다는 자식이 성장하는데 가장 필요한 게 무엇이며 그것을 얻기 위해서 무엇을 해야 하는지에 대한 방향을 가르쳐줘야 한다. 즉, 자신의 적성을 찾아가는 과정에서 많은 경험을 하도록 도와주어야 한다.

한국사회는 전 세계에서 가장 남의 시선이나 평가를 의식하는 사회라고 생각한다. 예를 들어, 이웃집 사람이 좋은 차를 사면 나도 꼭 비슷하거나 좀 더 좋은 차를 사려고 욕심을 부리게 된다. 이럴 때 나의 수입과 맞지 않는 욕심을 부리면 빚으로 인해 가정 문제까지 일으키게 된다. 이러한 경향은 교육에도 그대로 나타난다. 학부모들은 자신의 자녀가 남들보다 더 나은 성적을 받도록 하기 위해 과도한 사교육을 강요하게 되고, 거기에 내몰린 학생들은 심할 경우 자살충동을 느끼게 된다. 한국 부모들이 열심히 공부하라고 자녀들에게 강조하는 것은 좋지만 그보다 더 중요한 것은 자녀들이 적성에 맞는 분야를 찾아가도록 하는 거라고 생각한다. 그리고 교사들이나 교수들이 성적을 따져서 학생의 모든 능력을 평가하는 것은 나쁜 습관이라고 생각한다. 왜냐하면 대학교를 졸업하지 않아도 성공의 절정을 이루는 사람들도 많기 때문이다. 이렇게 보면 학생만의 문제가 아니라 부모의 문제, 학교의 문제이기도 하다.

학생들이 만약 어렸을 때부터 부모님에게 옳은 교육을 받았더라면 이러한 교육환경은 생기지 않았을 것이다. 부모님들이 자식들에게 '성공'이란 개념을 잘 설명해줘야 할 것 같다. 성공적인 학교생활이란 학교에 가서 죽을 듯이 혼자서 공부만 하는 게 아니라 공동체 안에서 친구들과 같이 공부하기도 하고 같이 놀기도 하는 것 아닐까?

지구촌이란 말을 쓰기 시작한 지 오랜 세월이 흘렀다. 그럼에도 불구하고 대다수 한국인들은 이 말의 개념만 알지 실현하려는 노력은 아직 부족해 보인다. 한국 여러 곳곳을 돌아다니다 보면 다문화가족 및 다양한 나라에서 온 외국인들을 만날 수 있다. 한국의 수많은 외국인들은 나라가 다를 뿐만 아니라, 백인, 흑인, 아시아인 등 인종도 다르다.

아마도 한국문화는 아직 보수적인 문화라 다른 나라의 생활방식, 특히 아프리카 및 흑인에 대한 인식에는 한계가 뚜렷한 것 같다. 한국 초등학교에 가면, 공개적으로 어린 아이들이 흑인 학생이나 흑인 선생님을 놀리는 경우가 많다. 하지만 그들은 너무 어리기 때문에 잘못했다고 화를 내기도 어렵다. 예전에 두세 살처럼 보이는 아이를 안고 있는 한국 엄마와 같이 엘리베이터를 탄 적이 있었다. 그런데 재밌으면서도 놀라웠던 건, 그 아이가 나를 보고서 엄마에게 "엄마, 저 원숭이" 하면서 울려고 했다는 거다. 그랬더니 엄마가 창피해서 아이한테 "아니, 원숭이 아니고 아프리카 사람이야"라고 했다. 나는 엄마가 미안해 할까봐 못 들은 척했다. 그런데 솔직히 말하면, 아이가 말을 순진하게 해서 너무 웃겼다. 그 사건 이후 한국인들이 흑인이나 아프리카에 대해 잘 모르고 있다는 사실을 깨달았다.

요새는 많이 변해가고 있지만 한국 TV를 보면, 아프리카 또는 흑인에 대해 이미지가 안 좋은 것들이 많이 나온다. 내전, 가뭄으로 인해 굶어죽는 아이들과 말라 비틀어진 동식물, 맨발로 돌아다니는 마사이족 등이 그렇다. 좋은 부분보다는 좋지 않은 부분을 더 자주 보여준다. 결국 그런 방송을 통해 한국인들의 마음속에 아프리카의 이미지가 부정적인 것으로 남을 수밖에 없다. 이건 아프리카뿐만 아니라 인도, 필리핀 등과 같은 개발도상국들에게도 해당된다.

한국 대학교에 유학 중인 외국인 학생들도 여러 가지 불편함을 느끼고 있다. 예를 들어 평소에는 한국인 학생들과 같이 지내고 공부해야 하는데 실제로는 그러지 않고 외국인 학생들끼리 또는 한국인 학생들끼리만 어울리는 경우가 많다. 설상가상으로 어떤 학교에 가면 외국인 학생들을 위한 연구실이 따로 마련되어 있다. 많은 학교들이 그렇다. 이러한 상황을 그대로 방치하게 되면, 한국인 학생들과 외국인 학생들이 서로 의사소통을 잘 하지 않게 되고 외국인 학생이 한국문화를 배우기 어려워진다. 물론 누구나 외국에 가서 공부하는 것이 쉽지는 않지만 인종차별로 의심받을 만한 행동을 보여주거나 외국인을 배척하는 공동체는 외국인의 마음속에 한국에 대한 부정적인 추억을 남기게 한다.

좀 더 행복한 한국사회를 만들어야 한다면, 나는 우선 한국 미디어의 역할이 중요하다고 생각한다. 한국사회에는 거의 모든 사람들이 젊든 늙든 상관없이 스마트폰을 갖고 있어서 손쉽게 정보를 얻을 수 있다. 한국 부모들은 한국의 교육문제에 대한 해법뿐만 아니라 타 인종 특히, 흑인에 대한 올바른 시선도 자녀들에게 가르쳐줘야 할 필요가 있다고 생각한다. 학교에서도 교과서나 다른 교구들에 아프리카나 흑인에 대해 긍정적으로 설명된 정보가 많으면 큰 도움이 될 것이다. 학생들이 아프리카의 사진을 자주 접하다 보면 더 친근감을 느끼게 되고 나중에 직접 흑인을 만나도 낯설지 않게 된다. 이러한 정보를 가장 많이 제공할 수 있는 건 미디어다.

그리고 한국정부가 인종차별과 관련된 사건을 줄이기 위한 법을 강화해야 한다고 생각한다. 특히 한국기업전문부서를 보면 직원으로 고용된 외국인의 숫자가 매우 낮다. 한국에 유학 온 학생들도 공부를 마치고 나면 일자리를 구하다가 실패하는 경우가 비일비재다. 그런 인재들은 결국

자기 나라로 돌아가거나 한국에 더 있기 원하는 경우에는 공장으로 들어가기도 한다. 이들 중에는 국비 장학생들도 있고 기업 장학금을 통해서 온 학생들도 있다.

한국 대학들이 국제화 이미지를 보이려고 외국인 학생들을 유치하기 위해 노력하고 있는 것처럼, 한국 기업들도 비슷한 노력을 보여주고 있다. 그런데 글로벌 기업이라고 홍보하기 위해 외국인들이 있는 사진을 내세우지만, 정작 회사 안에서는 외국인 직원을 찾아보기 어렵다. 정부나 기업이 한국에 온 외국인 유학생들에 대한 투자가 헛되지 않도록 능력 있는 유학생들에게 취업의 문을 열어주는 것이 필요하다. 한국 기업은 우수한 외국인 유학생 유치를 통해 한층 더 글로벌 경쟁력을 확보할 수 있고 향후 국가 간의 외교적 가교 역할도 기대할 수 있다.

교육문제의 해법, 다문화문제의 해법, 그 속에는 분명히 좀 더 행복한 한국사회로 나아갈 길이 나와 있다.

걸음이 빨라진 중국 아가씨 양양양

주춘홍(중국)

상해복단대학교 1학년을 다니는 양양양(杨阳阳)은 한국 드라마 〈별에서 온 그대〉에 푹 빠졌다. 정확히 말하면 김수현한테 빠진 것이다. 김수현을 너무 좋아해서 한국에 대한 관심이 생기고, 더 많이 알고 싶어졌다. 그래서 김수현의 얼굴도 보고 한국 생활도 체험하기 위해서 여름방학 동안 한국에서 어학연수를 하기로 결심했다. 여기저기 알아보고 금길이(金吉利)라는 유학센터에서 일하는 장옥헌(張玉軒)을 알게 되었다. 그리고 그의 도움으로 유학하는 데 필요한 서류를 쉽게 준비할 수 있었고, 설렌 마음으로 한국에 오게 되었다.

처음으로 인천국제공항에 들어선 순간 양양은 왠지 좋은 일이 생길 것 같은 느낌이 들어 신나고 좋았다. 긴장과 흥분이 교차하는 설렘 속에 인파를 따라 출구로 이동했다. 수많은 낯선 얼굴을 보면서 자신의 이름을 열심히 찾고 있었다. 자신을 마중 나온 사람과 눈을 마주치길 기대했지만, 한편으로는 많은 사람들 중에 자신을 기다리는 사람이 없을까봐 걱정

1985년 1월 11일 태어남. 중국에서 온 유학생이고 2011년 4월부터 고려대학교 어학당에 다닌 후 2012년 9월부터 숭실대학교 대학원 국어국문학과 석사를 시작해 마침. 올해 9월부터 같은 과 박사과정 중.

되기도 했다. 복잡한 마음으로 사방을 두리번거리고 있을 때, 양양양이라는 이름표를 들고 있는 키 크고 뚱뚱한 남자가 그녀의 시야에 들어왔다. 그의 이름은 왕혁연(王奕然)이고 중국 베이징에서 온 유학생이었다. 서로 인사를 나는 뒤 그가 휴대폰을 그녀에게 건네며 부모님께 안부전화를 하라고 했다. 그녀는 웃으며 감사하다고 말하고 전화를 받았다. 왕혁연의 세심한 배려에 그녀는 저도 모르게 그에 대한 인상이 좋아졌다. 공항을 바쁘게 오가는 낯선 사람들의 다양한 표정을 보며 마음속으로 '이제 여기는 새로운 생활을 시작하는 곳이니 열심히 살자'고 결심도 했다.

그런데 그녀는 속으로 적잖이 당황스러웠다. 유학 센터 직원이 여러 명의 유학생들을 마중하러 나올 줄 알았는데 자기 혼자뿐이지 않는가. 기대했던 '고려대학교에 한국어를 공부하러 온 유학생들을 열렬히 환영합니다' 따위 현수막은 없었다. 종이에다 손글씨로 삐뚤삐뚤하게 쓴 '양양양'만 있었다. 게다가 승용차도 없이 공항버스를 탔다. 실망을 금할 수 없었다. 그런데 실망은 오래 가지 않았다. 한국에 대한 호기심 때문이었다.

숙소에 들어가자마자 장옥헌을 봤다. 한국에서 처음으로 아는 사람을 만나서 그런지 가족을 만난 것처럼 편안함을 느꼈다. 장옥헌은 그녀에게 "여기는 앞으로 네가 지낼 곳이야. 짐 풀고 저녁 식사하러 학교로 가자. 학교 구경도 시켜줄게"라고 했다. 그리고 세 사람은 학교로 이동했다. 학교에 도착한 뒤에 장옥헌은 "이서우와 같이 저녁 식사하기로 했는데 전화 안 받아서 집으로 찾아가야 되겠어. 양양 너 혼자서 학교 구경할 수 있지? 금방 올 테니까 잠깐만 여기서 학교 구경하다가, 6시에 정문 앞에서 만나는 게 어때?"라고 했다. 고려대학교의 아름다운 캠퍼스에 눈길을 뗄 수 없었던 그녀는 선뜻 승낙했다.

캠퍼스는 너무 예뻤나. 상의동은 서양 건축물처럼 웅장했다. 캠퍼스의 사람들은 중국 대학교에서 봤던 학생들과 사뭇 달랐다. 중국 여대생들은 화장을 거의 안 하는 반면에 한국 여대생들은 대부분 화장도 하고 옷차림도 개성 있고 매력적이어서 보기 좋았다. 어느새 약속 시간이 다 되었다. 그녀는 장옥헌과 다른 사람들이 자신을 기다리지 않도록 학교 정문으로 뛰어갔다. 정문 앞에 도착했지만 그들이 보이지 않아 한시름 놓았다. 남들에게 자신을 기다리지 않게 해서 다행이었다.

그러나 그들은 나타나지 않았다. 초조한 마음으로 기다리고 또 기다렸다. 얼마를 기다렸을까? 그녀는 안절부절 못하기 시작했다. 설마 그 사람들이 사기꾼은 아니겠지. 그들이 진짜 사기꾼이면 난 어떡해? 내가 중국에서 가져온 돈은 어떡해? 이럴 줄 알았으면 숙소에서 나올 때 돈을 가져올걸 그랬어. 만일 사기를 당한 거면 무슨 낯으로 부모님을 대하지? 여기에 아는 사람은 단 한 명도 없는데 만일 잘못된 거면 어떡하지? 이런저런 걱정들로 머릿속이 복잡할 때 그들이 나타났다.

장옥헌은 그녀에게 오래 기다리게 해서 미안하다고 사과했다. 설명도 곁들였다. 그들이 이서우(李書宇)의 집에 도착했을 때 이서우가 집에 없었다, 이서우를 오래 기다려서 시간이 이렇게 많이 걸렸다, 너한테 전화하려고 했는데 네가 한국 전화번호가 없어서 못했다 등. 그러고 나서 그들은 학교 정문 앞에 있는 삼겹살 뷔페 집에 들어갔다. 거기엔 삼겹살뿐만 아니라 생선, 새우, 오징어 따위 해산물과 여러 가지 야채도 있었다. 그 식사 자리에서 양양은 가위가 밥 먹는 도구로 쓰이는 것을 처음으로 알게 되었고, 그것이 꽤나 놀라웠다. 그리고 처음으로 한국의 소주도 마셔보았다.

밥을 먹으며 그들은 이런저런 일상적인 얘기들을 했다. 양양에게는 인상 깊었던 얘기가 한 가지 있었다. 그것은 이서우의 별난 친구 얘기였는데, 그 친구는 뷔페 식당에 가기 전에 손해를 안 보기 위해서 일부러 하루 종일 아무것도 안 먹고 쓰러질 번할 때까지 굶는다고 했다. 일어날 수 없을 때까지 실컷 먹고 다른 친구가 업어줘야만 집에 갈 수 있다고 했다.

다들 잘 먹었다고 했다. 식사자리를 마칠 모양이었다. 양양은 배가 부르지 않았다. 너무 천천히 먹은 건지, 아니면 그들의 얘기를 너무 열심히 들으며 먹는 둥 마는 둥 해서 그런지. 하지만 그들이 그녀에게 다 먹었냐고 물었을 때, 그녀는 얼굴이 벌게지며 "네"라고 얼른 대답했다.

장옥헌이 결제하고 다 같이 식당을 나섰다. 왕혁연은 바로 숙소에 들어가고 장옥헌과 이서우는 양양을 집까지 바래다주기로 했다. 장옥헌과 이서우는 그녀가 나중에 집을 못 찾을까봐 길에 어떠한 건물이 있는지, 어디서 길을 돌아야 하는지 세심하게 알려줬다.

이튿날 아침 10시에 이서우가 와서 그녀와 함께 환전하고, 은행계좌와 전화번호를 만들었다. 그리고 한국어 책과 지우개와 연필 등 필기구도 샀다. 이 모든 과정은 그녀에겐 신기하고 기뻤다. 그러나 이런 기쁨이 오래가지 못했다. 왜냐하면 양양은 한국어를 전혀 못했기 때문이었다.

드디어 첫 한국어 수업. 반 친구 15명 중 양양을 포함해 10명이 중국인이었다. 나머지는 일본인이 2명, 미국인이 1명, 이탈리아인이 1명, 그리고 독일인이 1명이었다. 선생님이 출석을 부른 후, 각자 한국어로 자기소개를 해보라고 했다. 다들 조금씩 한국어를 할 줄 아는데, 오직 그녀만 한국어를 못해서 영어로 했다.

수업시간은 짧았다. 오전 9시부터 오후 1시까지 수업을 듣고 나머진 자유 시간이었다. 중국에서 몇 개월 동안 한국어 발음을 배우긴 했지만 한국에 와서 다시 발음부터 배우기 시작했다. 서투른 한국어 때문에 재미있는 일이 많이 생겼다. 어느 날 평소처럼 어학당에 가는데 마주친 어떤 아주머니가 그녀에게 앞에 똥이 있다고 했는데 돈이 있다고 잘못 들었다. 들뜬 마음에 신나서 돈을 찾아봤지만 돈 대신에 보이는 것은 똥뿐이었다. 그녀는 곧 자신이 돈과 똥의 발음을 구별하지 못한 것임을 깨닫고 자신에게 화나고 실망감을 느꼈다. 그리고 또 한 번은 물건을 살 때 아저씨에게 아가씨라고 부른 적이 있었다. 처음엔 잘못 부른 줄 몰랐는데 그 아저씨의 얼굴 표정이 굳어진 것을 보고서야 의식하게 되었다. 그녀는 아저씨에게 사과드리며 망신당하지 않기 위해서라도 한국어를 꼭 열심히 공부해야겠다고 다짐했다.

그런데 한국어 공부라는 것은 한국에 친구 하나 없는 양양에게 쉬운 일이 아니었다. 수업 외에는 집에서 컴퓨터 동영상을 보며 따라하는 것이 전부였다. 그녀는 한국 친구를 만나고 싶었으나 어떻게 하면 한국 친구를 만날 수 있을지 몰랐다. 의기소침해 기운 없이 수업을 듣는 그녀에게 선생님께서 종이를 한 장 내밀었다. 자세히 보니까 한국어 도우미 신청서였다. 하지만 그녀는 관심이 없었다. '도우미'가 뭔지 몰랐던 것이다. 옆자리에 앉아 있는 일본인 학생이 선생님께 도우미가 뭐냐고 물어봤다. 선생님이 한국어 도우미는 고려대학교에서 외국어를 전공하는 학부생들을 대상으로 한국어를 공부할 수 있도록 일대일로 도와주는 것이라고 했다. 그리고 한국어 도우미 정책에는 좋은 효과를 얻기 위한 규칙이 있었다. 이를테면 둘이 만난 후에 숙제를 내야 했다. 그리고 둘이 어디서 만났는지, 무엇을 했는지, 어떤 느낌이었는지 등에 대해 작성해서 학교에 제출해야 했다. 양양은 기쁘게 신청서를 작성했다. 며칠 후에 어떤 여자가 그녀를 찾으러 어학당 교실에 왔다. 고려대학교 중국어학과 2학년을 다니는 김현지라고 했다. 양양과 서로 언어 도우미가 되고 싶다고 했다.

현지는 옅은 다갈색 살결에 눈은 둥글고 컸다. 입술은 작고 조금 부어오른 것 같이 도톰했다. 열정적으로 보이는 외모에 고르고 하얀 치아를 드러내며 웃는 모습이 아주 인상적이었다.

하지만 현지의 중국어는 그렇게 잘하는 게 아니었다. 둘은 될 수 있으면 중국어와 한국어를 섞어가며 얘기했지만 소통이 안 될 때는 영어를 써야만 했다. 다행히도 둘 다 영어는 잘하는 편이라 언어 장벽은 별로 느껴지지 않았다.

그녀가 기다리고 기다리던 주말이 드디어 왔다. 현지와의 약속이 잡혀 있었던 것이다. 약속 장소인 북촌으로 이동했다. 북촌은 미궁처럼 마구 뒤얽혀 복잡하고 조용한 골목 사이에 위치했다. 거리 골목 어디서나 한옥, 역사문화자원, 박물관, 그리고 수공업 공장을 볼 수 있었다. 물건 파는 가게들은 거의 다 나무로 만든 것이었다. 거기에 있는 가게 자체가 역사인 것 같은 느낌이 들었다. 가게에서 파는 목조품, 조명 기구, 가방, 옷 등 모든 물건들은 하나같이 솜씨가 빼어났다. 양양은 한국에서 살만한 제품으론 화장품이 최고인 줄 알았는데 이곳에 오니 생각이 달라졌다.

북촌에는 관광객들에게 대외적으로 개방하는 한옥과 한옥 문화가 많이 있었다. 그래서 사업가적인 감각을 가지고 있는 사람들은 그것을 이용해서 북촌에서 한복대여로 돈을 벌었다. 여자가 한복을 입으면 한국 사극 드라마에 나오는 여자 주인공처럼 보였다. 그녀도 이런 기회를 놓치고 싶지 않았다. 현지와 함께 한복을 빌려 입고서는 북촌을 돌아다니며 사진을 여러 장 찍었다.

사진 찍기 좋은 곳은 비탈길이 많아서 걷기 조금 힘들었지만 경치는 아주 아름다웠다. 갈림길이 많아서 이 모퉁이 저 모퉁이 막 돌아다니며 사진을 찍었다. 북촌에서 웬만큼 사진을 찍은 그들은 다음 일정 장소인 삼청동으로 갔다. 삼청동은 고전 한옥과 현대 상업을 완벽하게 결합하는 곳으로 민속박물관, 옷가게, 커피숍, 레스토랑, 그리고 민박이 많이 있었다.

현지가 삼청동은 연예인들을 만날 확률이 높은 곳이라고 했다. 왜냐하면 삼청동은 아름다워서 화보나 드라마, 예능 프로그램 등을 촬영하기 좋은 곳이라는 것이었다. 양양은 중국의 국민 여신인 고원원이 화보 촬영하러 삼청동에 여러 번 왔었다는 신문 기사를 며칠 전에 본 것이 생각났다.

양양은 현지와 함께 한국 문학의 정취가 느껴지는 커피숍에 들어갔다. 커피의 향기를 즐기며 거리를 오가는 사람들을 구경하였다. 커피를 마시며 잠시 담소를 나눈 그들은 삼청동에서 쇼핑하기 시작했다. 양양은 한국 전통 액세서리와 옷을 사고 현지는 옷만 샀다. 쇼핑을 하고 나니 그들은 몹시 피곤하고 배고팠다. 그래서 현지는 양양을 데리고 자신이 예전에 자주 갔던 한정식 식당에 들어갔다. 한정식을 주문했는데 거기엔 메뉴가 너무 많아 양양은 뭐가 뭔지 전혀 알아볼 수가 없었다. 현지가 참을성 있게 그녀에게 설명해주고 발음까지 가르쳐줬다. 양양은 열심히 배웠고, 음식이 나오기 전에 이미 한정식 메뉴판을 다 외우게 됐다. 처음 보는 음식이 많았지만 대부분이 너무 맛있었다. 특히 깻잎 무침은 맛이 독특하고 특별해서 그 맛을 잊을 수 없을 것 같았다.

만남이 끝나고 둘은 학교에 들어가자마자 함께 숙제를 했다. 양양은 한국어로 작성하고 현지는 중국어로 작성했다. 모르는 게 있으면 서로 물어보거나 사전을 찾아가며 작성했다. 두 사람은 이런 만남이 각자의 외국어 공부에 많은 도움이 될 거라고 느꼈다. 너무 재미있고 보람이 있었다.

그 후, 두 사람은 런닝맨을 촬영했던 광장시장에도 함께 갔다. 거기서 육회도 사고, 빈대떡 집에서 부추전을 먹으면서 막걸리도 한 잔 했다. 또 〈별에서 온 그대〉의 촬영지인 쁘띠 프랑스와 남산 타워도 다녀오고 인사동, 명동, 그리고 신촌 홍대도 갔다. 무엇보다 좋았던 것은 둘이 함께 양양이 제일 좋아하는 빅뱅 콘서트에 간 일이었다. 양양은 현지와 함께 아름다운 추억을 많이 만들었다.

어느새 양양은 한국어를 공부하는 과정이 마무리 단계에 접어들게 되었다. 곧 한국을 떠나야 되는데 한국 생활이 너무 좋아서 떠나기 싫은 것이었다. 기말 시험이 끝나고 그녀는 아무도 없는 교실에서 홀로 조용히 앉아 있었다. 텅 비어 있는 교실이 갑자기 평소보다 크게 느껴졌다. 천장과 벽에는 낯선 문장이 가득 쓰여 있고, 마음속에는 표현할 수 없는 슬픔이 가득 채워졌다. 한국에서 보낸 시간을 떠올려보니 모든 일들이 눈에 선하고 역력했다. 경험했던 수많은 "처음"은 다 과거가 되었다. 멀지 않은 미래에 더 좋은 날이 많이 남아 있을 거란 생각도 했다. 내년 여름방학에도 다시 오자, 아니, 올해 겨울방학에도 오자, 대학교를 마치기 전, 방학 때마다 오자, 음, 이렇게 결정하자. 대학교를 졸업한 후에 한국에서 대학원을 다니자. 한국에서 더 많은 한국 사람을 만나고, 더 좋은 추억을 많이 만들자. 이렇게 생각하니 양양은 슬픔이 기쁨으로 바뀌는 것을 느꼈다.

수료식 때 양양은 성적이 좋아서 장학금을 받았다. 너무 기뻐서 바로 현지에게 전화했다. 현지 덕분에 좋은 추억도 만들고 장학금까지 받은 것에 대해 너무 고맙다고, 귀국하기 전에 쇠고기 한 번 사겠다고 약속했다. 수료식이 끝나고 반 친구들과 두 분의 한국어 선생님과 함께 식사하게 되었다. 분위기는 화기애애했다. 몇몇 학생들이 가끔 감정이 격앙되어 눈물을 찔끔 흘리기는 했지만 금방 웃음 띤 얼굴로 변하였다. 그리고 다들 향후 진로에 대해 이야기를 했다. 일본인 키코와 유타로, 그리고 양양을 빼고는 모두들 계속 고려대학교 어학당에서 한국어를 공부한다고 했다. 그러자 양양은 그들에게 올해 겨울 학기에 다시 만날 수 있을 거라고 말했다.

양양은 한국을 떠나기 전 날에 명동에서 현지를 만나 맛있는 쇠고기를 먹었다. 현지는 그녀에게 한국 전통 팔찌를 선물해주고 그녀도 역시 현지가 좋아하는 모자를 준비했다. 두 사람은 앞으로 자주 연락하자고 약속하고 기념사진을 찍었다. 그러고 나서 그녀는 현지와 같이 롯데면세점에 가서 중국에 계신 부모님과 친구들의 선물을 많이 샀다. 물건을 많이 사서 좀 무거웠으나 현지가 그녀를 집까지 바래다 줬다. 곧 다시 만날 거라서 서로 웃으면서 이별을 했다. 그녀는 현지를 보내고 짐을 싸서 달콤한 꿈속으로 들어갔다.

중국에 돌아온 양양은 저도 모르게 걸음이 빨라졌다. 나중에는 가볍게 뛰기까지 했다. 옆집의 게으른 고양이도 그녀 때문에 깜짝 놀라서 재빠르게 옆으로 피했다. 그녀는 자신의 흥분된 감정을 억누를 수 없어서 소리까지 지를 뻔했다. 평상시엔 지겹게 느껴졌던 길거리도 반갑게 느껴졌다. 중국인 아가씨 양양은 마치 자신의 몸속에 어학연수 기간에 피부로 겪었던 한국사회의 행복감이 배인 것 같았다. 저도 모르게 걸음이 재빨라진 것처럼, 꼭 그렇게.

부탄과 한국, 행복과 문화

치미 왕모(부탄)

한국은 경제개발이 진행 중인 많은 아시아 국가들의 모델이다. 단기간에 빠른 성장을 이룬 국가의 대표적인 사례가 바로 한국이다. 반면에, 부탄은 한국의 현재 위치에 도달하려면 아직 갈 길이 먼 개발도상국이다.

그런데 부탄은 "정부는 국민총생산(GNP)보다 국민총행복(GNH)에 더 가치를 둘 것"이라는 네 번째 왕의 발표가 있은 후부터 국제적으로 이목을 끌기 시작하여 '전 세계에서 가장 행복한 나라' 또는 '마지막 지상낙원' 등으로 알려지게 되었다. 개인적으로 나는 그 같은 수식어에 전적으로 동의하지는 않지만 부탄 사람들이 한국 사람들보다 삶에 대한 만족도가 높다고는 생각하는 편이다. 여기서는 다섯 가지 관점에서 어떻게 하면 한국인들이 좀 더 행복해질 수 있을지를 요약적으로 제안하려 한다.

첫째, 가족 대 직장

먼저, 인생에서 가족과 직업/경제적 성취에 가치를 부여하는 방식에 따

1989년 부탄에서 태어나 양첸푸고등학교, 한국 한양대학교 경영학과 졸업. KDI 국제정책대학원 개발정책석사를 마침. 현재 미국에서 생활하며 부탄에 있는 여행사의 해외마케팅을 담당.

라 두 나라를 비교해보려 한다. 부탄 사람들은 주변 사람들과의 원만한 관계를 매우 소중하게 여기며 관계를 잘 유지하기 위해 애쓴다. 부탄에서는 대다수의 사람들이 일보다 가족과 친구를 우선시한다. 예를 들면, 이웃과 안면을 트고 소통하며 지내는 것이 부탄에서는 상당히 흔한 일이다. 그러나 한국에서는 집주인만이 같은 빌딩에 살고 있는 세입자들을 아는 정도에 불과하다. 한국에 있을 때 필자와 왕래하고 지냈던 한국 사람들은 대부분 이웃이 누군지 모를 뿐만 아니라 학창 시절의 친구들과도 연락하지 않고 지냈다. 부탄 사람들은 여전히 가족과 사람 사이의 관계 위주로 살고 있는 데 반해 한국 사람들은 경제적인 성공과 직업적 성취를 위해 가족과 보내는 시간을 희생한다.

부탄 사람들은 보통 20대 후반에 결혼해서 가정을 꾸린다. 경제적 사정에 개의치 않고 대학을 졸업하고 바로 결혼하는 것이 부탄에서는 아주 흔한 일이다. 필자는 한국의 삼십 대 미혼들에게 그 나이에 혼자 사는 삶이 어떤지 물어본 적이 있다. 대답은 대부분 돈과 관련되어 있었다. 삼십 대 미혼 남자에게서 들은 가장 일반적인 대답은 "아내에게 집과 차를 사줄 수 있을 만큼 충분한 돈이 있으면 결혼할 수 있다."였다. "대기업에 근무하면 결혼하기가 더 쉽다."는 대답도 종종 들었다. 한국에서는 가정을 꾸리는 일이 항상 돈이나 직업과 관련되어 있다. 인생에서 만족감을 느끼려면 가족과 직업적 성취 사이에서 균형을 유지할 수 있어야 한다. 가끔은 돈이 인생의 전부가 아니라는 사실을 우리 자신에게 상기시켜줘야 하지 않을까.

둘째, 정부의 역할

부탄 사람들은 정부를 구성하고 있는 왕과 왕족을 존경한다. 부탄 정부는 안정감 있고 안전하며 평화로운 환경을 국민들에게 제공하는 데 큰 역할을 하며 결과적으로 부탄이 행복한 나라가 되는 데 기여한다. 행복한 국민은 행복한 나라를 만들고 국민을 행복하게 하는 건 정부의 책임이다. 부탄에서는 모든 국민이 교육과 공공 의료서비스, 기타 공공 서비스 등을 무상으로 누릴 권리를 갖는다. 이러한 정책은 국민의 경제적 부담을 덜고 심리적 안정감을 증진시키기 때문에 사람들의 복지와 행복이 자연스럽게 향상된다.

한국 사람들은 부탄 사람들보다 일에서 받는 스트레스의 강도가 훨씬 크다. 일례로, 한국 회사에서는 하루 휴가를 내는 것조차 굉장히 힘들다. 직장인들은 동료 혹은 상사와의 술자리에 빠질 수 없고 상사가 사무실을 떠나기 전에 먼저 퇴근할 수도 없다. 부탄에서는 퇴근 시간이 되면 회사 건물이 문을 닫기 때문에 모두 집에 간다. 집에 일이 있거나 개인적인 문제가 있을 때 휴가를 내는 것도 어렵지 않다. 한국 직장인들이 가장 부담스러워 하는 것 가운데 하나가 '회식'이다. '회식'은 퇴근 후 함께 저녁을 먹으면서 술을 마신다는 뜻인데, 이는 종종 늦은 시간까지 이어진다. 대부분의 한국인들은 술 마시는 게 문제라는 생각을 갖고는 있지만 동료들과의 술자리는 의무로 받아들인다.

직장인들의 근무 환경 전반을 향상시키기 위해 한국 정부가 팔을 걷어부치고 나서는 방법도 있다. 근무 환경을 개선하는 정책을 개발하고 현장에 적용한다면 한국 국민의 상당수를 좀 더 행복하게 해줄 수 있을 것이다. 가족과 저녁식사를 함께 하기 위해 집에 갈 수 있는 것은 일과 사생활 사이의 균형을 유지하는 데 중요한 문제가 아닐 수 없다.

셋째, 학생의 생활

우리는 젖먹이 때부터 끊임없이 학습하고 정보를 수집한다. 어른으로서 독립된 인간이 되기 위해서 우리는 교육을 통해 지식을 습득한다.

그런데 한국의 학생들은 정규 수업과 방과 후 수업을 통해 지나치게 많은 교육을 받는다. 나는 학교에서 또는 학원에서 이루어지는 과잉 교육이 초래하는 문제점을 짚지 않을 수 없다.

나는 한국의 몇몇 초등학생에게 영어를 가르친 경험이 있다. 학생들과 이야기를 나누는 과정에서 아이들의 일과가 아침 7시에 시작해서 밤 11시에 끝난다는 사실을 알게 되었다. 얼마 지나지 않아 한국의 거의 모든 학생들의 일과가 그들과 비슷하다는 것을 알게 됐다. 부탄에서는 상상도 할 수 없는 일이다. 부탄 학생들의 생활은 한국 학생들과 모든 면에서 완전히 반대다. 대부분의 한국 학생들은 또래들 간의 경쟁과 자식들의 좋은 성적을 바라는 부모가 안겨주는 부담에 시달린다.

나는 한국의 몇몇 초등학교에서 부탄의 문화를 소개한 적이 있다. 부탄에서는 '학원'이 금지되어 있다고 말했을 때, 아이들이 충격 받던 모습을 아직도 생생히 기억하고 있다. 한국의 학교와 학부모는 아이들이 조금 더 행복해질 수 있게 학생들의 스트레스를 덜어주는 데 우선순위를 둬야 한다고 생각한다.

넷째, 문화

문화는 사람들 삶의 큰 부분을 형성한다. 따라서 인간이 얼마나 행복하고 만족하느냐 하는 데도 문화가 영향을 미친다.

다른 나라에서 볼 때 한국과 부탄은 개인보다는 집단 또는 공동체의 필요를 중시하는 '집단주의 문화' 범주에 포함될 수 있을 것이다. 집단주의 사회에서는 가족과 공동체가 가장 중요하게 다루어지고 심지어는 자기 자신보다 더 우선시되기도 한다. 하지만 문화는 시간과 더불어 변화하는 법이다. 사람도 문화와 더불어 바뀐다.

7년간의 한국 생활을 마치고 고향으로 돌아온 나는 이미 부탄을 떠나기 전과 같은 사람이 아니었다. 부탄 사람들은 가족들이 필요로 할 때만 가족에게 돌아가는 게 아니라 근무 시간이 끝나면 바로 집으로 간다. 부탄은 여전히 집단주의 문화를 유지하고 있다. 반면에, 한국은 집단주의 문화의 특징을 거의 상실한 것 같다. 개인주의 문화 아래서 사람들이 불행하다는 뜻은 아니다. 한국의 경우를 보면, 현대 한국사회는 사람들이 개인주의자가 될 수밖에 없는 환경이면서 한편으로는 가족의 동의 없이 개인이 혼자 결정하고 행동하는 것이 때로는 사회적 문제아로 취급되기도 하는 등 두 가지 다른 가치가 충돌하고 있다.

과거에는 부탄 인구의 대다수가 불교도였다. 현재는 부탄인구 중 70퍼센트가 불교도이고 힌두교도가 30퍼센트를 차지한다. 내가 불교를 언급하는 이유는, 불교라는 종교가 신자들을 물질과 금전 획득에 대한 관심으로부터 멀어지게 하는 경향이 있기 때문이다. 그렇다고 해서 한국인에게 불교도가 되라는 제안을 하려는 것은 아니다. 나는 여기서 한국과 부탄이 이미 공유하고는 있으나 한국에서는 숨겨져 있는 일부의 중요한 가치를 말하고자 한다.

우리는 행복이 외부 조건이 아니라 우리 자신에 의해 결정된다는 사실을 이미 알고 있다. 그러나 한국 사람들은 기분 변화의 원인을 다른 사람이나 외부 상황에서 찾는 경향이 있다. 기분이 우울할 때 가방이나 립스틱을 사는 것으로 기분전환을 하는 것처럼 말이다. 우리는 스스로가 감정을 조절할 수 있는 능력을 갖고 있다는 점을 잊지 말아야 한다.

지금 한국은 문화의 과도기에서 제대로 갈피를 잡지 못하고 있는 것 같다. 가족과 친구처럼 가까운 사람들과의 관계를 소중히 여기고 자신이 속한 공동체에 도움이 되는 역할을 함으로써 한국인들은 인생을 더 즐겁고 행복하게 살 수 있을 것이다.

다섯째, 물질주의적인 것과 정신적인 것

패션과 유행은 우리가 실제 느끼는 것보다 우리가 어떻게 느껴야 하는지에 영향을 준다. 이 같은 현상은 사회 구성원으로부터 따돌림 받고 싶지 않는 심리 때문에 발생한다. 만혼, 쇼핑, 성형수술 등은 물질주의에 물든 한국사회의 단면을 보여주는 예이다.

한국 사람들이 늦게 결혼하는 이유는 그저 아이를 양육하는 데 드는 비용이 비싸기 때문만이 아니라 자기 스스로 돈도 더 많이 벌고 사회적 위치도 높이길 바라기 때문인 듯싶다. 한국은 또한 쇼핑하기 쉬운 훌륭한 온오프라인 환경을 갖추고 있다. 대부분의 사람들은 꼭 필요한 것을 산다기보다 필요한 것 이상으로 많이 산다. 이런 분위기에서 원하는 것을 살 수 없을 때 사람들이 느끼는 행복감은 줄어들기 마련이다.

나는 100개국 이상의 국가에서 온 수많은 사람들을 만나봤지만 외모에 가장 관심이 많은 사람들이 한국인이었다고 자신 있게 말할 수 있다. 한국에서 성형수술은 아주 흔하며 한국문화 속에 깊숙이 배어 있다. 심지어 부모들이 여학생들에게 공부를 시키기 위한 동기부여 차원에서 성형수술 카드를 사용하기도 한다. 부탄 사람들은 이런 현상을 이해하기 어려울 뿐만 아니라 당혹감마저 느낀다.

행복과 복지에 대한 연구는 지난 10년간 점점 정교해졌다. 부탄에서 사용되는 국민총행복 개념은 다른 국가가 볼 때 오해의 소지가 다분하다. 다른 국가들은 부탄 정부가 국민총행복 개념을 수단으로 사용하기 때문에 부탄 국민들이 행복하다고 생각하기 시작했다. 그러나 부탄 국민들의 삶은 국민총행복 개념이 소개되기 전이나 후나 똑같다. 국민총행복 개념은 부탄 사람들의 행복 수준을 단기간에 향상시킬 목적으로 고안된 것이 아니었다. 그리고 실제로는 모든 부탄 국민들이 행복해지기 위해서 국민총행복 개념을 인식하고 있는 것도 아니다.

모든 면에서 한국식 삶의 방식을 설명하는 단어인 '빨리빨리'는 '더 빨리' 혹은 '서두르다'는 의미를 갖고 있다. 하지만 한국은 이미 가지고 있는 것에 감사하기 위해서라도 잠시 멈춰 서서 한숨을 돌린 후 무엇이 인간을 진정으로 행복하게 만드는지 생각해봐야 할 시점을 맞이한 것 같다. 현재의 한국 상황을 개선하기 위한 조치가 취해지지 않는다면, 한국의 미래세대를 염려하지 않을 수 없다.

부탄처럼 작은 개발도상국에서 한국과 같은 선진국에 보내는 메시지는 '행복'이 단지 돈과 연관된 것만은 아니라는 점이다. 행복은 경제적 안녕 그 이상의 것이다. 행복의 외적 원천이 바로 불행의 뿌리일 수 있다는 점을 잊지 말아야 한다. 따라서 검소한 생활이야말로 바로 행복하고 만족스러운 삶으로 이끄는 지름길일 수 있다.

제2부. 무엇을 내려놓아요?

1982년 여름, 그 에너지와 희망을 되찾는다

로버트 조셉 파우저(미국)

한국과 처음 인연을 맺은 것은 1982년 여름이다. 당시 미시간대학에서 일본어를 전공하고 있었는데, 일본어를 연습하기 위해서 여름방학을 일본에서 보내기로 했다. 미시간대학에 한국인 유학생 친구 몇 명이 있었는데, 한국이 일본에 가깝다고 해서 기회가 있으면 가보라고 권했다. 그 말을 듣고 일주일 동안 한국을 여행하기로 했다.

1982년 8월의 한국은 지금의 한국과 많이 달랐다. 1960년대 말부터 시작됐던 경제성장 때문에 농사 중심인 후진국에서 도시 중심인 중진국에 진입했다. 물질적으로 생활수준이 지금에 비해서 많이 떨어졌고 어렵게 사는 사람도 많았다. 1980년 광주민주화운동과 독재정권의 탄압 때문에 정치적으로 어려운 상황이었고 민주주의가 먼 꿈이었다. 그런데 여러 어려움 속에 희망도 컸다. 지속적 경제성장 때문에 도시 중심 중산층이 형성되기 시작했고 1988년 하계 올림픽을 서울에서 개최할 결정이 미래

1961년 태어남. 전 서울대 국어교육과 교수. 미국 미시간대에서 일어일문학 학사 및 응용언어학 석사를 받았으며 아일랜드 트리니티 칼리지 더블린에서 응용언어학 박사 학위를 받음. 고려대학교, 일본 교토대학에서 영어를 가르쳤으며 일본 가고시마대학에 교양 한국어 과정을 설립. 저서는 『미래 시민의 소건』, 『서촌 홀릭』, 『Hanok: The Korean House』 《중앙일보》, 《동아일보》, 《한국일보》에 한국 사회에 대한 칼럼을 썼으며 현재 《코리아 헤럴드》에 칼럼을 쓰고 있음.

에 대한 기대의 상징이 되었다. 1982년 여름은 짧은 여행이었지만, 2000년대에 '다이내믹 코리아'의 밑받침이 된 한국의 독특한 에너지와 미래에 대한 희망을 크게 느꼈다.

그 후에 한국과 인연이 갈수록 깊어졌다. 1982년 방학을 마치고 미국에 돌아가 계속 일본어를 공부했다. 그런데 한국 생각이 자주 나고 유학생 친구를 만나면서 한국어를 공부하고 싶은 마음이 커졌다. 그래서 1983년에 미시간대학을 졸업하고 서울대학교 언어학연구소(현재 언어교육원)에서 1년간 집중적으로 한국어를 공부했다. 그 뒤 미국에 돌아가서 언어학 석사를 받고 다시 한국에 와서 7년간 영어를 가르쳤다. 학생운동이 가장 심했던 시절에 고려대학교 영어교육과 강사로 영어를 가르치기도 했다. 1993년에 박사를 받으러 아일랜드에 가서 공부하고 논문을 쓰는 가운데 일본에서 영어 전임 교수를 할 수 있는 기회가 생겼다. 일본에서 13년간 바쁘게 교수 생활을 했다. 교토 문화생활을 즐기며 명문대 교토대학 교수도 했다. 일본에 살면서 한국을 자주 방문했는데, 마지막 3년 동안 한국어를 가르쳤다. 2008년에 서울대학교 국어교육과에서 한국어를 가르칠 기회가 생겼다. 그래서 다시 한국에 살게 되었다. 교수를 하면서 오래된 동네와 한옥에 대한 관심을 갖게 되어 서울 체부동에서 작은 한옥을 수리했다. 2014년에 집필에 전념하기 위해 서울대를 떠나 미국 고향인 앤아버에 돌아갔다.

고향에서 즐겁게 집필하면서 2016년에 한국어로 책 두 권을 냈다. 2016년 3월에 한국사회 현황과 미래에 대한 『미래 시민의 조건』(세종서적)이 나온 데 바로 이어서 4월에는 한국 생활과 오래된 도시에 대한 에세이가 담긴 『서촌 홀릭』(살림)이 나왔다. 『미래 시민의 조건』은 바로 제20대 국회의원 선거 전에 나와서 더 많은 관심을 받았다.

『미래 시민의 조건』에서 현재 한국사회가 안고 있는 과제를 세 가지 지적했다. 첫째는 권력과 경제력의 분배, 둘째는 더욱 열린사회 구현, 셋째는 더욱 깊은 민주주의 실천이다. 현재 한국사회가 가장 심각하게 안고 있는 '집중 문제'를 해소하는 데에 초점을 맞췄다.

한국사회는 거의 모든 것이 일부 사람에 집중되어 있기 때문에 모든 분야에 서열이 있다. 서열의 맨 위에 있는 사람은 승자이고 그렇지 못한 대다수 사람은 패자이다. 예전에 유행했던 '강남 입성'이라는 말은 경쟁적 사회에서 승자가 되었다는 표현이다. 이런 사회에서는 대다수가 희망 없이 살고 서열 위에 있는 사람을 원망하면서 방어적으로 행동한다. 2015년부터 유행하기 시작한 '헬조선'이라는 말은, 대다수가 희망을 잃은 한국사회를 비유하는 것이다. '헬조선'은 말이지만, '저출산'은 희망을 잃은 것을 행동으로 보여주는 것이다.

여기서 흥미로운 것은 이러한 현상이 한국만의 현상은 아니라는 사실이다. 한국의 역사를 보면 권력과 경제력이 압도적으로 집중되었지만, 백성 사이에는 평등 의식도 강했다. 즉, 극소수의 권력자가 거의 모든 것을 가졌고, 백성은 없어서 평등할 수밖에 없었다. 한국은 다른 나라에 비해서 이러한 경향이 강했다고 주장하더라도, 다른 나라도 거의 다 그랬다. 이러한 역사의 흐름을 생각하면 모든 시민이 공평한 기회를 위해 권력과 경제력을 분배해야겠다는 개념은 매우 새롭고도 뿌리가 얕은 것이다. 이렇게 볼 때 시민에게 공평한 기회를 보장하는 열린사회를 구현하는 것은 어느 나라에서든 보편적으로 실험적인 일이며 그 실천에 많은 노력이 필요하다. 그래서 한국은 20세기 말에 중산층을 형성하기 위한 노력을 시작했다는 점을 인정하고 이제는 그 성과를 지키기 위해 '헬조선'의 해결책을 찾아야 한다.

진단은 간단하지만 해결은 어렵다. 쉬운 해결책이 있었다면 이미 나왔을 것이다. 그래서 『미래 시민의 조건』을 쓰면서 진단은 자신 있게 명확히 썼지만 해결책에 대한 글은 쓰기 힘들었다. 즉, 권력과 경제력의 분배, 열린사회 구현, 깊은 민주주의 실천은 구체적 해결책보다 막연한 정치적 목표이다.

그래서 이 글을 통해 『미래 시민의 조건』에서 찾지 못했던 구체적 해결책을 생각해보았다. 위에서 지적했듯이 세 과제의 공통점은 '집중 문제'이기 때문에 중심적으로 논의해야 한다. '집중 문제'의 역사적 뿌리가 깊지만, 역사는 자연스럽게 이루어지는 것이 아니라 인간이 만드는 것이기에 그 역사를 극복할 수 있다.

어느 나라든 사회적 변화를 일으키는 데는 커다란 노력이 필요하다. 역사를 보면 그러한 노력은 두 상황 속에 잘 나타난다. 하나는 전쟁과 재난. 즉, 외부의 적이나 자연의 힘으로 극심한 피해가 오면 그 사회가 어려움을 빨리 극복하고 새로운 현실에 적응하도록 노력하는 상황이다. 또 하나는 이상주의를 갖고 오랫동안 쌓였던 문제를 해결하려고 하는 지도자가 나타나는 상황이다. 역사를 보면 이 두 상황을 잘 극복할 때도 있고, 아니면 극복하지 못하고 더 나빠지는 경우도 흔히 볼 수 있다.

한국사회는 위기를 스스로 느끼지 않기 때문에 극복할 노력보다 진단을 계속하면서 주변적 문제에 대해서만 노력하고 있다. 그래서 해결책을 찾는 데에 먼저 필요한 것은 위기의식이다. 위에 지적했듯이 희망이 없는 젊은 층이 아이를 낳지 않기 때문에 한국의 출산율이 세계에서 네 번째로 낮다. 이러다가 한국 인구는 고령화하면서 21세기 후반에 급격히 떨어질 것이다. 현재 인구인 5천만 명이 2100년에는 2천만 명으로 급감할 것이며, 2750년 때쯤 한국인은 지구상에서 소멸할 수도 있다. 이러한 인구 감소는 역사 속에서 커다란 전쟁이나 재난의 수준으로, 사회의 정상적 기능을 마비시킬 수 있다. 거듭 말하지만, 한국은 이렇게 '헬조선'으로 인해서 역사적 위기에 빠져 있지만, 이 사실에 대한 의식이 너무 약하다.

저출산의 원인이 '집중 문제'라고 인정이 되면, 그 중심으로 해결책을 찾을 수 있다. 첫걸음은 집중을 분산하고 권력과 경제력을 분배하는 것이다. 지금처럼 '위대한 공무원'이 사회를 지도하는 정부 구조를 바꿔야 하며, 시민에 가까운 지방자치제에 권력을 분배해야 한다. 중앙정부가 걷는 세금을 줄이고 지자체가 시민의 민주적 요구에 따라 스스로 걷을 수 있는 세금을 늘려야 한다. 연방국까지는 아니라도 지자체에 상당한 권력을 분배하고 약한 지자체를 충분히 지원해야 한다.

경제력을 분배하기 위해서 한국경제에 지나친 영향을 미치는 대기업의 지배력을 현저히 완화하는 제도를 구축하면서 새로운 기업이 성장할 수 있는 풍토를 만들어야 한다. 그리고 내수를 키우기 위해 중산층과 빈곤층의 복지 혜택을 확장해야 한다. 과거에 이러한 문제에 대한 해결책이 부분적으로 나왔지만 정치적 의지가 약해서 영향이 별로 없었다.

더욱 열린사회를 만들어야 할 이유는 크게 두 가지이다. 하나는 기득권층이 독재시대에 형성했던 권위주의적 이데올로기를 활용함으로써 사회 발전을 막는 것이다. 또 하나는 인구 감소를 막기 위해 외국에서 이민을 받아들여야 한다. 한국은 지금도 그렇지만, 앞으로 민족 국가로 살아남기 어려울 상황인데 민족 국가에서 다문화 국가로 전환하기 위해 어려운 20세기에 형성했던 민족주의를 퇴색시키면서 새로 한국에 정착한 외국인에게 공평한 기회를 제공해야 한다. 이민국을 설치하고 이민을 적극적으로 유치하기 위한 정책을 도입할 필요가 있다. 그리고 무엇보다 공교육에서 배타적 태도를 양성하게 되는 민족주의적 내용을 수정하고 열린 민주사회의 가치관을 중심으로 교육해야 한다.

권력과 경제력을 분배하면 더욱 깊은 민주주의의 실현이 쉬워질 것이다. 민주주의는 '민'(民)이 주인이 되는 사회이지만, 권력과 그 뒷받침이 되는 경제력의 집중이 일부의 '민'으로 만든 지배계층의 형성에 도움이 된다. 민주주의와 군중주의의 가장 큰 차이는 결정의 방식이다. 민주주의는 시끄러운 군중이 당장 원하는 것과 달리 사회적 통합을 유지하면서 대다수의 시민이 원하는 방향으로 정책을 펼치는 것이다. 그래서 민주주의에는 결정의 방식이 중요하고 대다수와 다른 생각인 소수의 권리도 지켜야 한다. 사회적 통합에 위협을 주는 군중주의를 경계하기 위해서 의회민주주의가 생겨났다. 시민이 직접 정치에 참여하는 대신 시민이 자유선거를 통해서 대표를 뽑고 그 대표가 시민을 위해서 일하는 방식이다.

여기서 중요한 것은 시민의 선거참여다. 시민이 선거에 참여해야만 건강하고 깊은 민주주의가 가능하다. 한국은 1980년대에 민주화를 하면서 투표율이 높았지만, 근년에는 점점 낮아지고 있다. 대통령선거를 제외하면 한국의 투표율은 OECD 국가 중 낮은 편에 속한다. 그래서 한국은 '투표 의무' 도입을 고려할 필요가 있다. 몇 개 국가는 투표할 의무를 법적으로 정하고 투표하지 않으면 벌금을 내게 하는데, 투표율이 가장 높은 호주, 룩셈부르크, 그리고 벨기에는 투표 의무를 법적으로 정하고 있으며 투표율이 90% 이상이다. 한국도 투표 의무를 도입하면 투표율이 높아질 것이고 민주주의가 더 건강해질 것이다.

또한 이미 몇 개 민주국가와 미국의 몇 개 주에서 도입한 국민표결제를 확대할 만하다. 얼마 전에 영국의 유럽연합 탈퇴(브렉시트, Brexit)에 대한 국민표결에서 보였듯이 사회의 미래에 대한 중요 현안을 시민의 의사에 맡기는 것이다. 그 결과가 영국의 사회적 지도층이 원하는 대로 나온 것은 아니었지만, 투표율이 90%를 넘어 시민의 다수결 의사가 잘 나타났다. 민주국가에서는 교육 수준이 높은 전문가의 생각보다 시민 대다수의 생각이 더 존중되기 때문에 영국은 브렉시트의 극적 결과를 그대로 받아들였다. 스위스의 경우는, 의회가 통과시킨 법안에 대해 반대하는 시민의 서명을 모이면 국민투표를 실시한다. 한국은 개헌할 때도 국민투표를 실시하는 사례가 있는데 이것을 확대하면 된다.

『미래 시민의 조건』에서 통일에 대한 논의를 깊게 하지 못했지만, 통일은 '집중 문제'와 깊은 관련이 있다. 통일의 시기와 방법은 예측하기 어렵지만, 통일이 언젠가 될 것은 확실하고 대한민국 체제 중심으로 이루어질 것도 거의 확실하다. 통일신라시대 이후에 1948년의 분단까지 계속 통일 국가로 존재했기 때문에 한반도에 통일한 국가가 존재한다는 것은 자연스러운 모습이다. 그리고 또 하나의 확실한 것은 통일이 커다란 변화이며 위기보다는 기회라는 점이다.

그래서 위에서 논의한 과제들을 먼저 해결하면 통일이 불러오는 어려움도 상당히 극복할 수 있다. 어느 날 북한이 망한다고 가정하면 갑자기 2천500만 명의 시민이 대한민국 구성원이 될 텐데 권력과 경제력이 소수에 집중되어 있고, 배타적 사회풍토가 존속하고, 정치참여가 부진하다면 그 새로운 시민에게 공평한 기회를 주기 어렵게 되어 희망이 없는 '헬조선'의 확장판이 될 수 있을 것이다.

1982년 여름에 느꼈던 한국의 독특한 에너지와 미래에 대한 희망은 결코 사라지지 않았을 것이다. 어딘가에 숨어 있을 것이다. '집중 문제' 때문에 한국이 위기에 빠져 있고 그것을 중심적으로 해결하기 위해 과감한 변화가 필요하다는 것을 인정할 때 비로소 그 에너지와 희망을 되찾을 수 있다. 쉬운 일은 아니지만, 한국인은 과거에 더욱 심한 위기를 잘 극복했기 때문에 앞으로 '헬조선'을 극복하고 더욱 행복한 나라를 만들 것이라 믿고 있다.

냉소주의를 넘고 비교를 내려놓는다면

다니엘 튜더(영국)

개인적으로 인용구를 즐겨 사용하지 않는다. 어떤 작가가 인용구를 많이 사용한다면 이는 허세를 부리기 위함이거나, 본인의 의견이 없어서일 가능성이 높다. 하지만 오늘만은 나도 톨스토이의 장편소설『안나 카레니나』의 유명한 첫 구절을 인용하고 싶다.

"행복한 가정은 서로 닮았지만, 불행한 가정은 모두 저마다의 이유로 불행하다."

이 글에서 나는 다음과 같은 질문을 고찰하고자 한다. '한국을 좀 더 행복한 사회로 만들기 위해서 우리가 해야 할 가장 중요한 한 가지는 무엇인가?' 한국사회에는 여러 종류의 불행이 존재하는 것 같다. 한국이 '세상에서 가장 불행한 나라' 혹은 '자살률이 가장 높은 나라'로 거론되긴 하지

1982년 영국 맨체스터에서 태어남. 옥스퍼드 대학에서 정치학·경제학·철학을 공부했다. 2002년 월드컵 때 한국을 찾았다가 사랑에 빠져, 2004년 다시 서울로 돌아왔다. 이후 한국에 머물며 영어를 가르치다가 미국계 증권회사와 한국의 증권회사에서 일했다. 2007년부터 2009년까지는 영국으로 돌아가 맨체스터 대학에서 MBA를 취득하고 스위스 취리히에 있는 헤지펀드 회사에서 일했으며, 2010년부터 이코노미스트 한국 특파원으로 일했다. 한국에서는 "한국 맥주 맛없다"는 기사를 쓴 기자로 가장 잘 알려져 있다. 이로 인해 그는 약간의 '악명'을 얻기도 했지만, 2013년 친구들과 함께 맥주집 '더부쓰(The Booth)'를 차렸다. 저서로는『기적을 이룬 나라 기쁨을 잃은 나라』(Korea: The Impossible Country) 영어판을 2012년 출간했다. 현재 소설을 쓰고 있다.

만, 그 원인을 하나로 딱 짚어 내긴 힘들다. 따라서, 하나의 명백한 해결책을 제시하는 것 또한 불가능한 일이다.

한국인의 불행은 대체로 젊은이들에게 초점이 맞춰져 있고, 우울해 하는 노인보다 우울해 하는 젊은이에 더 신경을 쓴다. 일반적으로 젊은이들이 긍정적인 성향이 더 강하다는 걸 고려하면 이는 너무나 당연하다고 볼 수 있다. '아프니까 청춘이다'는 젊은 시기에 하는 고생은 너무나 당연하다고 왜곡한다. 반면, 지하철에서 마주하게 되는 비참한 모습의 노인에게는 누구도 관심을 가지지 않는다. 노인 자살률이 젊은층 자살률보다 훨씬 높고, 이는 한국이 전 세계 최고의 자살률을 기록하는 주요 통계학적 요인인데도 말이다.

노인 자살의 주요 원인 중 하나가 바로 노인 빈곤 문제이다. 노인층의 절반 정도는 가난하게 살고 있고, 이는 다른 연령대에 비해 현저하게 높은 수치이다. 또한, 상대적으로 더 나은 삶을 개척할 수 있는 시간과 기회가 많은 젊은이들보다 그렇지 못한 노인들이 빈곤에서 벗어나기 훨씬 힘들다는 통계 또한 존재한다. 서울에서 중랑구의 노인 자살률이 서초구의 노인 자살률보다 두 배 이상 높은 것은 바로 돈이 자살의 한 요인임을 명확히 보여준다.

지하철을 공짜로 탈 수 있는 점을 이용해 노인 지하철 택배원이 존재하다는 것은 노인층의 노동 가치가 얼마나 낮게 책정되었는지를 보여주는 단적인 예이다. 새벽에 폐지나 고철을 주우러 다니는 일이 경제적 측면에서는 지하철 배달일과 대동소이하지만, 인간의 존엄성을 따지면 훨씬 치욕적인 일이다. 이런 모습이 한국 같은 부자 나라의 흔한 풍경이 되어 버린 것은 너무나 망신스러운 일이다.

노인이 가족에게 재정적 부담이 되기 싫다는 이유로 사살을 선택한 이야기는 한번쯤은 들어보지 않았던가. 또한, 기성세대는 자식들의 엄청난 교육비와 부모 부양비용을 모두 감당하기 힘들어 하나를 포기할 수밖에 없는 상황에 빠지곤 한다. 보나 마나, 자식들의 교육비가 우선시되지만, 정작 그런 교육으로 인해 받게 되는 엄청난 스트레스를 생각하면 그 자식들이 기뻐만할지는 미지수다.

오늘날의 노인은 온 집안 식구들이 함께 모여 살아 누구도 홀로 남겨지는 시간이 없는 그런 시대에 자랐지만, 이제는 매년 수백 명의 사람이 홀로 쓸쓸히 죽음을 맞이한다. 시신을 인수할 사람도 없이 말이다. 1인 가구 현상이 젊은이들에게는 너무나 일상적이지만, 자신들의 젊을 시절에 부모를 모셨던 현재의 노인에게 주는 심리적 충격은 상당할 것이다.

여태까지 청소년 불행의 문제가 상대적으로 과장됐다고 생각했던 편이다. 2011년 OECD 보고서에 의하면 한국 15~19세의 자살률은 전 세계 평균 수준으로 나타난다. 또한, 한국 젊은이들이 현재 상황에 대해 비관적이긴 하지만, 여전히 좀 더 나은 미래를 위해 정진할 의지가 있다고 판단했기 때문이다. 예를 들면, 'N포세대' 현상이 한국에서 많이 회자됨에도 서양에서만큼 일반적인 현상이 (아직) 되지 않았다고 생각했었다. 그러나, 상황이 바뀐 것 같긴 하다. 나는 2013년 말에 한국을 떠나고 나서도 종종 한국을 방문했는데, 지난 3년간 한국 젊은이들의 사이에서 냉소주의가 얼마나 팽배해졌는지 느낄 수 있었다. 그 전에 젊은이들은 소득 불평등, 일자리 부족, 상사의 '갑질' 등에 대한 불평을 품었어도 한국 자체에 대한 경멸로 이어지지는 않았다.

내가 처음 한국을 방문했을 때, 한국 젊은이들이 자국에 대해 좀 더 회의적이지 못한 이유에 대해 내심 궁금해 했다. 내 조국인 영국에서는 젊은 사람들이 영국을 비판하고 비아냥거리는 일은 하나의 놀이라고 할 수 있을 정도이다. 집값 문제, 국가대표팀의 실력, 무례한 시민 등 다양한 문제에 대한 불만을 품을 때도 마치 나라의 잘못인 것처럼 '전형적인 영국'

이라며 혀를 찬다. 외국인이 영국을 비난하면 영국인들은 "맞아. 우리나라 완전 쓰레기지?"라고 말하고, 애국심을 드러내는 영국인을 향해서는 '소영국주의자(little Englander)'라고 조롱하면서 인종 차별주의자가 아닌지 의심하기까지 한다. 반면 한국 사람들의 열심히 노력하는 태도와 방어적인 민족주의는 영국 사람들의 게으르고 거만한 태도, 그리고 자국 혐오와 비교되었다.

하지만 한국인들이 나라를 보는 태도가 많이 변하고 있다. 젊은이와 대화를 해보면 이를 쉽게 감지할 수 있다. 작년에 한 기업의 홍보 사진에 달린 트위터 댓글 하나가 그 변한 태도를 잘 보여준다. 사진에는 태극기가 걸려있는 거대한 제2롯데월드 타워와, 실오라기 하나 걸치지 않은 채 태극기를 알몸에 감은 4명의 젊은 여자들이 공중으로 점프하는 포즈를 취하고 있다. 댓글은 다음과 같다.

"이 사진 최고다. 대한민국을 한 장의 사진으로 요약한 듯. 재벌, 토건 만능, 애국 마케팅, 성 상품화."

이 댓글은 10,000회 이상 리트윗이 됐다(댓글 작성자가 천재가 아닌가 싶다).

나는 적당히 냉소적인 사람으로 냉소주의의 가치를 어느 정도 인정하는 편이다. 위 댓글의 예에서 보여주듯이 웃음을 자아낼 수 있고, 냉소적인 사람은 잘 속지 않는다. 또한, 사회 구성원들의 지식수준이 높아지고 물질적 여유가 생기기 시작하면 냉소주의는 어느 정도 불가피한 결과이기도 하다. 일부 상위 계층에게만 이익을 주고 다른 구성원에게는 피해를 주는 불평등과 부패 문제에 관심이 생기기 마련이기 때문이다.

하지만 냉소수의는 근본적으로 부정적인 것으로 우리의 성취욕을 꺾어버린다(그것이 물질적인 것이든 그 이외의 것이든). 그리스의 원조 키니크(냉소주의자) 학자들은 행복에 이르기 위해서는 돈, 명예, 권력, 섹스 등을 멀리함과 동시에 모든 일에 대해 무관심해야 한다고 믿었다.(한때 한국사회를 분노하게 만들었던 교육부 정책기획관 아무개 씨가 관심 있어 할지 모르겠지만 '냉소주의자'라는 단어에는 '개와 같은'이라는 의미도 담겨 있다.) 그들이야말로 진정한 N포세대였던 것이다.

앞으로 한국 '주류' 사회에 대한 냉소주의가 더 팽배해지고, 더 나아가 야망을 품을 어떤 이유도 찾지 못하는 '중도포기 세대'가 점차 늘어날 것으로 예상한다. 이처럼 야망을 포기한 이들에게는 어쩔 수 없는 선택으로 보일지라도, 그렇다고 해서 덜 불행해지는 사람은 없을 것이다.

노인층의 문제와 마찬가지로 젊은층이 행복을 느끼기 어려운 데에는 여러 가지 물질적인 이유가 있다. 사회에서 편협하게 규정해 놓은 '좋은 직장'에 취업을 못 하고, 결혼도 못 하고, 집도 장만하지 못하고, 아이도 제대로 양육하지 못한다면, 그 사람은 충분히 좌절감을 느낄 수 있다. 하지만, 이 좌절감에는 심리적 요인 또한 분명히 작용한다. 그건, 바로 위에 언급한 것들을 과거에는 너무나 쉽게 이룰 수 있었다는 것이다.

이런 상황은 영국도 비슷하다. 아버지와 그 또래 분들은 이렇게 회상한다. "우리가 젊었을 땐 직장이 맘에 들지 않으면 그냥 그만두고 다른 일을 찾았다." 아버지의 친구께서는 "1980년에 내가 트럭 운전을 했는데, 1년에 7,000파운드를 벌었어. 그 당시 내가 살던 집은 9,000파운드였지"라고 기억한다. 그 당시에는 근로자층의 1년 치 평균 연봉에 조금만 더 보태면 자식 둘을 포함한 4인 가족이 함께 살기에 충분한 집을 구입할 수 있었던 것이다. 물론 지금은 어림도 없는 소리다. 젊은 사람이라면 자연스럽게 자신을 부모와 비교하게 되고, 그 결과 마치 자신은 실패자라고 느낄 수밖에 없는 것이다.

기성세대는 젊은 세대에게 너무나 이루기 힘든 '성공'을 위해 경쟁할 것을 계속 강요한다. (물론, 그들이 말하는 성공은 물질에 기반을 둔 제한적인 개념이기 때문에 비록 그 '성공'을 이루더라도 여전히 불행할 수도 있다.) '좋은 회사'에 취직을 못하고 있는 것 자체로도 충분히 좌절하고 있을 텐데, 집안 어른들이 끊임없이 "언제 취직할 거야?"라고 묻는다면, 젊은이들에게 오는 좌절감은 더 클 것이다.

게다가 한국 사람들은 선천적으로 불평등을 특히나 부당하게 여기는 것 같다. 일반적으로 미국에서는 성공한 사람을 인정해 주며 존경받아 마땅하다고 여긴다. 자신보다 뛰어난 사람을 만나면 좌절하거나 화내는 대신, 본받을 점을 찾아야 한다고 본다. 반면, 유럽 사람들을 비롯한 한국 사람들은 사회적 구조에 더 관심을 둔다. '성공한 사람은 과연 어떤 이점들을 갖고 있었으며, 왜 다른 사람들은 그런 기회를 가질 수 없는 것일까?'라고 묻는다. 이러한 한국 문화를 고려했을 때, 극심한 소득 불균형의 문제는 한국인들에게 더 크게 다가올 수밖에 없는 것이다. 글로벌 경제 체제의 '빈익빈 부익부' 현실은 한국과 같은 나라에서 계속해서 불행을 일으킬 것이다.

해결책이 있는 것일까? 그래서 뭘 해야 하는가? 어떻게 하면 노인 빈곤을 퇴치하고, 가족이 노부모를 부양하게 하고, 성공의 제한적 의미를 넓히고, 젊은이를 위한 일자리를 더 많이 창출하고, 자신보다 운 좋고 부유한 사람들(혹은 부모 세대)과 비교하지 말라고 청소년들을 설득할 수 있을까?

솔직히 '불가능하다'라고 말하고 싶다. 위에서 언급했던 문제들은 대체로 부자 나라에서 공통적으로 발견된다. 단지 한국의 급속한 경제 발전과 사회 전체에 만연한 지나친 성공지향주의 때문에 한국에서 유독 분명하게 드러나는 것뿐이다. 비록 중도 좌파적 성향을 띤 얘기일지라도, 한국인을 불행하게 만드는 물질적 조선을 바꾸기 위해서는 소득 재분배 문제를 해결해야 한다. 하지만 현대사회의 자금은 유동적이기 때문에 정부가 할 수 있는 일은 제한적이다. 물론, 정부가 그렇게 할 의지가 부족한 것은 말할 것도 없다.

노인 부양가족 보양 수당 지급, 고졸자 고용 촉진 정책 등 한국정부에서 이미 취하고 있는 조치가 제한적이어도 몇 가지 있긴 있다. 박근혜 대통령의 2012년 대선 공약이었던 노인 연금 공약이 그대로 지켜지지 않은 것이 안타깝다. 이재명 성남시장이 승인한 현금 배당 등의 계획에 대해서는 상당히 회의적이다. 계획 실행을 위해 많은 자금이 투입되지만, 장기적으로는 그 누구도 행복하게 만들 수 없는, 그저 불쌍한 이들에게 돈을 뿌리는 일종의 자선 행위로 보인다. 단순하게 현금 배당을 하는 것보다, 더 좋은 기회를 만들어내는 방향으로 자금을 투입하는 것이 더 바람직하다고 생각한다. 결국에 사람들은 스스로 미래를 개척하기를 원하지, 생활 보조금에 의존해 사는 삶을 원하지 않기 때문이다.

공공 지원 주택이나 최빈곤층을 위한 보조금 등 사회복지 제도의 특정 분야에 대한 지원은 더 강화하는 한편, 동시에 명예퇴직 희생자들이 소규모 사업을 통해 젊은이와 생활이 어려운 퇴직자를 고용하는 협동조합에 대한 막대한 투자가 필요해 보인다. 또한, 한국정부가 아주 매력적으로 여기는 신생 IT 기업뿐 아니라, 지방 지역에서의 다양한 종류의 소기업 창업도 지지한다.(실제로 신생 IT 기업에서 일해본 경험을 바탕으로 얘기하면 신생 IT 기업에 대한 정부의 집착이 잘못된 것 같다. 생각만큼 많은 일자리를 창출하지 않을 뿐더러 대부분 기업 수명도 짧고 결국은 수익을 목적으로 하는 하나의 회사일 뿐이기 때문이다.)

그리고 공학, 이과 계통 등 박사학위 소지자를 대상으로 과감한 세제 혜택을 주어 한국을 떠나지 않고 창업에 뛰어들 수 있는 좋은 환경을 조성하면 좋을 것 같다. 그러면 그렇게 창업된 기업들이 시간이 지나서 서울이 아닌 지방 지역에서 한국판 '미텔슈탄트'를 형성하게 될 것이다. 회유

책과 강경책 또한 잘 활용하면 대기업이 직원을 계약서 상 명시된 퇴근 시간에 퇴근시키도록 할 수 있다. 한국 대기업에 일해본 경험으로는, 정상 퇴근이 기업 생산량을 크게 저하하지 않을 것이라고 확신한다.

이 모든 것들을 실행하기 위한 자금은 독점이윤을 올리는 재벌기업과 그 기업들을 지휘하는 재벌가에 대한 세금을 올려서 충당할 수 있다. 박정희 전 대통령이 구축한 한국 경제구조 때문에 여러 대기업은 그때 정부의 도움을 받아 성장했으며, 현재는 거의 건드릴 수 없을 정도로 막대하고 막강하다. 바로 그 대기업들은, 회사의 성공이 일정한 부분은 국민 전체의 희생의 결과임을 잊어서는 안 된다. 그래서 그들이 더 많은 일자리를 창출하거나 연구개발에 투자를 늘리지 않는다면 정부가 그들의 이익에 대한 더 높은 세금을 청구할 수 있는 윤리적 역사적 근거는 이미 마련돼 있는 것이다.

위에 언급한 제안들은 개인적인 의견일 뿐이다. 더욱이 물질적인 부분만을 다룰 뿐 심리적인 부분은 고려하지 않았다. 여러 조사에 의하면 세상에서 가장 행복한 나라는 바로 필리핀이다. 한국 사람들이 필리핀 사람들보다 물질적으로 풍요로운 것은 말할 것도 없고, 심지어 필리핀 사람들이 상상 속에서나 꿈꿀 만한 기회들을 한국의 최빈곤층은 이미 갖고 있다. 비록 한국이 전 세계에서 가장 불행한 국가 중 하나지만, 가난한 나라 사람들에게는 지상 낙원처럼 보일 수 있다.

내가 내리는 결론은 전혀 급진적이거나 새롭지 않고 오히려 예상할 수 있는 얘기이다. 바로 한국사회는 성공의 의미를 바꿔야 한다는 것이다. 정부에게 어느 정도 기대하는 것은 당연하지만, 정부가 삶을 행복하게 만들어 줄 수는 없다. 창의적인 분야, 소규모 창업, 여행을 위한 휴가 사용, 명문대가 아닌 대학 졸업 등이 더 인정받는 사회가 돼야 한다. 생산직이 더 인정받는 사회가 돼야 한다. 연봉이 아닌 맡은 일을 해내는 능력 그 자체로 인정받는 사회가 돼야 한다.

그리고 긴밀히 연결된 두 가지의 병폐, 즉 비교와 지위 경쟁 또한 존재한다. 스토아학파 출신의 많은 사상가는 할 수 있는 최선을 다하고 그것에 만족하라고 조언한다. 그 외에는 우리가 할 수 있는 것이 없기 때문이다. 하지만 한국 사람들은 다른 어떤 나라 사람들보다 더 많이 남과 비교하고 경쟁하는 것 같다. 이는 결국 불행을 초래하는 감정과 행위로 이어진다.

최근에 한국에 있는 한 친구가 굉장히 통찰력 있는 얘기를 한 적이 있다. 사회적 지위 또는 행복에서 둘 중 하나만을 선택할 수 있다. 둘 다 가질 수 없다는 얘기이다. 하지만 사회적 지위보다 행복을 선택하는 사람은 사회적으로 인정받기 힘들다. 행복한 삶을 살기 위해 무엇을 해야 하는지를 사람들 스스로 알고 있다고 생각한다. 다만 일반 사람들과는 다르게 살기로 한 사람들에 대해(비록 좋은 선택이었을지라도) 혹독하게 비난하는 사회의 압력 때문에 실행하는 것을 두려워하고 있을 뿐이다.

한국이 더 행복한 나라가 되려면 어떻게 살고, 어디서 근무하고, 무엇을 공부하고, 언제 결혼할지 등에 대한 얘기를 자제할 필요가 있다. 또한, 남을 판단해서도 업신여겨서도 부러워해서도 안 된다. 꼭 필요할 때만 남에게 건설적인 충고를 해주고 본인만 잘하면 된다.

혹시 이 글이 거만하게 들리거나 훈계하듯 느껴졌다면 사과를 드리고 싶다. 한국은 이렇게 혹은 저렇게 해야 한다고 주장하려는 의도는 아니다. 단지 한국이 좀 더 행복한 나라가 되고자 한다면 이렇게 하면 좋을 것 같다는 제안을 하고 싶을 뿐이다. 하지만, '과연 한국 사람들은 한국이 좀 더 행복한 나라가 되기를 원하기는 하는 걸까?'라는 질문 또한 던져보고 싶다.

미래 한반도를 구원하는 통일준비

안드레이 란코프(오스트레일리아)

최근에 남한 사회에서 통일에 대한 의식이 많이 바뀌고 있는 것으로 보인다. 많은 여론조사의 결과를 통해 이 사실을 확인할 수 있다. 쉽게 말하면 남한 청년들 사이에서 북한에 대한 관심이 많이 없어지고 있으며, 통일을 정치의 기본 목적으로 보지 않는 경향이 세월이 갈수록 강해지고 있다는 것이다. 객관적으로 말하면 이들 변화는 불가피한 것이라고 할 수 있다. 어느 나라이든 민족주의자들은 민족정체성과 의식이 생물학적인 현상이라고 주장하지만, 역사의 경험이 잘 보여주듯, 민족의식은 유전학적으로 생긴다기보다는 공유되는 역사적 체험으로 이룰 수 있는 것이기 때문이다.

남북한 역사를 보면, 지난 70년 동안 남한 사람들과 북한 사람들이 공유할 수 있는 체험이 거의 없었다. 그들은 서로 다른 세계에서 살고 있다. 남한 사람들의 생활경험은 경제대국·민주국가의 생활이며, 북한 사람들

1963년 7월 26일 상트페테르부르크에서 태어남, 소련 레닌그라드 국립대학 동양대학 박사(한국역사), 1990~1992 레닌그라드국립대학교 조교수(한국역사), 1992~1996 중앙대학교, 오산대학 러시아어 강사, 1996~2004 호주국립대학교 교수(한국역사), 2004~현재 국민대학교 교수(교양대학), 워싱턴포스트, 뉴욕타임스, 가디언, 파이낸셜타임스, 조선일보 등 다수의 언론에 칼럼 기재. 주요 저서로는 From Stalin to Kim Il Sung: The Formation of North Korea, 1945~1960, The Real North Korea(한국어판 : 리얼 노스 코리아) 등이 있음.

의 생활경험은 너무 못사는 절대독재국가의 생활이다. 서울 대학생들의 가치관과 삶의 목적은, 북한 대학생들이 이해하기 어려울 정도이며 그들의 가치관과 매우 다르다. 서울 대학생은 베를린 대학생이나 런던 대학생과 유사한 점이 아주 많다.

지금 한국의 인구 구조를 보면, 분단 이전 생활을 직접적으로 기억할 수 있는 노인들은 80세 이상이며, 불가피하게 전체 인구에서 극소수이다. 남한 사람들 대부분은 지난 70년 동안 북한과 아주 다른 생활을 살아왔기 때문에, 북한을 같은 민족으로 보기가 어려울 수밖에 없다.

물론 남한 정치세력들이 모두들 통일을 중심으로 하는 이념을 큰 소리로 지지하는 상황에서 통일의 불필요성에 대한 의견표시조차 사실상 불가능하다. 그러나 여론조사의 결과가 잘 보여주듯이 수많은 남한 사람들은 마음속에서 '통일이 정말 필요한 것인가'라는 질문을 하기 시작했다. 통일에 대한 공개적 비판이 표출되는 것은 시간문제라고 생각된다.

우리가 좋아하든 싫어하든 남한 사람들이 통일을 원하지 않을 뿐만 아니라 무섭게 생각하는 이유는 충분히 있다. 너무 큰 남북한의 소득 격차를 감안할 때, 통일이 온다면 남한 사람들은 북한 경제개발을 위해서 많은 희생을 해야 할 것이다. 그들은 적어도 수십 년 동안 중국 사람처럼 일하고 스웨덴 사람처럼 세금을 내야 할 상황에 직면할 것이다. 역설적으로, 북한 사람들은 남한의 이렇게 큰 희생에도 불구하고 별로 고마운 마음을 가지지 않을 것이라고 생각된다. 현대기술도 모르고 경제와 일상생활에 대한 상식이 부족한 북한 사람들 대부분은 통일한국에서 사회 밑바닥에 위치할 수밖에 없다. 물론 그들의 절대적인 소득 및 생활수준은 많이 높아질 것이다. 그러나 인간은 절대적 수준보다는 상대적 수준을 더 중요시하기 때문에 북한 사람들은 통일 이후에도 오랫동안 남아있을 수밖에 없는 남북간 격차를 매우 싫어할 것이다.

그래서 통일로 남북한이 정치적 통합을 이룰 경우에도 문화적·사회적 통합을 이루기 위해서는 수십 년 정도의 시간이 필요하다. 그동안 남한 출신자들과 북한 출신자들 간에 갈등과 상호불신감이 없지 않을 것이다. 많은 사람들은 이 불편한 진실을 깨달아서 흡수통일이 불가능하다고 주장하고는 한다. 그러나 이러한 주장은 설득력도 없고 힘도 없다. 첫째, 그들이 희망하는 단계적 통일은 동북아의 정치 상황을 감안하면 아무 근거가 없는 환상일 뿐이다. 좋아하든 싫어하든 통일은 역시 흡수통일이다. 둘째로 그들은 불가능하다고 할 때 사실상 흡수통일이 바람직하지 않다는 뜻을 표시하고자 한다. 그러나 누구나 잘 아는 바와 같이 우리가 바라지 않는 일은 종종 벌어진다.

통일에 대한 우려는 근거가 있지만, 그럼에도 장기적으로 말하면 남북한의 통일은 아주 좋은 결과를 불러올 수 있다. 통일이 되면 국방 예산을 비롯한 분단 비용이 줄어들 것이다. 또한 한반도에 사는 민족은 타국의 간섭과 침략을 더 잘 막아낼 수 있게 될 것이며, 지금 독재정권 치하에서 자신의 능력을 발휘할 수 없는 2천500만 명 북한 사람들은 정치적·개인적 자유뿐만 아니라 창조활동과 생산활동의 자유를 얻게 될 것이다. 장기적으로 말하면 이것은 현대 한국 역사에서 제일 중요한 사건이 될 것이다.

그러나 더 중요한 것은, 통일을 원하는 사람들도 통일을 두렵게 생각하는 사람들도 모두 다 통일이 도래하는 것에 아무 영향을 미칠 수 없다는 점이다. 현실을 고려하면, 통일을 초래할 수 있는 시나리오는 북한의 혁명이나 민주화 운동의 폭발이다. 이와 같은 혁명적인 변화는 대부분의 경우 자발적인 성격을 띠고 있기 때문에 예측이 불가능하다.

바꾸어 말하면, 단기적 또는 중기적으로 통일은 한국이 1950년대 초부터 경험하지 못한 부담, 즉 한국전쟁 이후의 가장 어려운 도전이 될 수 있지만 장기적으로 볼 때 통일은 보다 더 잘 사는 한국으로 가는 길을 열어 줄 것이다. 문제는, 장기적인 것은 수십 년 후에야 즐길 수 있게 된다는 점이다. 그래서 통일 준비를 해야 한다. 한국인들은 통일이 초래할 문제를 빨리 완화하도록, 그리고 통일의 장점을 하루빨리 활용할 수 있도록 지금부터 통일을 준비해야 한다.

한국 진보세력에서는 흡수통일을 위한 준비를 절대 하지 말아야 한다는 목소리가 아주 크다. 그 사람들은 흡수통일에 대한 이야기를 하는 것 자체가 북한에 대한 중대한 도발이라고 생각할 뿐만 아니라, 흡수통일 준비를 해야 한다고 말하는 사람들을 사실상 '흡수통일을 원하는 사람들'이라고 비난한다. 물론 이와 같은 주장은 사실과 아무 관계가 없는 것에 불과하다. 우리가 싫어하는 사건이 일어나는 것이 불가능하다고 주장해도, 그 사건들이 발생할 확률을 낮추지는 못한다. 그러나 우리가 무섭게 생각하는 사건에 대해 준비를 하면, 그 사건에 적절하게 대처할 수 있다. 예를 들어, 화재가 무섭다고 해서 소방대가 있기 때문에 화재가 더 많이 발생한다고 생각하는 사람들이 어디 있을까? 흡수통일을 무섭게 생각할 이유가 있다. 그러나 바로 그 때문에 흡수통일을 위한 준비를 해야 한다.

여기에서 제일 좋은 비유는 지진의 가능성이 높은 도시에서 비상계획을 작성하는 것이다. 일본 도쿄나 미국 샌프란시스코는 아무 때나 도시를 폐허로 만들 수 있는 지진이 발생할 수 있고, 이들 시청은 당연히 지진을 막을 수 있는 능력이 없다. 그래서 지진에 더 잘 대처하기 위해서 계획을 작성하고 있다. 한국도 통일로 알려진 지정학적 지진이 발생할 가능성이 매우 높은 지역이니까 한국정부뿐만 아니라 한국사회도 이러한 지진을 관리하기 위해서 올바른 대책을 만들어야 한다. 올바른 정책을 세우기 위한 기본 조건은 통일의 빛과 그림자에 대한 솔직한 토론 및 냉정한 분석이다. 유감스럽게도 지금 한국사회에서 보수파·진보파 모두 통일에 대한 구체적인 분석이 없으며, 통일 개념을 자신의 미시적인 정치적 목적을 달성하기 위해서 많이 악용한다. 흥미롭게도, 필자가 만난 진보파 대부분은 보수파가 통일을 반대하는 세력이라고 굳게 믿고 있으며, 보수파들은 진보파를 반통일 세력으로 확신하고 있다. 둘 다 정치적 대립 때문에 생긴, 반대편에 대한 불가피한 왜곡의 결과이다. 그렇지만 둘 다 통일에 대해 분석하지 않는다는 공통점이 있다.

보수파의 제일 큰 결함은 통일대박론이다. 아주 장기적으로 보면, 통일이 잘 관리될 경우에 대박이 될 수 있지만 단기·중기적으로는 비싸고 어렵고 고통이 많을 수밖에 없다. 보수파에는 흡수통일 외에 다른 대안이 없다는 것을 아는 사람들이 많지만, 그들은 흡수통일을 너무 이상적으로 보는 경향이 있다. 그들이 생각하는 흡수통일은 1945년 광복과 비슷한 사건이다. 그러나 흡수통일의 경우에도 북한에서 통일한국에 대해 불만이 많은 사람들이 적지 않을 것이며 해결해야 하는 문제가 많을 것이다. 이 문제는 결국 대부분 남한 납세자들의 부담이 될 것이다.

진보파의 제일 큰 결함은 단계적·평화적인 통일이 가능할 것이라는 환상·착각이다. 그들은 북한이 독재국가임을 이제 부정할 수 없게 되었지만, 민주국가와 절대독재국가가 연방제로 공존할 수 있다고 믿고 있다. 게다가 그들은 북한 엘리트계층이 이러한 평화적·단계적 통일을 수용할 것이라는 환상에 빠져 있다. 물론, 북한 엘리트계층은 연방제가 반드시 수반하게 되는 남북교류가 북한사회 안에 남한에 대한 지식의 확산을 불러와 그들이 권력을 가지는 '정당성'을 파괴하고 결국 민중혁명을 초래할 수 있는, 집단자살의 길이라는 것을 아주 잘 알고 있다.

그래서 다른 어떤 것보다 중요한 것은 통일에 대한 솔직한 토론이다. 이 토론을 중심으로 통일 비용을 줄이고, 통일의 모순과 혼란을 완화할 수 있는 정책을 준비해야 한다. 올지도 안 올지도 모르고, 온다면 언제 어떻게 올지도 알 수 없는 통일을 어떻게 준비할 수 있을까. 물론 우리가 할 수 있는 것이 별로 많지 않지만, 없는 것은 아니다. 통일준비 정책은 당장 내일 통일이 발생할 경우에도, 그리고 40년 후에 통일이 일어날 경우에도 적용할 수 있는 조치를 제안하면서, 통일의 구체적인 형식과 무관하게 실제적으로 도움이 되는 조치를 포함해야 한다.

이러한 정책의 기본 목표는 북한 사회에서의 교육수준 향상이라고 볼 수 있다. 통일 이후에 북한 사람들이 남한사회에 적응하기 어려운 최대 이유는 현대세계·현대기술에 대한 지식의 부족일 것이다. 북한 전문직들은 꽤 높은 수준의 기초지식을 가지고 있을 수 있지만, 응용 지식이 매우 부족하기 때문에 미사일·핵 등 무기연구를 하지 않은 대부분의 기술자들은 컴퓨터를 쓴 경험조차 없다. 북한 의사는 김씨 일가를 치료하는 봉화진료소와 같은 특권층 병원에서 일하지 않았다면, 1950년대 구소련에서 배운 치료방법과 약품만을 알고 있을 뿐이다. 이들은 통일 후 전문직에 취업할 수 없다. 하루아침에 간호조무사가 된 의사나, 미숙련노동자가 된 기술자는 소득이 옛날보다 높아졌어도 불만이 많고 행복할 수 없다. 또한, 북한 사람들을 통합시키지 못한 남한사회는 불가피하게 통일 후에도 남북대립과 갈등을 경험할 것이다.

그래서 지금 우리는 북한 사람들이 통일 이후에도 남한사회에서 행복하고 보람 있게 살 수 있도록 하기 위해서 그들의 교육을 많이 도와주어야 한다. 물론 현재 상황을 고려하면, 북한과 교육·학문 교류를 하는 것은 거의 불가능하다. 하지만 북한에서 온 탈북자들 가운데 교육 지원을 받을 수 있는 사람들을 찾아서 지원한다면, 이들은 통일한국 북부의 재건사업에 큰 기여를 할 것이다. 지금 남한에 와 있는 탈북자들은 3만2천 명 정도이다. 남한 주민 대부분은 그들을 사회적 약자로 보는 경향이 있다. 그러나 그들은 사회적 약자보다는 통일의 선구자들이라고 할 수 있다. 바로 이들 중에서 좋은 전문직 교육을 받을 능력을 가진 젊은 사람들을 선발해서 도와준다면, 남한에서 '북한도 잘 알며 최신 기술도 잘 아는' 인재들이 생길 것이다. 물론 지금도 통일부 등 기관들이 탈북자 출신 젊은이들에게 장학금 등의 지원을 제공하지만, 이 지원으로는 대학원에 입학하기도 어렵고 법률가나 의사 등 전문직 취업 준비를 하기도 어렵다. 그러나 우리는 탈북자 출신 법률가·회계사·고급 기술자들이 많이 필요할 것이다.

이 사람들이 나중에 통일한국 북부에서 중개인이나 교육자의 역할을 할 수도 있고, 일부는 새로운 리더의 역할을 할 가능성도 있다. 그러나 통일이 오랫동안 오지 않을 경우에도, 이들은 앞으로 규모가 늘어날 탈북자 사회에서의 롤 모델이 될 것이다. 또한 이들은 북한에 남아 있는 친족, 친구들과 연락을 유지하기 때문에 북한 사람들에게 남한과 외부세계, 그리고 현대생활에 대해서 잘 가르쳐줄 수 있을 것이다.

물론 북한 사람들을 교육하기 위해서는 북한 내부의 사람들에 대한 교육이 더 큰 도움을 줄 수 있을 것이라고 생각된다. 남북한의 대립이 첨예화된 오늘날의 상황에서는 어려운 일이지만, 몇 년 후 긴장이 완화되었을 때는 가능해질 것이다. 그러나 서민들이 해외생활을 알면 안 된다고 생각하는 북한 집권자들은 남한과의 학문·교육 교류를 엄격하게 통제할 것이 확실하다. 이 경우에도 남한은 북한 학생들이 제3국에서 유학할 수 있게 기회를 마련해 준다면 좋을 것이다. 이러한 교육을 받을 북한 젊은이들은 통일 이후에 남북 격차를 빨리 줄일 수 있도록 기여할 수도 있고, 통일이 이루어지지 않는 상황이라도 북한 경제발전에 기여함으로써 남북한 평화공존을 위한 기반 조성에 도움이 될 수 있다.

북한 국내 교육을 지원함에 있어서, 대학에서의 전문직 양성뿐만 아니라 좀 더 거시적으로 볼 필요가 있다. 북한 기술자들이 제3국에서 단기간이라도 현대기술을 배울 기회를 마련해 주어야 한다. 그들은 해외로 갈 때 현대기술을 배울 뿐만 아니라, 불가피하게 그가 체류하는 나라를 보게 되며, 쇄국정책 때문에 북한에서 알 수 없었던 세계 상황에 대해 배울 것이다. 이것은 그들의 사고방식에 영향을 미칠 수밖에 없기 때문에, 북한에서 바람직한 변화가 생길 가능성을 높아지게 할 것이다. 이러한 단기교류도 남한에서 지원을 받아야 가능할 것이다. 그러나 이 지원은 미래에 대한 투자라고 생각하면 된다. 또한, 대북지원을 재개할 때 교육 분야에 특별하고 충분하게 초점을 맞춰야 한다. 예를 들면, 대학에 시설·도서나 학회지를 지원하는 것이 좋다. 물론 북한 당국자들은 도서를 엄격히 검열하고, 일반 학생들이 접근할 수 없도록 하겠지만, 쓸모 있는 정보가 북한에 존재하게 된다는 것 자체가 바람직한 것이라고 생각된다.

이 정책들의 기본 목적은 북한 체제가 어느 날 무너질 경우, 북한 사람들이 통일한국 사회의 제일 밑에 있으면서 미숙련노동만을 할 수 있는 값싼 노동력으로 전락하지 않게 하기 위함이다. 북한에서 현대지식을 아는 사람들이 있다면, 보다 더 조화로운 통일이 가능할 것이다.

그러나 가장 중요한 것은 남한 사람들의 태도이다. 최근 통일에 대한 담론을 보면, 조금 이상한 느낌이 없지 않다. 통일 이후 못 사는 북한 사람들을 도와주는 것보다는 남한과 남한 사람들이 즐길 수 있음을 강조하는, 통일의 결과에 대한 이야기가 너무 많다. 북한에 지하자원이 풍부해서 잘 개발할 수 있다는 주장도 있고, 북한 노동력이 아주 저렴하다는 주장도 있다. 이러한 태도를 보면 옛날 제국주의의 느낌이 없지 않다. 남한측은 북한을 평등한 파트너보다 하위 파트너로 보는 경향이 보인다. 남한 사람들이 듣기 싫어하는 말이겠지만, 지금 남한에서의 통일에 대한 담론을 보면, 19세기 말 런던의 인도에 대한 담론과 유사한 점이 없지 않다. 150년 전의 제국주의자들은 해외 진출을 정당화하기 위해서 풍부한 지하 자원과 값싼 노동력에 대한 이야기를 많이 하지 않았을까? 물론, 통일이 정말

온다면 북한사람들은 이런 대우를 고맙게 생각하지 않을 것이다.

그래서 통일비용을 경감하는 방법이 필요하다. 필자가 볼 때, 북한 체제가 붕괴될 경우 즉각적으로 통일을 하는 것보다 임시적으로 '연방제'를 실시하는 게 좋다. 필자가 제안하는 '연방제'는 한국 진보파 일부가 희망하는 연방제와 완전히 다르다. 진보파 일부는 연방제가 남북 정부의 타협으로, 즉 남한 대통령과 북한 노동당 총비서인 김씨 3세나 4세의 타협으로 이루어질 수 있다고 믿는다. 그러나 필자가 전술한 바와 같이 김씨 3세도, 북한의 세습적인 귀족들도 남한과의 타협을 집단자살로 생각하기 때문에 이러한 시나리오는 현실성이 없다. 즉 망상에 불과하다. 필자가 제안하는 '연방제'는 북한에서 새로운 정권이 생길 경우에만 가능할 것이다.

임시 연방제에서는 남북한이 얼마 동안 다른 법률, 경제구조, 통화 등을 유지할 수 있다. 또한 남북한 간의 급격한 인구이동을 관리할 수 있다. 또한, 1946년 북한의 토지개혁을 무조건 인정해야 한다. 그렇지 않는다면, 북한 주민들의 반발이 너무 클 것이다. 또한, 북한 부동산의 소유권은 한동안 북한인들에게만 인정하는 방법을 통해 남한 '복부인' 등을 통제해야 한다. 물론 '연방제'는 임시적인 조치이므로 10~15년 정도만 시행해야 한다. 그렇지 않는다면 북부 지역 사람들은 남부 지역이 자신들을 착취한다는 의심이 생길 것이다.

'연방제'는 만병통치약이 아니다. 통일은 어려울 수밖에 없다. 그러나 우리가 지금 통일에 대해서 솔직하게 생각하고, 통일 준비를 조금씩이라도 가능한 만큼 한다면, 통일이 대박은 아니더라도 나중에 '아름다운 통일 국가'를 건설할 기회가 생길 것이다. 그래서 우리는 준비를 하지 않으면 안 된다.

‘통일’ 주역인가 ‘종북’ 약자인가

설송아(탈북 작가)

‘탈북자’는 나와 같은 사람, 그러니까 북한을 탈출하여 한국에 정착한 사람을 일컫는 호칭이다. 좀 더 부드러운 말을 선택하라면 ‘미리 온 통일’도 있다. 공식 법적 용어는 ‘북한이탈주민’이다. 탈북자라는 거부감을 없앤다며 정부가 고민을 해서 ‘새터민’이란 용어도 내놓았지만, 일반적으로는 탈북자로 통용된다.

내가 한국사회에 처음 나왔을 때 탈북자라는 말을 듣고 ‘내가 탈영병인가’하는 불쾌한 어감도 있었지만 이제는 익숙한 정체성으로 굳어졌다. 탈북자를 탈북자라고 하는데 별로 심기 불편할 것도 없다. 북한지역을 탈출했으니 남한 주민과는 분리되는 순수한 말일 수도 있다.

문제는 대상용어의 이중성이다. 탈북자는 한민족이기도 하고 다문화로 취급되기도 한다. 모 대학 교수님의 ‘탈북자는 다문화’라는 강의를 들으면서 놀란 적이 있었다.

“왜 다문화입니까?”

즉석에서 내가 반문했더니, 그는 영토로 보면 한민족이지만 문화로 보

1969년 1월 17일 평안남도에서 태어남. 2011년 한국 입국. 데일리NK 보도국 기자.

면 수십 년 단절된 분단문화이기 때문에 당연히 다문화에 속한다고 했다.

"탈북자가 다문화라면 북한 주민도 다문화네."

"통일되면 다문화 민족의 합체인가?"

누군가 이렇게 불만을 털어놓았다. 약자의 처지에서 한국 교수가 주장하는 다문화의 정의에 대해 반박할 용기까지는 없었고, 우리끼리 수다에 머무르며 내놓은 말이었다.

그 교수의 교육내용은 통일의 주역이라면서도 탈북자의 이질성을 쌀바가지에서 뉘씨 고르듯 자연스럽게 배제하는 것이었는데, 한편으로는 탈북자가 한국사회 구조에서 인식되는 솔직한 평가이기도 했다. 통일대박에는 한민족이고, 사회문화 정의에는 다문화로 구분되는 탈북자. 가령, 결혼한 신부가 혼자만의 잣대로 농촌 출신의 남편을 '농부'라고 평하자 신랑이 분노를 했다고 하자. 이 경우는 신랑의 지성이 부족한 탓이라고 해야 할까.

최근 통일대박론이 나오면서 탈북자의 정착문제가 중요한 이슈로 떠오르고 있다. 정착지원금과 거주공간을 지원받는 탈북자들이 왜 '탈남'을 하여 서양으로 이주하거나 좌절한 나머지 '재입북' 하는가. 이 문제가 한국 정부의 연구 논제로 떠올랐다. 그런 '탈남' 사례는 얼핏 재정만으로 따져 봐도 철저한 국가예산의 낭비일 뿐이다.

5년 전에 나와 함께 '하나원'을 졸업한 친구가 딸을 데리고 캐나다로 떠난다며 전화를 했었다. 마치 천국에라도 가는 듯 목소리가 희망에 젖어 있었다.

나는 "반드시 후회할 거야. 가지 마"라며 붙잡으려 했다. 그러나 그는 떠났다. 몇 년째 불법체류자로 사는 그가 해외에서 한다는 말이 "한국보다 살기 좋은 건 차별이 없어서"를 우선순위로 꼽았다. 한국에 살면서 편견에 깊은 상처를 받은 모양이었다. 그의 전화를 받은 탈북자들이 연쇄반

응처럼 피땀 흘려 마련한 집과 재산을 싸게 처분하고 한국을 떠났다.

편견과 차별을 적응과정이라며 눈물과 상처를 묻어두고 성공적으로 정착한 탈북자 사례도 많다. 이들의 성공은 약자에서 벗어나 한국인에 동화되는 과정이기도 했다. 한국인처럼 말하고 한국인처럼 옷을 입고 동등한 취업을 할 때 정착성공자가 되는 한국사회의 잣대가 있기 때문이다. 그래도 노력하면 빛을 보는 대한민국에서 탈북자들의 인생은 잃은 것을 보상하는 제2의 인생이기도 하다.

이들의 정착행태를 발굴하여 긍정모델로 내세워 탈북자 정착을 재교육하는 '동포사랑'도 있고, 각 지역 하나센터기관에서 탈북자정착연구도 진행하고 있다. 정착연구는 탈북자 적응과정이 중심이다. 반복되는 연구의 키워드는 정해져 있다. 도전, 자존감, 외래어, 성실성, 노력, 공부 등이다. 그리고 적응하기에 힘듦은 남북문화 소통이라는 기본 문제도 드러났다. 이 문제는 소통을 핵심으로 남북문화를 하나로 만드는 작업이 통일의 시작이라는 중요한 점도 찍어 놓았다.

그러나 성공정착에서 힘들었던 소통의 원인만은 누구도 겉으로 드러내지 않는다. 탈북자가 속내를 묻힐수록 탈북자의 정착에는 유리하기 때문이다. 한국사회의 잣대 안에서 교정자로 당하면서 삶의 손익을 모를 사람이 어디 있겠는가. 그럼에도 공식적인 발언에서는 무조건 대한민국이 좋다는 겉말만 한다. 가까운 지인들끼리 모인 자리에서만 "탈북자는 한국에서 한계가 있어"라는 심중을 털어놓는다. 문화통합의 모델인 탈북자가 남한사회와 소통이 막히고 있다는 사실을 드러내는 것이다.

"통일되면 얼마나 기쁘겠습니까. 탈북자들이 고향에 갈 수 있으니 말입니다."

어느 식사 간담회에서 이 말을 들었을 때 내가 단도입직으로 답했던 기억이 난다.

"전 통일을 바라지 않습니다. 내전이 일어날 것 같은데요. 그 싸움을 상상해보셨나요? 총칼보다 더 무서울 것 같아요."

문화 차이의 충격을 제대로 체감한 탈북자들은 이 말에 공감할 것 같다. 이런 투박한 말을 던져서라도 통일의 문제점을 하나씩 건져내야 하지만, 공급자의 행태를 가진 한국사회는 일반 탈북자의 말은 무식한 발언으로 무시해 버린다.

탈북자의 정착문제가 왜 여전히 사회문제가 되는지, 한 번쯤 탈북자의 시선으로 보면 어떨까.

일반 시민들의 편견은 그래도 넘어갈 만하다. 솔직한 반응이기도 해서 한국사회에 적응하는 데 때로는 원동력이 되기도 한다. 그러나 한국정부의 탈북자 편견이 자연스럽게 은폐되는 것은 또 하나의 분단을 만드는 요인으로 작용한다. 정착기간 5년이 되면 한국사회가 보인다는 말이 있다. 이 말은 편견의 구조가 보인다는 말이다.

편견의 단편을 말하라면, 북한 성분제를 그대로 적용하는 것 같은 한국정부의 문제를 짚고 싶다. 탈북자는 김일성 가계를 중심으로 해서 사람을 성분으로 계급화한 북한체제가 싫어서 떠난 사람들이다. 그런데 이 성분제가 한국정착의 시작점이다. 성분이 좋았던 탈북자일수록 북한에서는 좋은 대학에서 교육받고, 화려한 경력을 가지고 있다. 고위간부로 일했으며, 그래서 북한체제의 허점과 장점을 손금처럼 알고 있다. 이런 성분의 탈북자는 한국정부가 열렬히 환영하는 대상이다. 북한연구의 가치가 있기 때문이다. 분단된 체제를 감안할 때 달리할 수밖에 없는 차별정책일 것이라는 이해는 간다. 그러나 김일성종합대학에서 엘리트교육을 받은 간부 출신 탈북자가 일반 탈북자와 확연히 다른 우대를 받고 있을 때, 일반 탈북자의 상대적 좌절감은 허무함 그 자체로 느껴지기도 한다.

성분제 수혜자들의 한국정착은 적응이라기보다는 북한말로 '남북 직업

조동'이라고 보면 된다. 엘리트 간부 탈북자가 단 하루 만에 정착한 삶을, 일반 탈북자는 빠르면 5년, 10년을 꼽으며 올라가게 된다. 그것도 참고 인내하는 자기계발을 각오할 때 말이다. 이 상대적 박탈감은 탈북자들의 눈에 비친 한국사회의 단면인데, 분단구조의 피할 수 없는 순환이기도 하다.

여러 가지 부적응을 근절하기 위해 한국정부는 3만 명 탈북자정책을 여러 가지로 지원한다. 취업장려금과 고용지원금제도는 확실히 정착의 수단인 취업을 장려한다. 일하면서 얻은 경험은 한국에선 공부하지 않으면 3D업종에서 해방될 수 없음을 깨닫는다. 공부도 쉽지 않다. 3년 연속 취업하면 1,800만원 장려금을 받을 수 있지만, 취업장려금을 끝까지 받는 탈북자가 생각보다 많지 않다는 말을 들었다. 자포자기해서 회사를 중도에 포기하기 때문이다.

다행히 탈북자들에게 희망직업이 하나 있다. 통일안보 강사다. 통일강사가 로망으로 떠오르는 이유 중의 하나는 힘들지 않고도 월 수익이 많다는 것이다. 서비스업종, 부품조립회사에 취직하여 아등바등 일하는 탈북자의 평균 월급은 130만원이다. 통일안보 강사의 월 수익이 최소 200만 이상이라고 볼 때 거의 두 배나 된다. 이것이 한국사회 구조 안에서 일어나고 있는 '통일주역'이라는 탈북자 취업현상이다.

바보가 아닌들 누가 편견으로 인한 스트레스를 받으며 회사에서 일하고 싶을까. 통일안보강사 수익은 정부에서 안보강의료로 지급되는 예산비용이다.

통일강사 취업경쟁률은 갈수록 치열하다. 특히 청강들의 귀에 맛 좋게 북한사회 실태를 전해야 강의청탁이 끊기지 않는다. 안보강의 평가는 수강기관의 평가지로 정부기관에 제출된다. 한국 시민사회의 통일의식을 높이기 위해 북한사회를 제대로 알리며 헌신하는 탈북강사들도 많다. 그러나 '제대로'가 문제다. 한국사회 안에서 지역별 성향이 천지 차이기 때문에 자칫하면 '종북'으로 몰릴 수 있으니 말이다.

진보성향 지역에서 안보강연을 하던 탈북자가 어렵게 살아온 북한의 삶을 이야기하면 '서양피자점도 생겼다는데'라는 안 좋은 질문을 받게 된다. 또 보수지역에서 북한의 시장변화를 강연하다가 "그렇게 장사해서 밥 먹을 정도면 왜 한국에 왔는가"라는 반문으로 상처를 받은 적도 있다. 안보강의 청강자 평가에 따라 강의 재청탁이 결정된다. 즉, 왜곡된 안보강의가 있다는 말이다. 강의가 변질할 수밖에 없는 요인을 한국사회가 만든다. 아예 현명한 탈북강사는 보수지역과 진보지역을 구별하여 강연내용을 준비한다. 강사직업을 이어가려면 이중인격자가 돼야 하는 현실 앞에 스스로 한국사회의 마술에 걸린 격이다. 나도 통일안보 강사 직업을 몇 년만 하면 저축통장을 어느 정도 채울 수 있겠구나 생각하며 열심히 원서를 쓴 적도 있다.

이색적인 요인은 탈북자를 이등 국민으로 취급하는 한국 주민들의 편견도 있다. 회사 미화원, 요양보호사 등 열심히 사는 탈북여성들의 모임이 있었다. 북한보다는 지금의 한국이 얼마나 행복한가라며 작은 것에 감사하며 살아가는 긍정적인 삶들이었다. 나는 그들의 수다를 들은 적이 있다. 저마다 회사에서 일하며 당한 경험들을 정착교훈으로 서로 공유하는 자리였다. 나는 놀라지 않을 수 없었다.

"한국 사람들하고 일할 때 뭐라고 해도 참다가 한 번씩 폭발하면서 기를 잡고…… 너무 참기만 하면 탈북자를 굶다가 온 바보 취급하거든요"

"'남한 주민들의 세금으로 탈북자들을 받아주고 지금도 한국 주민들의 세금으로 살아가면서 뭐 할 말이 있다고 그래', 이렇게 말해서 한바탕 싸운 일이 있어. '우리 정착금은 유엔에서 주는 거라고 너의 돈 먹고 안 산다고 한참 싸우기도 했지'"

유치한 싸움 같지만, 탈북자를 대하는 한국 주민들의 편견을 볼 수 있는 단면의 대화였다. 탈북자를 무조건 하등 취급하려는 의식은 무시할 수 없는 문제이다.

열심히 일하는 탈북자들은 정착 첫날부터 세금을 내면서 살아간다. 그러나 한국사회에 비쳐진 탈북자는 굶주림을 피해 북한을 탈출한 사람, 한국 시민보다 우월해서는 안 되는 사람이다.

한겨레신문에서 모 대학 교수가 쓴 칼럼을 보았다.

"누군가를 특정 이름으로만 호명하는 것은 폭력적이다. 선명한 이름은 다름이나 차이를 담아내지 못하기 때문이다. '탈북자', 이들은 분단체제 내에서 한국사회의 우월함의 징표이자, 동시에 북한을 육화한 존재이다. 북한을 '탈출'했기 때문에 받아들여졌고, 동시에 모국인 북한과 관련된 것을 부정해야만 이곳에서의 그 알량한 삶을 유지할 수 있다.

그래서 이들은 오늘도 '종북 척결'을 외침으로써 자신들의 존재를 증명한다. 한국사회가 허용하는 '탈북자'의 상에서 조금이라도 벗어나는 '사람'들은 북한 출신임을 숨기고 살아가거나, 아니면 전형적인 '탈북자'로 변신해야만 한다. 다양한 얼굴의 북한 출신자는 허용되지 않는다. 한국사회에서 그들에게 주어진 '자리'는 북한을 '탈출'한 자 그 이상도 이하도 아니기 때문이다."

전형적인 탈북자의 정체성을 도장으로 찍어놓은 한국사회의 편견을 제대로 비판한 글이라고 생각한다. 이 글을 읽고 어떤 탈북자는 글의 성향이 종북이라고 한다. 그럼 필자는 어느 편인가. 편 가르기 문화에 탈북자들도 합세한 셈이다.

나는 탈북대학생과 여담을 나누다 탈북자의 정체성을 심각히 돌아본

때가 있었다. 그는 정착 기간이 오랠수록 한국사회의 병폐가 보인다고 했다. 한국정착 기간이 오랠수록 불만이 많아진다는 일리가 이런 것인가.

"말로 탈북자들 통일리더, 통일 대한민국의 주체라고 하지, 우린 소수의 변방에 있는 작은 돌멩이에 불과하죠. 통일 되도 우린 탈북자라는 꼬리표 때문에 갈 곳이 없지 않을까요. 통일리더가 아닌 백수만 아니어도 다행인 것 같아요…… 탈북자라는 가면부터 벗어야 할 듯해요."

종북을 무시하고 살았지만 순진한 대학생의 목소리를 듣는 순간 탈북자가 정말 '종북 약자인가'하는 섬뜩한 생각을 하게 되었다. 통일대박론을 열창하는 현 시점에서 탈북자 정체성부터 벗어야 하는 변방주민인지에 대한 사색거리를 던지는 말이었다. 탈북자라는 대상성에서 한국사회는 통일의 비전을 들여다볼 필요가 있다.

한국의 미디어와 문화 매체가 전하는 북한은 인간의 생존권과 인권이 유린당하는 속에 핵무기와 미사일을 생산하는 패턴이다. 이를 통해 탈북자는 한국 사람과는 확실히 다른, 제한된 공간 속 이방인이 되었다. 특별한 굴레 안에서 마음의 평화가 분단되고 있다.

내면의 평화가 두 얼굴을 가진다면 평화통일에 의한 평화의 충돌은 누구로부터 올 것인가. 이제는 침묵할 수 없는 일이다. 십 년 후 한반도는 통일이 될 것이라는 관측이 우세하다. 통일된 남북주민들의 의식 수준 격차도 무시할 수는 없지만, 탈북자를 계급으로 차별하는 한국의 사회구조에서 통일은 오히려 걸림돌 요소로 작용할 수도 있다.

탈북자는 결코 다문화도 아니며 이등국민도 아니다. 민족의 품으로 찾아온 북의 동포이며 아파도 안아야 할 통일의 주역이다. 십 년 후 통일이 되지 못한다 해도 탈북자 숫자는 더 증가할 것이다. 그들의 문제점과 역할은 한국사회 구조 안에서 풀어야 한다.

정형화 하지 말라. 탈북자라는 대상 역할만을 수행하도록 이데올로기

성향이나 사회 분위기가 그들에게 울타리를 치지 않고 평등한 민족으로 얼굴을 마주할 때 통일문화에 대한 고민은 두 손을 잡는 것처럼 풀어나가게 되지 않을까.

이것이 노동자 출신 탈북자로서 '좀 더 행복한 한국사회'를 위해 하고 싶은 주장이다.

먼저, 아끼며 지키고 싶은 나라로

김광제(미국)

미국 생활을 어언간 50년이나 헤아리게 되는 나로서는 우리 대한민국이 어떻게 하면 좀 더 행복한 사회로 갈 수 있는가에 대해 구체적인 의견을 내세우기가 어렵고도 외람되다고 여겨진다. 그러나 이것이 내게는 매우 중요한 문제이고 또한 관심이 많은 문제이다.

좀 더 행복한 사회로 가기 위한 과제를 찾으려 한다면, 그보다 먼저 어떤 사회가 행복한 사회인가를 생각해야 할 것이다. 행복의 개념은 개인의 성향에 따라 달라진다. 어떤 사람은 물질적인 풍족을, 또 어떤 사람은 반대로 정신적인 풍족을 행복이라 할 것이다. 사상과 행동의 자유가 우선이라는 사람이 있는가 하면, 능력과 노력에 대해 충분히 보상 받을 수 있는

1966년 서울대에서 물리학 학사,1971년 미국 메릴랜드 대에서 박사학위를 취득. Stanford Linear Accelerator Center(Stanford, CA), Max Planck Institute for Physics and Astrophysics(Munich, Germany), Johannes Gutenberg University(Mainz, Germany) 등지에서 소립자 물리학을 연구, 1978년 미국 로렌스국립연구소 Center for Beam Physics의 Deputy Director로 활약, 1998년 아르곤연구소 Advanced Photon Source 가속기부 Associated Director로 발탁됨과 동시에 시카고대학 물리학과 교수로 부임. 현재 석학연구원(Argonne Distinguished Fellow)으로 연구에 전념. 방사광과 X-선 자유전자 레이저의 분야에서 여러 획기적인 연구 업적을 냈으며 300편 이상의 학술논문을 발표. 1995년 미국물리학회 특별회원(Fellow, American Physical Society)으로 선출되었고, 1997년 국제 자유전자학회 상, 2013년 미국 가속기학교 상, 2014년 로버트 윌슨상을 수상. 2017년 2월 Synchrotron Radiation and Free Electron Lasers(Cambridge University Press)가 출간될 예정.

제도가 우선이라는 사람이 있을 것이다. 재산이 고르게 분배되는 제도가 제일 중요하다고 주장하는 사람도 있다. 더 정밀하게 생각해서 여러 가지 행복의 요소에 대해, 예를 들어, 정신적인 풍족 40%, 물질적 풍족 30%, 자유 20% 등 그 비례를 정하는 사람도 있을 수 있다.

그런데 어떤 사회가 행복한 사회라고 그 구성원들 사이에 의견이 모아질 수 있다면, 그리고 그 행복사회를 실현할 수 있다면, 그런 사회는 우리 모두가 아낄 만한, 그래서 우리 모두가 기꺼이 싸워서 지킬 값어치가 있는 귀중한 사회임에 틀림없다고 생각한다. 여기서 하나의 주장이 성립하게 된다. 어떤 이념과 제도가 대한민국을 행복사회로 만들 수 있는가에 대하여 자세하게 단언하지는 못하더라도, 대한민국이 좀 더 행복한 사회로 가기 위해 제일 중요한 과제는 대한민국을 국민 개개인이 아끼며 기꺼이 지키고 싶어 하는 자랑스러운 나라로 만드는 것이라고, 나는 자신 있게 말할 수 있다.

요즘도 내가 가끔 되새기는 일화를 소개하고 싶다.지금부터 약 50년 전(1969년), 미국 국회의 원자력위원회에서 청문회를 열었다. 안건은 시카고 근교에 페르미연구소라 부르게 되는 새로운 국립연구소를 설립하고, 그 핵심장비로 2억5천만 달러라는 그때로서는 엄청난 예산을 들여 둘레 5마일의 거대한 가속기를 건설하겠다는 것이 과연 정당화될 수 있는가를 짚어보자는 것.

미국 국회 예산인준위원회로부터 이 프로젝트의 타당성에 관한 추천을 위탁받고 있었던 원자력위원회 부위원장인 파스토레 씨는 초조할 수밖에 없었다. 오전에 나왔던 첫 번째 증인의 대답이 탐탁하지 않았던 것이다. 오후에 두 번째 증인으로 로버트 윌슨 박사가 출석하였다. 윌슨 박사는 페르미연구소의 초대 소장으로 내정돼 있었다.

파스토레 씨와 윌슨 박사의 문답이 이어졌다.

"이 가속기를 사용해서 얻는 순수학문의 지식이 미국사회의 실생활에 도움을 줄 수 있다고 생각합니까?"

"아니요, 그렇게 생각하지 않습니다."

"그 지식의 파생 효과로써 가령 소련과의 군사경쟁에 앞서나가게 되어 미국의 안보를 더 공고히 할 수 있다든지, 그런 희망이 있습니까?"

"아니요, 그런 희망은 없습니다."

"절대로 없습니까?"

"절대로 없습니다."

갑자기 분위기가 어두워졌다. 파스토레 씨를 포함한 원자력위원회 위원들과 방청석에서 청문회의 경과를 주시하고 있는 미국 과학계 지도자들의 표정에는 당황과 실망의 기색이 역력했다. 베트남전쟁이 한창 치열한 당시에는 막대한 군비지출로 인해 정부의 여러 기관들이 예산 긴축의 불편을 감수해야 하는 상황이었다. 그래서 그 청문회를 만족시키지 못한다면 가속기 건설은 중단될 것이고, 강력한 입자가속기가 필요불가결한 기초물리학 연구분야에서 미국은 큰 타격을 받을 것이며, 결국 유럽과의 경쟁에서도 뒤처지게 될 것이었다.

침울한 가운데 윌슨 박사가 다시 입을 열었다.

"이 프로젝트가 국민의 실생활이나 국가의 안보에 직접적인 기여를 하지는 않을 것입니다. 그러나 이 가속기와 그로 인한 과학의 발전은 미국을 지킬 만한 보람이 있는 나라, 아끼고 사랑하며 자랑스러워할 수 있는 나라, 그래서 너도나도 기꺼이 싸워서 지키자고 하는 나라가 되는 데에 기여할 수 있을 것입니다."

모두가 숨소리마저 죽였다. 우레 같은 기립박수라도 치고 싶은 감동이 이심전심 선율을 일으킨 순간이었다.

미국이 '지킬 만한 가치가 있는 나라'라고 국민 모두가 절실하게 생각한다면 그 힘은 대량 살상무기를 훨씬 능가하는 국가 방위력이 될 것임에 틀림이 없다. 저마다 국가를 아끼고 자기가 나서서 지켜야 한다는 마음을 가진 국민들로 가득한 국가는 행복한 국가이고 또한 누구도 함부로 다룰 수 없는 강력한 국가임에 틀림없다.

그 예산은 통과되었다. 윌슨 박사의 지휘 아래 예정대로 완공된 가속기는 그 후 계속 개선되어 드디어 테바트론(TEVATRON)이라는 세계에서 처음으로 초전도 기술을 활용하는, 세계 최고 가속기로 발전되었고, 거기서 가속된 맹렬한 입자충돌에서 발생하는 현상을 관측함으로써 20세기 소립자 물리학을 정립하는 데 결정적으로 기여하였다.

대한민국은 그동안 숱한 우여곡절이 있기는 하였으나 이제는 세계 속에서 여러 모로 자랑스러운 나라가 되었다. 요즈음 조국을 방문할 때마다 나는 한국인으로서 자부심을 느낀다. 쾌적한 공중교통 시설, 고속도로 연변의 아름다운 경관, 나무들이 울창한 산, 가을을 타는 황금빛 들판과 그 사이로 흐르는 시내, 이것들이 다 자랑스럽다. 전자산업을 위시해 국제적 명망이 높은 한국 기업들의 놀라운 업적, 혜성처럼 나타나 세계를 매료시킨 빙상의 처녀, 세계 골프계를 주름잡는 한국 여성들, 유서 깊은 국제 음악경연대회를 석권한 젊은 예술가들……. 이들 모두가 고맙고 자랑스럽다. 아끼고 싶고 지키고 싶다.

내가 종사하고 있는 가속기 분야에서도 큼직하고 자랑스러운 조국의 소식들이 들려온다. 첨단 과학과 공학을 요구하는 동시에 하나의 대규모 공사이기도 한 X-선 자유전자레이저 가속기 건설이 성공했다는 소식을 몇 달 전에 들었다. 미국과 일본을 불과 몇 년 간격으로 좇아 이룩한 쾌거이다. 어찌 자랑스럽지 않겠는가! 그것은 대한민국 과학 장래의 또 하나의 초석이다. 우리만의 경사도 아니다. 선의의 경쟁으로 창의력을 유지해

나가고 있는 세계 과학계의 경사이다.

그러나 자만에 빠져서는 안 된다. 왜냐하면 자랑스러운 사회가 그 자랑스러운 점을 유지하기 위해서는 마땅히 거기에 따르는 의무와 노력을 소홀히 하지 말아야 하기 때문이다. 이 문제에는 국민 구성원과 지도자들의 의식적인 노력이 반드시 요구된다. 자랑스러운 사회가 스스로 자랑스러운 사회라는 것을 잊어버릴 때, 그 사회 또는 그 국가는 성장의 정도를 벗어날 수밖에 없다. 그런 경우는 세계의 역사에 드물지 않다. 아니, 비일비재하다.

내가 알고 있고 깊이 느끼는 한 예가 있다. 페르미연구소의 테바트론 성공에 힘입은 미국 과학계가 초전도-초대형 충돌 가속기 사업을 미국 텍사스 주에서 시작하였다. 둘레 54마일, 테바트론의 10배 이상 프로젝트였다. 그러나 몇 년이 지난 1993년 10월, 그 사업은 비용이 너무 크다는 이유로 미국 국회의 건의와 대통령의 행정명령에 의해 중단되고 말았다.

참으로 애석한 일이었다. 그 프로젝트가 계속되었다면 유럽연합의 쎄른연구소(CERN)에서 수년 전 발견한 이른바 '신(神)의 입자(HIGGS)'를 훨씬 먼저 발견할 수 있었을 것이다. 그랬다면 미국의 과학 입지는 세계정상을 계속 유지해왔을 것이다. 그 건설 비용을 미국이 감당할 수 없다는 것이 이유였지만, 미국의 경제 규모로 보아 설득력이 약한 것이었다. 그보다도 미국이 혁신적인 과학 투자에 관한 의지를 잃었기 때문이었다고, 나는 생각한다. 제2차 세계대전 이래로 과학의 거의 모든 분야에서 세계를 주도해온 미국 과학계가 1993년 10월 이후 창의력과 선도력을 유럽에 내주고 말았다는 느낌도 받는다.

미국이 세계의 리더로서 위치를 잊어버리지나 않았을까 하는 나의 염려는, 2016년 대통령선거 후보로 나선 사람이 매우 배타적이고 선동적인 언행으로 선거운동을 하고 있고 또 그의 연설에 열광하는 일부 국민들의 반응을 지켜보면서 다시 고개를 들고 있다.

우리가 항상 잊지 말아야 할 중요한 포인트가 있다. 개개인의 노력은 우리사회를 아낄 만한 자랑스러운 나라로 만든다는 대전제 아래에서의 노력이므로 자기 행동이 다른 사람의 활동에 방해가 되어서는 안 되며 서로 보완하는 행동이 되어야 한다는 것이다. 그러한 사회는 사회 구성원들끼리 서로 배려와 격려를 잊지 않을 것이며, 자신이 속한 사회를 아낄 가치가 있는 집단으로 생각하기 때문에 사회발전의 정책들도 목전의 이익을 넘어 장래의 번영에 초점을 맞추는 안목과 양식을 가질 것이다.

대한민국이 행복한 사회로 가기 위해 제일 중요한 과제는, 대한민국의 국민이 대한민국을 자랑스러운 나라로 만들었다는 긍지를 국민 개개인이 확실하게 가지도록 해주는 것, 대한민국이 우리 모두가 아끼며 우리 모두가 앞장서서 지킬 만한, 지켜야 하는 그런 나라인 것을 더욱 확실하게 알도록 해주는 것이다. 바로 여기에다 반드시 국가 백년대계의 한 초점을 맞추어야 한다고, 나는 생각한다.

한국과 독일의 사회복지 실상에 비춰볼 때

다니엘 종 스베켄디크(독일)

최근 한국에서 성인들을 대상으로 이뤄진 여론조사에 따르면 열 명 가운데 여덟 명이 한국("헬조선")을 떠나고 싶어 한다. 이들 가운데 많은 이들이 서유럽의 사회복지 국가들을 살고 싶은 곳으로 꼽았다. 서독에서 성장하면서 나는 풍족한 사회복지 서비스를 당연하게 생각했다. 독일에서는 대학과 학교가 무료인 반면에 한국은 OECD 국가들 가운데 사교육비가 제일 높고 대학 등록금은 두 번째로 비싸다. 공식적으로 나는 한국에서 태어나 1970년대에 서독으로 이민을 갔다. 그 후에 나는 연구를 위해서 한국으로 돌아왔고 현재 10년째 한국에서 살고 있다. 따라서 사회복지를 주제로 하는 이 에세이는 한국과 독일을 비교하는 관점에서 쓴 것이다.

독일은 사회복지라는 매우 오랜 전통을 가지고 있다. 독일의 사회복지 국가(독일어로 Wohlfahrtsstaat)는 산업화의 결과물이다. 영국이 비록 18세

1975년 대한민국에서 태어남. 관심분야는 남북한 그리고 이산자들의 과거와 현재를 경제, 사회, 인구학적 관점에서 연구하는 것. 독일의 Tuebingen 대학에서 경제학 박사학위를 취득. 전공분야는 한국학에서 조사분석, 인구분석, 콘텐츠분석을 이용하는 계량 역사학. 옥스퍼드대학, 서울대학, 그리고 UC 버클리에서 포스트 닥터 연구 프로젝트를 완수. 현재 성균관대학 동아시아학과 부교수를 재임 중. 저서로는 *South Korea: A Socioeconomic Overview from the Past to Present* (New Brunswick and London: Transaction, 2016), *Korean Migration to the Wealthy West* (New York: Nova, 2012), *A Socioeconomic History of North Korea* (Jefferson and London: McFarland, 2011)가 있음.

기에 산업화를 선도하였으나 독일이 19세기 후반(화학공학, 기계, 자동차를 포함하는 전자-과학기술에 초점을 맞춘)에 제2차 산업화를 주도함으로써 영국을 따라잡았다. 산업화와 자본주의가 밀접하게 관련되어 있으므로 유럽의 정치인들과 철학자들은 이 문제에 특별한 관심을 기울였다. 제2차 산업혁명 동안에 대다수의 노동력이 농장에서 공장으로 이동하기 시작함에 따라서 독일인들은 결국 사회복지 제도를 시행했다. 이와 동시에 독일은 가난한 프롤레타리아 노동계급 사이에서 인기가 있었던 사회주의 철학자들의 중심지가 되었다. 자본주의 고용주들과 달리 이러한 철학자들에 따르면, 노동계급은 그들이 생산한 상품으로부터 적절한 이익을 취하지 못했다. 따라서 독일은 도덕적 필요성뿐만 아니라 사회불안과 좌파 극단주의자들을 진정시키기 위해서 사회복지 제도를 도입할 수밖에 없었다. 1890년대에 독일 수상 오토 본 비스마르크는, 오늘날 많은 선진국에서 사회복지의 네 가지 기둥인 연금, 건강보험, 산업재해보험, 그리고 나중에 실업보험 등을 포함하는 사회개혁을 법률로 정했다.

독일이 두 번 모두 패한 양차 세계대전과 두 개의 독일(1945-1990)로 나뉘진 후에 사회복지는 서독에서 계속 중요한 정치적 목표였다. 매우 흥미로운 사실은 동독이 비록 사회주의 국가였지만 자본주의 서독이 먼저 사회주의적 사고방식을 수용했다는 점이다. 1960년대에 독일 정치인들은 독일의 경제학자 알프레드 뮬러-아르막이 제2차 세계대전 후에 제안한 용어인 "사회시장경제" 정책을 받아들였다. 사회적 보상을 더 많이 강조하지만 여전히 완전한 경쟁적 자유시장경제를 약속하는 사회시장경제는 (미국과 같은) "자유시장경제"와는 많이 다른 것이다. 독일인들은 높은 요금과 세금을 내고, 이것은 가난한 사람들을 도와주는 데 사용된다. 사회복지와 사회시장경제의 역사적 전통 때문에 독일인들은 국가의 도움을 기대하므로 높은 세금과 요금에 대해서 별로 불평하지 않는다.

약 10년 동안 한국에서 살면서 나는 개인적으로 독일과 한국 간에 사회복지 정치에서 두드러진 차이점들을 발견했다. 한국은 네 기둥으로 이루어진 보험제도를 가지고 있는데, 이는 보편적 건강보험이 없는 미국 같은 선진국들과 대비되는 것이다. 사회복지 제도는 이미 1970년대 후반에 한국에서 시작됐지만 그 기원은 1960년대 초반으로 거슬러 올라가 볼 수 있다.

1963년 군사정권이 한국에 건강보험을 도입했고, 1965년부터 1977년까지 제한된 숫자의 사람들을 대상으로 시험 운영했다. 비록 (500명 또는 그 이상 규모의) 대기업 종사자들에게만 적용되었지만, 1978년부터 1987년까지 건강보험이 인구의 10퍼센트에서 51퍼센트까지 확대되었다. 1970년대 후반에 국민건강보험을 갑자기 시행한 이유는 한국이 공공 건강관리에 사용해야 한다는 조건으로 1975년 미국으로부터 받았던 원조 차관 때문이었다. 1988년부터 오늘날까지 국민건강보험은 농부, 자영업자, 그리고 대부분 저소득 노동자들인 도시 비정규직 노동자들을 포함한 거의 모든 국민에게로 확대되었다. 이는 1987년 대통령 선거 당시에 한 후보가 정부 보조금으로 저소득 노동자들을 건강보험 제도에 포함시키겠다고 공약을 했기 때문이었다.

국민연금은 1973년에 검토되었다가 공식적으로 1988년 한국에 도입되었다. 맥락을 살펴보자면, 박정희 대통령은 국민들로부터 지지를 받지 못했던 유신헌법을 1972년에 제정했다. 박 대통령은 자신의 정치적 정당성을 합리화하기 위해서 복지 제도들을 포함시켜야 했다. 그가 연금제도를 선택한 이유는 정부가 노인들을 지원함으로써 시민들로부터 많은 정치적 저항 없이 경제개발을 위한 자본을 동원할 수 있었기 때문이었다. 따라서 연금 제도는 정부가 운영한 경제적 그리고 사회적 제도였다. 그러나 1973년 오일 쇼크로 인하여 연금 제도는 1988년까지 미뤄졌다. 1987

년 당시 노태우 대통령이 정치적 이유로 연금 제도를 재시행했다. 1988년 연금 제도는 산업 노동자들을 대상으로 했으나 1997년에는 농부로, 1999년에는 자영업자와 도시 비정규직 노동자로 그 적용 대상이 점차 확대되었다. 2000년대 후반까지 가입률이 85퍼센트에 이르렀다.

건강보험과 함께 산업재해보험은 한국에서 군사정권에 의해 1962년에 도입됐다. 정부는 또한 실업 관련 제도도 도입했으나 재원 조달 방법에 확신이 서지 않았으므로 돈이 적게 드는 산업재해 제도에 초점을 맞추기로 결정했다. 사실, 고용주들이 이미 1950년대부터 산업재해에 대한 책임을 져왔기 때문에 정부가 해야 할 일은 산업재해 보험을 의무화하는 것뿐이었다. 산업재해보험은 1963년에 제정되어서 (500명 또는 그 이상 규모의) 대기업 종사자들에게만 적용되었다. 1987년부터는 5인 이상 고용주들도 의무적으로 가입하게 되었다. (4인 미만의) 소기업 종사자, 자영업자, 농부, 그리고 도시 비정규직 노동자는 여전히 가입 대상에서 제외되어 있으므로 산재보험이 국민연금이나 건강보험보다 가입률이 훨씬 낮다.

실업보험은 1995년에 시작되었다. 5개년 개발계획에 저임금 노동력이 필요했던 한국의 역대 정부는 역사적으로 볼 때 이 제도에 큰 관심을 갖지 않았다. 그러나 수십 년 만에 처음으로 문민 대통령이 된 김영삼은 실업보험 제도를 주창하며 스스로를 이전의 군사 정부들과 다른 복지 대통령으로 내세웠다. 게다가 반도체 산업의 성장 덕분에 한국경제가 1990년대 초반에 승승장구하고 있었다.

비록 독일과 마찬가지로 한국 인구의 거의 100퍼센트가 몇몇 보험에 가입되어 있지만(예를 들어, 건강보험 가입률은 2000년대 후반에 99.7퍼센트에 달했다.) 사람들이 받을 수 있는 서비스의 종류에는 매우 큰 차이가 있다. 독일에서는 중증과 만성 질병 또는 수술을 포함한 모든 것이 기본적으로 건강보험에 적용된다. 한국에서 건강보험은 진단과 기본적인 치료에만 적용된다. 암과 같은 매우 위험한 질병에는 보험이 전혀 적용되지 않는다. 앞에서 설명했듯이 독일은 오랜 사회복지 전통을 갖고 있기에 독일인들은 모든 것이 보험에 적용되기를 기대하고 있다. 독일 제도의 장점들 가운데 하나는 사람들이 수입 수준에 관계없이 치료를 받을 수 있다는 것이다. 반면에 미국에서는 의료보험이 없는 환자들은 혼자 힘으로 해결해야 한다. 프랑스에서는 환자들의 의료비가 80퍼센트만 보험 적용이 되기 때문에 나머지 20퍼센트를 지불할 형편이 되지 않는다면 문제에 처하게 된다.

다른 한편에서 보자면, 한국의 의료보험이 실질적으로 위험한 질병에는 적용되지 않기 때문에 한국인들이 건강에 더 신경을 쓰게 되어 (무료) 건강진단을 받으러 간다. 이런 이유들 때문에 독일에서보다 한국에서 어린이와 노인 질병들이 훨씬 조기에 많이 발견된다고 나는 생각한다. 의료비가 어차피 무료이기 때문에 독일인들은 치료와 치유 그리고 후기 개입에 더 초점을 맞추는 반면에, 중병 의료비가 엄청나게 비싼 한국에서는 예방과 진단 그리고 조기 개입에 더 초점을 맞추고 있는 듯하다.

한국인들은 사보험 상품을 추가하는데 그들 중 어떤 사람들은 건강보험이 일종의 "투자"라고 믿고 있다. 이것이 의미하는 바는 그들이 몇 십 년 후에 그 돈의 일부를 되찾기를 희망하고 있다는 점이다. 이와는 달리 독일인들은 비록 30년 넘게 보험료를 지불하고 한 번도 아프지 않았다 하더라도 돌려받을 수 있는 것이 전혀 없다는 점을 쉽게 받아들인다. 사회복지가 자신의 수입을 극대화하기 위한 돈의 투자가 아니라, 병 그리고 중증 질환과 같은 "최악의 경우"를 대비하는 것이라는 점을 한국인들이 이해할 필요가 있다고 나는 개인적으로 생각한다.

실업보험 또는 연금과 같은 다른 사회복지 제도들은 개혁이 필요하다. 한국이 비스마르크의 사회복지 제도를 모방했을 때 네 기둥으로 이루어진 보험 제도는 국가가 제공하는 튼튼한 기반이 있을 때에만 작동한다는 점을 망각했다. 산업재해보험은 국가, 법원, 그리고 언론이 국민들의 편에 있을 때에만 작동한다. 이는 (학계, 주류 언론, 그리고 많은 정당들이 좌로 기우는 경향이 있는) 독일의 경우에 사실이다. 반면에 한국에서는 북한의 위협 때문에 정부가 경제성장에 우선권을 부여해왔다. 이는 정부가 민간 부문의 편에 서 있음을 의미한다.

한국의 피고용인들은 매우 취약한 상황에 놓여 있어서 독일보다 고용주를 고소하기가 더 어렵다. 이와 마찬가지로, 지난 수십 년간 한국의 연금 수급 수준은 꾸준히 향상되었지만 여전히 한국인들은 노인이 되어서 충분한 연금을 받지 못하고 있다. 한국인들은 최소한의 충분한 연금을 받기 위해서 20년을 일해야 한다. 그러나 1997년 아시아 경제위기가 발생하고 나서 많은 한국인들이 직장을 잃거나 유지하지 못했다. 한국 회사들이 유교적인 이유로 제공했던 평생 고용이 경제위기 이후에 피고용인들의 경쟁력 강화를 위해서 폐지되었다. 그러나 독일에서는 일자리 보호가 매우 강해서 사실상 많은 사람들이 은퇴할 때까지 같은 회사에서 일을 한다. 비록 한국에서 임신한 여성들과 같은 어떤 집단이 법에 의해서 다소 보호를 받고 있다 하더라도 매우 쉽게 직장을 잃을 수 있다. 이는 사실상 20년 동안 계속해서 같은 직장에서 일하는 한국인들이 거의 없음을 의미한다. 많은 이들이 실직하거나 불완전한 고용 상태이기 때문에 자영업을 할 수밖에 없지만 자주 실패한다. 또한 연금 제도에도 불구하고 한국은 OECD 국가들 가운데 노인 빈곤율이 가장 높은 나라에 속한다.

한국의 중요한 문제 가운데 하나는 네 가지 기둥으로 이루어진 보험 제도를 독일로부터 좋은 의도를 가지고 단순히 수입했지만 많은 법률적 그리고 문화적 방식에서 독일과 다르기 때문에 그 제도가 비효율적인 점이라고 나는 생각한다. 한국의 복지 제도는 아시아 경제위기 때까지 잘 작동했으나, IMF의 강요로 유교적인 평생 고용 보장을 없애는 바람에 피고용인들이 더 나은 경쟁력을 갖게 됐지만 동시에 외부적인 경제 충격에 매우 취약하게 되었다.

결론적으로, 한국이 네 가지 기둥으로 이뤄진 사회복지 보험 제도를 가지고 있다는 점은 좋은 소식이지만 그 사회복지 제도가 매우 취약하다는 것은 나쁜 소식이다. 한국의 사회복지 제도를 독일처럼 튼튼하게 만들기 위해서는 세금과 요금을 인상해야 한다. 그러나 여기에는 두 가지 장애물이 있다.

첫째, 심지어 "통일세"를 포함한 많은 세금을 내는 것에 익숙한 독일인들과 달리 한국인들은 높은 세금을 내길 원치 않는다. 둘째, 북한의 위협 때문에 한국의 상당한 국가 예산이 군대와 경제에 사용된다. 이 장애물들은, 한국이 독일처럼 완전한 사회복지 제도를 보장할 수 있는 충분한 재원이 없음을 의미한다. 남과 북이 어느 날 통일을 이루게 된다면 (미국식 "자유시장경제"와는 많이 다른) 독일식 "사회시장경제"가 한국에서 가능하겠지만, 지금으로서는 그렇지 않기 때문에, 두 가지 장애물은 좀 더 행복한 한국사회로 전진하는 길의 큰 장애물이기도 하다.

진정한 다문화 한국을 위해

팀 알퍼(영국)

거의 11년 전 내가 한국에 처음 왔을 때는, 비한국인이 많지 않아서 약 50만 명 정도였는데 현재 그 숫자는 서너 배로 불어나 거의 200만 명의 나와 같은 비한국인이 있다.

내가 처음 한국에 도착했을 때, 만날 수 있었던 대부분의 비한국인은 단기 근무 중인 미국 군인이었다. 그때 아이들은 거리에서 나를 보면 "저기 봐, 외국인이다!"하고 손가락으로 가리키곤 했는데, 시대는 빠르게 변해서 요즘 인기 K-pop 그룹들은 중국, 대만, 태국인 멤버들을 합류시키고 있으며, 한국 TV 쇼에는 가나, 호주, 이탈리아 같은 다양한 국적의 비한국인이 출연하고 있다. 요즘 아이들은 나를 봐도 눈길조차 주지 않는다.

내가 한국에서 생활하는 동안, 한국정부는 한국에 사는 수많은 비한국인의 삶을 개선시키기 위해 다문화 정책을 시행해 왔다. 하지만 이 정책이 의미하듯이, 순한국인과 이민자 사이에는 여전히 깊은 분열이 존재한다.

경찰이 발표한 수치는 비한국인 거주 지역의 불법 행위가 크게 증가하

1977년 태어남. 팀 알퍼는 영국 출신 작가이자 칼럼니스트로 현재 한국에서 11년 동안 살고 있다. 가디언지, 조선일보, 중앙일보, 경향신문 등에서 출판을 위한 글을 써 왔음. 책 『바나나와 쿠스쿠스』의 저자. 전 교통방송 프로듀서, 대한항공 MorningCalm 잡지의 전 편집 차장을 역임.

고 있음을 보여준다. 비한국인들의 범죄율은 일 년에 평균 5천 건씩 증가하고 있으며 폭력 범죄도 늘고 있다. 경찰은 비한국인이 가장 밀접해 있는 15개 지역에 "비한국인 범죄 예방을 위한 통합적인 노력"이라 불리는 계획을 새로 도입함으로써 여기에 대처하고 있다.

이민자들이 많이 모여 거주하는 경기도 안산과 부산 장림동 지역은 주택 가격이 낮다. 이것은 그 지역으로의 이주를 꺼리는 한국인들이 많다는 점을 반영한다. 2015년 실시된 여성 가족부의 조사에서 한국인 32%가 옆집에 이민자가 사는 것을 원치 않는다고 답했다.

한편, 한국에 사는 비한국인들 사이에 만연한 불만도 다양하다. 2015년 경기도 이민자 인권 연구 정책개발 기관의 연구에서 비한국인 44%가 직장에서 차별을 느낀다고 응답했고, UN 인종차별 특사는 최근 보고서에서 한국정부가 이민자 신부들에게 "불충분한 권리"를 제공한다고 밝혔다. 2005년 전북대학교에서 실시한 조사에서는 약 50%의 비한국인 이혼녀들이 한국인 남편에게서 신체적 학대를 받았다고 주장하기도 했다.

나도 한국에 살면서 비한국인과의 결혼 때문에 부모님에게 의절 당한 한국인들을 보기도 하고 많은 비한국인들이 한국에서 사는 것에 대해 심하게 불평하는 것을 듣기도 했다. 한국에서 인종간 화합은 아직 갈 길이 멀지만, 바로 잡을 수 있는 시간은 얼마든지 있고, 그 기회는 한국인의 완고한 태도의 변화에 달려 있다.

정부에서는 더 이상 강요하지 않지만, 한국의 전통적 민족주의의 유산은 여전히 한국인을 괴롭히고 있다. 단일 민족주의로 알려진 이 이념은 20세기 초반의 일제 식민지 시대에는 저항운동으로 사용됐는데, 일본 제국주의는 일본과 한국이 민족적으로는 유사하나 한국인을 열등한 계급으로 간주한 반면, 단일 민족주의 신봉자들은 한국인들의 고유한 민족성을 주장했다. 그들은 인종적 순도의 유지가 한국인들에게 일체감을 부여할 뿐만 아니라 식민지 지배의 고리를 벗어날 힘이 되리라고 생각했던 것이다.

제2차 세계대전이 끝나고 일본이 물러간 후에도 한국의 단일 민족주의는 1961년부터 1979년까지 통치했던 박정희 대통령이 강력히 유지한 인종적 순도 관련 정책과 더불어 계속 번창했다.

요즘도 한국에서 민족의 단일성을 과시하는 것을 듣는 것은 흔히 있는 일이지만, 2007년에 와서 이러한 태도는 국제적인 비난을 초래하게 되었다. 특히 UN은, "한국의 민족적 동질성에 대한 강조는 이해와 관용, 우정의 증진에 있어 장애가 될 수 있음을 우려한다"라고 표명했다. 단일 민족주의 정서는 주로 노년층의 한국인들에게 문제시되는 것이지만, 젊은 한국인들에게는 진정한 다문화 국가의 건설을 추구하는 데 있어 극복해야 할 또 다른 장애물이다.

한국에는 일상적인 인종차별이 만연해 있는 편이다. 중국 음식 이야기를 할 때, 젊은 한국인들은 자주 중국인을 비하하는 용어인 "짱깨"라고 표현한다. 일본과의 스포츠 경기에서 한국의 젊은 스포츠팬들은 원숭이 소리를 내며 동쪽의 이웃을 향해 인종차별적 비방을 한다.

많은 한국 청년들이 그러한 인종차별적 인식을 악의 없는 장난 정도로 일축하지만, 실제로 인종차별적 농담은 스테레오 타입의 전파를 더욱 부추길 뿐이다. 게다가 10대들까지도 인종적 열등함을 표방하는 용어인 "짱깨", "원숭이"를 계속 쓰는 모습을 보면 한국사회에서 인종적으로 화합하는 미래가 곧 오리라고 예상하기는 힘들 것 같다.

한국의 텔레비전 매체도 심각한 인종차별주의를 드러내곤 한다. 한국의 흑인공동체와 국제 언론의 반복되는 항의에도 불구하고, 한국의 코미디 쇼는 여전히 요즘 시대에는 문화적 무례가 되는, 검은 얼굴로 분장한 캐릭터가 등장하는 토막극을 정규 방송에 내보내고 있다. 이것은 미국 같은 나라에서 인종차별이 이뤄지던 시절로 회귀하는 모습이다.

2015년에는 한국의 한 케이블 TV 채널에서 방송된 프로그램 하나가 태국에서 격분을 불러 일으킨 적이 있었다. 방송 중에 한국 코미디언들이 태국 승려 흉내를 내며 불상에 물리적 폭행을 가하고 머리 주위를 주먹과 손바닥으로 때리는 장면을 보여줬던 것인데, 동남아시아에서 불상의 머리는 신성하다고 여겨지기 때문에 건드리기만 하는 것도 금기시 된다.

그때 태국은 한국 대사관에 청원서를 보냈다. 그 방송이 외교적 분쟁의 위험을 촉발시킨 것이다. 프로그램 제작자는 신속히 사과 방송을 내보냈다. 이로써 문제는 마무리되는 것처럼 보였다. 그러나 방송국의 사과가 이뤄진 뒤에 그 방송이 서울 메트로의 공공 화면에 수 개월 간 재방송되면서 서울에 사는 태국 거주민들과 여행객들에게 큰 불쾌감을 일으켰다.

그러나 인종간의 불화를 순전히 한국인의 책임이라고 비난하는 것은 동전의 한 면만을 보는 것이다. 속담에서 말하듯이, 손바닥도 마주쳐야 소리가 나는 법이다. 한국에 사는 많은 비한국인들의 행동에도 아쉬운 점들이 적지 않다고 할 수 있다.

대다수의 비한국인들은 이 나라의 현지 사정에 대해 한심할 만큼 준비가 되어 있지 않다. 부족한 언어 능력, 부족한 역사 지식, 경제 전망에 대한 왜곡된 지식을 지니고 이 나라에 도착한다는 것은 슬픈 현실이다.

비교적 소수의 이민자들만이 시간을 내서 한국어를 배운다. 다수의 장기 체류자들도 대체로 한국어를 제대로 배우려 하지 않는다. 철학자 루드비히 비트겐슈타인은, "내 언어의 한계가 곧 내 세계의 한계다"라고 말했다. 한국의 이민자들에게 딱 어울리는 말이다.

많은 한국인들이 겸손하게도 영어로 비한국인들에게 말해 보려 애쓰지만, 여기에서는 별개의 이야기다. 해외여행에서 현지의 모국어를 구사할 수 없는 무능 –아무리 그 언어가 어렵다 해도–의 책임은 항상 여행자의 몫이다. 만일 비한국인이 한국사회에 동화되기를 원한다면, 현지인들과 그들의 언어로 이야기하려는 자발성을 보여야만 한다. 한국어를 배우는 것은 동화하기 위한 노력에 있어 필수적이다.

한국인이 왜 주변국 사람들을 경계하는지에 대한 이해가 없는 비한국인 체류자들이 자주 한국인의 인종차별주의 인식에 불만을 드러내는 것도 적절치 못하다.

16세기 무렵, 한국은 이웃한 국가들로부터 끊임없이 이어지는 공격을 받았다. 19세기에는 외세를 피하기 위해 실질적인 쇄국정책을 펼쳤다. 20세기 초까지도 서방 언론 매체들은 한국을 여전히 "은자의 왕국"이라 칭하고 있을 정도였다. 이 정책은 1876년 공식적으로 폐지될 때까지 계속됐다. 그로부터 이십 년 후에 일본 제국주의의 침략으로 왕족이 살해당한데 이어 식민지 지배를 받게 되었다. 현재는 거의 3만 명의 미군 부대가 주둔하고 있고, 북한과 휴전선을 사이에 두고 대치한 상태에서 자주 냉담한 태도를 취하는 중국과 밀접한 관계를 맺고 있다. 아직도 한국인들은 다른 나라들과의 관계에서 자신들의 위치가 위험에 처해 있다고 느낀다.

여러 면에서 한국은 세계로부터 포위 공격을 받고 있다고 느낀다. 수 세기에 걸쳐 외국의 적대적인 침략에 대항하여 분투해온 한국인이 비한국인에 대해 "저 사람은 나를 공격하지 않고 친구가 될 거야"라고 생각하기는 힘든 일이다.

한국이란 나라가 어떻게 발전했는가에 대한 아무런 지식도 없이 한국에 오는 것은 그 비한국인에게 확실한 낭패가 될 뿐이다. 한국인을 비난하기에 앞서, 역사적인 맥락에서 이해하려고 노력하는 것이 훨씬 더 도움이 될 수 있다. 한국 역사에 적극적인 관심을 갖고 어떻게 현대 한국이 만들어졌는지에 관한 다큐멘터리를 읽거나 보는 것은 새롭게 눈을 뜨는 기회가 될 것이다. 이러한 노력도 없이 왜 한국인이 그렇게 행동하는지를 정확히 이해하기란 어려울 수밖에 없다.

한국으로 이주하고자 하는 사람들 중에는 자국의 가난에서 벗어나려는 목적으로 국제 브로커를 거치는 경우도 적지 않다. 한국 드라마에서 자주 한국인들은 비싼 차와 집, 번쩍번쩍하는 최신 설비로 둘러싸인 '울트라 리치 피플'이라는 인상을 준다. 하지만 슬프게도 그것은 평범한 삶이 아니다. 현재 아시아 전역에서 인기를 모으는 그런 드라마들은 판타지다. 대다수의 보통 한국인들은 그런 식으로 살지 않는다.

한국 정부는 여기에 문제가 있음을 인식하고, 현재 이주자 결혼의 경우에는 배우자에게 한국어 능력 시험을 치를 것을 요구하고 있다. 의사소통은 모든 가정문제의 열쇠이다. 언어 자격요건에 의해 앞으로 한국의 다수 민족과 소수 민족 간에 언어 단절이 확실히 없어지기를 희망한다.

배우자가 될 사람들은 한국 비자 허가를 받기 전에 재정 독립성 정도를 증명할 필요도 생겼다. 이것은 비현실적인 재정적 망상에 근거한 결혼을 시초부터 봉쇄하는 공식적 인증인 셈이다. 한국정부가 요구하는 필수 자격 요건은 아직 완성까지는 갈 길이 멀지만 최소한 바른 결정을 향한 한 걸음이라고 할 수 있겠다.

한국인들은 자발적으로 집단적 심리 상태에 있다. 스스로를 통합된 집단적 자아로 간주한다. 그 결과 비한국인들은 헤겔이 말한 일종의 "타자"와 유사한 것으로 나타난다. 그런 한편에서 비한국인들은 서양인 에드워드 사이드가 『오리엔탈리즘』에서 기술한 것처럼 한국인을 교육하고 개조시키기를 열망하며 변화할 필요가 없는 것을 변화시키려 하는 것에 다다를 수 있다.

순한국인과 이주자는 모두 번영하고 세계화된 나라에서 살고 싶어 한다. 그래서 다문화의 소화로운 세상을 만드는 것은 모든 이에게 최선의 이익이다. 순한국인과 이민자 공동체가 힘을 합쳐 몇 개의 정신적 장벽이라도 무너뜨린다면, 경제적으로 문화적으로 번영이 지속되는 나라의 일상 현실에서 화합을 실현하며 즐기지 못할 이유가 없다.

부러운 나라의 몇 가지 난제들

리 그리고리(우즈베키스탄)

사람은 이 세상에 태어난 순간부터 영원히 눈을 감는 순간까지 '행복한 삶'을 원합니다. 그러한 인간의 욕망은 국적과 인종을 불문하고 누구나 동일하다고 봅니다. 그러나 사람은 사회적인 존재라서 개인의 행복도 사회의 조건에 좌우된다고 봅니다.

한국은 내가 상상했던 것보다 더 빠른 속도로 경제적인 발전을 이뤄냈고 초고속으로 현대화되어 가고 있다고 생각합니다. 하루가 다르게 변화해가는 디지털 문화가 그렇고 시민들의 문화향유 능력도 놀랍습니다. 서구 어느 나라보다 잘 되어 있는 디지털의 생활화는 상상을 초월합니다. 완벽하리만치 잘 되어있는 인터넷, 누구나 소유하고 있는 고성능의 스마트폰, 거리를 질주하는 국내산 자동차, 국가가 실시하는 건강검진제도와 누구나 혜택이 가능한 의료시스템, 언제 어디서나 혜택이 가능한 의료보험제도, 체계화된 대중교통, 공원의 체육기구들, 문화와 역사와 예술을

1955년 9월 6일 태어남. 2010년에 한국학중앙연구원 대학원 졸업 후 박사 학위 취득. 정지용 시선집『향수』, 김원일『마당 깊은 집』, 김남조『오늘 그리고 내일의 노래』, 송찬호『고양이가 돌아오는 저녁』, 이현수『신기생뎐』, 천운영『잘 가라, 서커스』, 김현수『원더보이』, 박완서『그 산이 정말 거기 있었을까』 등을 러시아어로 번역.『고려인들의 관습과 전통』의 저자. 전문 번역가로 활동 중.

알리는 공연장, 현대화된 도서관과 대형서점들, 잘 정비된 공공 화장실… 시민들을 위한 이 모든 것들이 나를 감탄하게 만듭니다. 동구나 서구의 어디에 이만한 생활의 편리와 디지털의 혜택을 피부로 누릴 수 있는 곳이 있을까요. 나는 내가 지금 살고 있는 우즈베키스탄의 낙후된 제도나 대중 시설물들을 생각할 때마다 마음이 착잡해지기도 합니다.

대한민국은 참담한 민족전쟁 6·25를 겪고 그 참담했던 현실을 짧은 기간에 몰라보게 부흥시킨 자랑스러운 나라입니다. 전쟁을 겪은 나라들이 이런 눈부신 발전을 한 예는 역사상 드문 예이기도 합니다. 정말로 자랑스러운 국가와 자랑스러운 민족임에 틀림없습니다. 나는 대한민국이 내 조국임이 자랑스럽게 여기며 한국생활에 만족하고 있습니다. 그런 모든 편리와 자유를 만끽하면서도 대한민국이 나의 마음을 아프게 하는 것들은 남북 대립을 비롯한 통일문제와 부와 이념의 양극화 문제 등 난제들입니다.

근년 들어 목표치에 이르지 못하는 GNP, 저성장, 경제 불황, 부의 양극화, 인구의 고령화, 저출산, 남북분단과 통일, 청년실업, 다문화사회, 보수와 진보성향의 이념적 갈등 등은 "나의 삶은 불행하다"라는 인식을 강요하고 있는 것 같습니다.

요즈음 사회 각층의 첨예한 화두로 대두된 사드(THAAD) 문제만 봐도 절대 가볍지 않습니다. 사드 배치를 반대하는 쪽과 찬성하는 쪽의 팽팽한 줄다리기는 그 방법론에서 너무 양극화되어 있어서 자신의 의사를 표출하기도 어렵습니다. 이렇듯 흑백논리가 지배하는 다양하지 못한 사회는 발전이 어렵다고 생각합니다. 물론 분단된 국가가 가진 어려움이겠으나 우리는 이럴 때 자유로이 의견을 개진하여 가장 좋은 결론에 도달하는 사회가 되기를 원합니다. 위정자들이나 보수세력의 의견에 반대하면 '종북좌파'로 몰아가려 하고 그들의 의견에 찬성하면 '수구 꼴통'으로 몰아가려 하는 전근대적인 흑백논리는 이 사회를 후퇴시키고 발전을 정체시키는 가장 큰 요인일 것입니다. 민주주의는 다양성을 인정하는 데서 시작할 것입니다. 한국사회가 다수의 상대 의견을 존중하는 격조 있는 사회로 발전해가기를 소원합니다.

부의 양극화 문제는 큰 사회문제일 것입니다. 부의 공정한 분배가 제도적으로 이루어져야 한다고 생각합니다. 피라미드를 연상하게 하는 부의 불균형은 언젠가는 사회의 커다란 걸림돌로 등장할 것이 분명합니다. 미국사회처럼 기부문화가 확산되는 것도 한 가지 방법일 것입니다. 물론 몇 푼의 기부가 해결책은 못 되지만 그로 인한 따뜻한 감정의 교감이 우리사회를 더 따뜻하게 할 것입니다.

한국사회에는 남북문제가 어려운 문제 중에 하나입니다. 나는 물론 정치인이 아니기에 구체적인 대안을 제시할 수는 없지만 언젠가는 평화통일이 이루어져야 한다고 생각합니다. 전쟁으로 통일을 하자면 얼마나 많은 민족희생이 따르겠습니까. 우리는 이미 처참한 동족상잔의 비극을 몸으로 겪은 불행한 민족입니다. 아직도 전쟁 중 헤어진 가족의 생사를 몰라 안타까워하는 동포가 부지기수로 많다고 알고 있습니다. 이것은 비극 중의 비극입니다. 이런 비극이 이 지구상에 어디 있습니까. 더 이상 이 국토 위에 전쟁은 없어야 합니다. 한국사회가 이제껏 그래왔듯 열심히 경제성장을 하다 보면 독일처럼 한국도 평화적인 통일을 이루게 되리라고 생각합니다.

노동 문제와 인구고령화 문제를 생각해 보겠습니다. 노동문제 중 비정규직 문제입니다. 사회 계층 간의 심각한 위화감을 만들어가는 비정규직 문제를 하루 빨리 해결하면 더욱 빛나는 대한민국이 될 수 있을 것입니다. 비정규직 문제는 IMF사태 시기에 최악으로 침체된 경제를 다시 일으켜 세우기 위해 피할 수 없이 수용했던 제도로 알고 있습니다. 그런데 기업들은 현재까지 이 제도를 버리지 못하고 있습니다.

이 엄연한 '합법적인 비리'를 정부도 국회도 외면하고 있습니다. 힘없는 계층의 고충을 대변하지 못하는 정부나 국회를 이해하기 어렵습니다. 그런 비상식적인 제도가 오늘날까지 통용되고 있는 것은 민주화를 자랑하는 한국사회의 아이러니가 아닐 수 없습니다. 같은 직장에서 동일한 종류의 일을 하면서 비정규직들이 받는 처우는 절반에 불과합니다. 이런 합리적이지 못한 발상의 제도들이 국민들의 위화감을 조성하고 불평과 불만의 소지를 낳을 것은 분명한 이치입니다. 동일한 조건 하에서 동일한 처우는 마땅합니다. 인간은 누구나 멍청이가 아니기 때문에 공평하고 평등하기를 원합니다. 그런 형평의 원칙에 위배되는 제도는 하루속히 근절되어야할 제도라고 생각합니다. 한국의 근로시간은 서구 선진국보다 훨씬 많습니다. 근로자들의 노동시간을 선진국 수준으로 줄이면 비정규직 문제도 조금은 해소될 것이고 생산능력도 향상되리라고 봅니다.

양보하고 배려하는 마음이 부족한 한국사회, 지식인들이 앞장서서 이 불합리한 문제를 앞장서서 해결했으면 합니다. 봄날 매서운 칼바람보다는 따사로운 햇볕이 지나가는 행인의 모자를 벗게 할 수 있듯이 우리는 봄날의 햇볕이 되어야 할 것입니다. 햇볕은 뜨겁지 않지만 잠들었던 모든 생명을 깨우고 새로이 생성하게 합니다. 이것은 사랑입니다. 사랑의 마음으로 모든 문제를 해결해야 열매가 달고 아름답습니다.

노동시간을 선진국 수준으로 줄이면 저출산 문제도 어느 정도 해결할 수 있다고 봅니다. 저출산 문제는 대단히 심각한 문제인 줄 알고 있습니다. 지금 대한민국의 인구 감소는 세계 최상위권입니다. 부부가 직장생활을 하면서 아이를 마음 놓고 기를 수 있는 시스템이 이루어져야 합니다. 이대로 인구 감소를 방치하다 보면 50년 후 또는 100년 후 한국사회는 어떤 모습일까요. 상상만 해도 끔찍합니다. 제대로 계획된 육아 휴가와 그 후의 유아원이 제대로 구비되어 직장인들이 결혼해도 마음 놓고 출산할 수 있는 선진사회가 되어야 합니다. 국가는 이 문제에 가장 많은 관심과 노력을 기울여야 할 것입니다.

한국사회 행복지수와 관련된 문제 중에 노인문제가 있습니다. 근무시간을 단축하여 그 결과로 근무 정년을 늘리고 노년생계비를 좀 올렸으면 좋을 것 같습니다. 현재의 직장 노동시간을 선진국 수준으로 줄이면 일찍 물러나야 하는 정년을 2년 이상 늘릴 수 있다고 봅니다. 어느 날, 우리는 모두 노인이 됩니다. 그래서 나이와 관련된 문제는 모두에게 적용됩니다. 얼마 전 텔레비전에서 조정래 작가님의 말씀을 들었습니다. 그때 그분은 노인들의 지하철 무임승차에 대한 모 국회의원의 발언에 대해서 분노하며 반박했습니다.

"오늘날 지하철 무임승차를 하는 70, 80세의 노인들은 오늘날 우리가 누리고 있는 경제발전의 밑바탕이 된 산업의 주역들로, 그들은 열사의 사막에서 주먹 땀을 흘렸고 총알받이로 목숨을 내걸고 남의 전쟁을 대신했습니다. 우리 경제의 원동력이 되었던 분들인데 그까짓 지하철 그냥 태워준다고 그따위 말을 할 수 있는가. 우리는 그분들에게 엎드려 절을 해도 모자랍니다."

이어 대한민국 위정자들이 또 각계각층의 관리들이 국고를 떼어 먹거나 낭비하지 않고 양심적으로 정책을 시행한다면 국가는 그들에게 매달 100만 원이 넘는 생활비를 지불하고도 남을 것이라며 국회의원들을 성토했습니다. 저도 조 작가님의 의견에 동의합니다. 스위스는 국민 개인에게 2500유로를 무조건 주려고 한답니다. 물론 그들은 우리보다 높은 경제력을 가지고 있지만 한국에서도 세금이 낭비되지 않는다면 가능하다고 합니다.

한국사회의 행복지수를 올리기 위해 IT기술의 성과를 더 적극적으로 이용해야 합니다. 서구 어느 나라보다 잘 되어 있는 한국의 디지털 생활화는 상상을 초월합니다.

버스정거장에는 내가 탈 버스의 시간이 공지되고 스마트폰으로 내가 찾는 지역이 안내 됩니다. 맛집과 은행, 병원 어디든 척척 안내해주는 앱들이 우리 생활을 쉽고 간편하고 즐겁게 도와줍니다. 하지만 동시에 디지털의 발달로 젊은이들의 일자리가 줄어들고 그들이 방황하게 되면 그것은 심각한 사회문제가 될 수밖에 없습니다. 젊은이들에게 무한한 꿈과 그 꿈을 펼쳐갈 수 있는 무대를 국가는 마련해줘야 할 것입니다. 우리 세기는 약 20년만 지나가면 "인공지능 기계와 로봇의 시대" "스마트 장치의 세계" 또는 "3D 세대"라고 불릴 것입니다.

하지만 인공지능을 갖고 있는 알파고(AlphaGO) 프로그램이 이세돌과의 바둑에서 승리했듯 인간의 무기력함이 기계의 힘에 밀리게 된다면 우리가 애써 발명한 그 문명의 이기들이 오히려 우리의 발목을 잡는 현상이 될 거라고 생각합니다. 앞으로 인공지능을 갖고 있는 기계와 로봇들이 지금 사람들이 하는 대부분의 일들을 가로채기 때문에 인간사회가 곤란한 상황에 빠질 가능성이 큽니다. 따라서 스마트 기계와 로봇들이 사람들에게 이익을 주면서 동시에 불안감을 주니 사회의 행복지수를 감소할 수 있는 가능성이 큽니다. 그래서 지금부터 한국사회도 다가온 "스마트 시대"에서 자신을 구할 수 있는 적당한 방책을 마련해야 할 것입니다. 그리고 스마트폰의 발달로 너무 쉽게 생활의 난제들을 해결하려는 젊은이들에게는 정신적인 교육도 필요하다고 봅니다. 우리나라는 동방예의지국이라 했습니다. 내가 노력하고 힘써 일함으로 받는 노동의 대가를 알아가는 것도 인생의 소중한 배움의 하나일 것입니다. 그리하여 우리 조상들이 그래왔듯 인의예지신을 알아가며 생활화하면 좋겠습니다.

한국은 "다이내믹 코리아"라는 슬로건을 "크리에이티브 코리아"로 바꾸었습니다. 창조적 도시·창조적 인간 등 현대를 살아가는 우리에게는 꼭 필요한 구호입니다. 지하철 혼잡과 교통체증에 대한 생각들을 정말로 창조적으로 개혁하면 어떨까요. 한국 정부의 차원에서 작업 시작에 시차를 두는 쪽으로 바꾸면 지하철 혼잡과 교통체증이 감소될 수 있다고 생각합니다. 한 조직의 작업 시간은 8시부터 5시까지 정하고 다른 조직은 9시부터 6시까지 정하면, 그리고 한 조직의 점심시간은 12시부터 13시까지, 다른 조직의 점심시간은 13시부터 14시까지로 설정할 경우에 아침마다 생기는 지하철 혼잡과 교통체증을 줄일 수 있습니다. 이렇게 되면 사람들은 아침마다 지하철을 타면서 불쾌감과 불편함을 느끼지 않을 것이고, 교통체증 때문에 겪어야 하는 짜증과 정체 중에 소비되는 많은 연료로 인한 환경오염이 줄어들 것입니다. 물론, 식당들도 점심시간이 길어지면 정신없이 일하지 않고 편안함을 얻을 수 있을 테지요.

대한민국은 유구한 5000년의 빛나는 역사를 갖고 있는 나라입니다. 많은 고난을 극복하고 오늘의 경제발전을 이루어냈습니다. 우리 민족은 위대합니다. 낙후된 경제와 문화를 일으켜 세웠고 그 처참했던 전쟁을 이겨냈습니다. 멀지 않아 남북통일을 이루고 이웃한 중국이나 일본, 러시아 등과 어깨를 나란히 다음 세기를 열어갈 것으로 믿습니다. 역사의 강물이 쉼 없이 흐르듯 대한민국의 미래도 강물처럼 흘러 새로운 혁신의 역사를 써가며 자랑스럽게 앞으로도 잘 흘러갈 것입니다.

젊은 세대의 개인 중심과 공익캠페인

본 제프리(미국)

지난 5~60년간 한국은 세계에서 가장 가난한 나라 중 하나에서 선진국의 대열에 오르는 비약적인 성장을 이룩했다. '한강의 기적'으로 잘 알려진 한국은 한국전쟁 이후 전례 없는 성장을 기록하며 아시아에서 네 번째, 세계에서 열한 번째 경제대국이 될 수 있었다. 국제 원조 수혜국에서 공여국이 되었으며 G20의 회원국으로 전 세계에 소프트파워를 통한 영향력을 발휘하고 있다.

한국은 항상 많은 도전을 해왔고 아무리 힘든 상황도 극복해 냈다. 1960~70년대에 정부는 국민들과 힘을 합쳐 사회기반 시설을 건설했고 경제성장과 성공을 향해 나아갈 수 있는 토대가 될 산업기반을 마련했다. 이로 인해 삼성, LG, 현대 등 정부의 지원을 받은 가족 경영 기업, 대일청구권자금으로 시작한 POSCO 등 공기업들이 성장했고, 이들은 현재 세계적인 브랜드가 되었다.

미국 포모나의 캘리포니아 주립 Polytechnic 대학에서 재정 및 부동산법 학사학위를 받음. 영국의 Henley 경영학 대학원에서 경영학 석사 취득. 현재 숙명대학교 국제학 대학원의 부교수로 재직 중이며, 국제 홍보와 통합 마케팅 컴뮤니케이션의 모든 영역을 교수하고 있음. 주한 뉴질랜드 통상회의소의 중역이기도 하며, 국가 브랜드화(Nation Branding)를 위한 대통령 회의에서 5년 이상 외국 고문의 직을 맡은 바 있음. AMCHAM 외국 전문직 및 중소기업 위원회의 공동 위원장을, 또한 Royal Asiatic Society의 중역을 지냄.

같은 시기에 한국은 최고 수준의 교육제도를 확립해 대학을 설립하고, 고급 인력 육성에 매진했다. 높은 학력수준으로 잘 알려진 한국인들은 누구에게도 뒤지지 않는 '하면 된다'라는 도전정신과 근면성으로 오늘날의 한국을 만들었다.

1980년대에 한국인들은 광주민주화운동 등 매우 고통스러운 역사적 격동의 시기를 경험했고, 그 뒤의 격렬한 시위와 정부의 탄압이 가득했던 시절을 극복해냈다. 지금도 많은 사람들은 그 시기에 한국인들이 의지와 힘, 희생으로 변화를 이끌어냈고, 그로 인해 한국이 1990년대에 더욱 민주적인 사회로 나아가기 시작했다고 생각한다.

1989년에 처음 한국에 발을 디딘 후 20년간 이곳에 거주하며 일을 한 외국인으로서 나는 많은 변화와 도전을 극복해나가는 한국의 모습을 직접 목격했다. 김영삼 대통령의 부정부패 척결 노력과 금융실명제부터 이명박 대통령의 '747정책'까지, 더 나은 한국을 위한 야심찬 노력들이 줄을 이었다. 세계적 위상이 높아진 한국은 1988년 서울올림픽, 2002년 월드컵, 2011년 세계 육상선수권 대회, 2012년 여수 엑스포와 G20정상회의 등 저명한 세계적 행사를 성공리에 개최했다. 2018년에는 2010년과 2014년에 걸친 두 차례의 시도 끝에 '하면 된다'의 정신을 보여주며 평창동계올림픽을 개최하게 된다.

아마도 최근 한국이 직면했던 가장 큰 위기는 1997~1998년 IMF사태가 아니었을까. 당시 한국은 원화가치 급락과 유동성 부족으로 큰 어려움을 겪었다. 이 시기에 한국은 국제통화기금(IMF)으로부터 약 600억 달러의 구제금융을 지원받았을 뿐만 아니라, 보다 개방된 시장을 형성하기 위해 매우 까다로운 구조 변화를 시행했다. 여러 모로 힘든 시기였다. 하지만 한국은 다시 회복력을 과시하여 몇 년 사이에 외환위기를 극복하고 부채를 갚았으며 결과적으로는 더욱 발전하게 됐다.

지난 50년간 다사다난한 일을 겪으며 한국은 경제성장과 성과를 이루어냈다. 그러나 세계 여느 선진국과 마찬가지로 그것은 쉽게 이룬 것이 아니었으며, 그로 인해 더 행복하고 번영한 사회로 나아가는 데 여러 가지 부작용이 생겨났다. 나는 20여 년의 한국생활을 바탕으로 현재 한국이 직면한 현안들을 평가한 후 가장 시급한 도전과제에 대해 아래와 같은 분석을 해보았다.

낮은 출산율

가장 먼저 떠오르는 문제는 한국의 저출산과 고령화 사회로의 진입이다. 2014년 통계청 자료에 의하면 한국의 출생률은 1.19로 세계에서 가장 낮은 수준이다. 지금처럼 저출산과 고령화가 계속되면 현재 5천만여 명인 한국의 인구는 계속 감소할 것이며, 2750년에는 멸종될지도 모른다.

한국사회에서 저출산의 주요 원인은 초혼 연령 상승과 양육비로 인한 경제적 어려움이다. 이런 문제를 직면한 나라가 한국만은 아니지만 현재 한국은 적당한 해결책을 찾는 데 어려움을 겪고 있다.

밀레니엄 세대라 불리는 한국의 젊은 세대는 확고한 자신들만의 사고방식을 가지고 살아가는 듯하다. 이들은 결혼을 하고 가정을 이루는 것을 뒤로 미루는 경향이 있다. 부모와 함께, 또는 혼자 사는 기간이 길어지고, 자신의 일을 중요시하며, 자신이 원하는 삶을 살아나갈 수 있는 독립성과 자유를 추구한다.

한국은 자녀 양육비가 매우 높은 편이다. 특히 수능시험에 대한 스트레스와 압박이 과도한 사회 분위기 때문에 아이들 교육비용이 더 많이 든다. 부모가 자녀의 성공을 위해 사교육에 큰돈을 쏟아 부어 경쟁력을 높여줘야 한다고 생각하기 때문이다. 그런데 한국의 젊은 세대는 그럴 수 있는 방법도 의지도 없기 때문에 결혼과 가정을 꾸리는 일을 미루거나 아예 포기해버린다.

정부는 유연근무제 및 양육비의 부분 또는 전액 지원, 심지어는 출산장려금제도 등 다양한 방법으로 변화를 추구하고 있다. 하지만 자신들에게 중점을 두고 있는 젊은 밀레니엄 세대는 끄떡도 하지 않는다. 이 상황은 공동체 중심의 사회에서 개인 중심의 사회로 변화하고 있는 한국이 직면한 큰 난제이다.

한 가지 떠오르는 해결책은 국가 주도하에 장기적으로 진행하는 공익캠페인이다. 광고와 홍보를 통해 가정이 최우선이었던 한국의 문화적, 사회적 뿌리를 되찾는 것이다. 한국이 최빈국에서 선진국으로 변화할 수 있었던 건 교육과 근면정신을 중요시하던 굳건한 가족단위의 사회 덕분이었다. 당시에는 필요에 의해 가족에 중점을 두었지만, 한국 성장의 근본이 된 가족은 현재에도 공익캠페인을 추진하는 데 탄탄한 기반으로 삼을 수 있을 것이다.

근본적으로 현재의 인구수와 경제성장률을 유지해 한국의 성공을 지속시키고 이를 토대로 더 나은 미래를 만들어 나가기 위해서는 현재 정부의 노력과 결합해 그러한 공익캠페인이 많은 사람들의 인식을 바꾸게 해야 할 것이다. 공익캠페인을 통해 가족의 가치, 아이들이 사회에 가져다주는 가치와 기쁨을 공유할 수 있다면 궁극적으로는 긍정적인 영향을 어느 정도 끼칠 수 있을 것이라고 생각된다.

높은 청년 실업률

현재 한국이 직면하고 있는 또 하나의 중차대한 문제는 높은 청년 실업률이다. 대학 졸업생들이 많은 지금 아르바이트나 인턴십 외에 일자리가 없다는 사실은 매우 비관적이다. 특히 한국의 노동시장에 진입하는 밀레니엄 세대에게 이는 중요한 사회적 문제로 떠올랐다. 통계청에 의하면 2016년 5월에 9.7%였던 한국의 청년 실업률이 6월에는 10.3%로 상승했다.

신입사원을 고용하기 꺼리는 회사들의 상황을 개선하기 위해 한국정부는 임금피크제를 중심으로 한 노동개혁을 추진하고 있다. 이론상으로 이 제도는 청년층에게는 일자리를, 정년퇴임할 나이가 가까워지는 기성세대에게는 임금을 줄이는 대신 고용안정을 보장한다. 전문가들은 기업들이 상위 10%의 임금을 받는 직원들의 임금인상률을 1% 삭감하면 6만여 개의 청년 일자리가 창출될 수 있다고 분석한다. 이는 확실한 사회적 이득이다.

정년퇴임 시기를 연장하는 대신 퇴직연령대에 가까운 직원들의 임금을 삭감하는 임금피크제를 도입하면 기업들은 잉여금을 활용해 창의적인 젊은 층을 고용하게 되며 보다 적은 금액으로 정년에 가까운 근로자를 유지할 수 있게 된다. 그렇게 되면 실적이 낮은 직원들을 해고하는 일도 보다 쉬워져 생산성을 높일 수 있을 것이다.

이론상으로 한국 정부는 옳은 방향으로 가고 있지만, 장기적으로 지속가능한 방법을 계획하려는 노력이 있어야만 가능하다고 생각된다. 기업뿐만 아니라 퇴직 연령대의 직원들과 일자리를 찾는 젊은 층을 보호하는 법적 제도와 적절한 대응이 뒷받침되어야 임금피크제의 운영이 가능할 것이다.

청년 실업률에 대한 또 하나의 해결책은 중소기업과 창업에 대한 지속적인 개발과 지원이다. 한국인 직원 7~8명을 고용하는 소상공인으로서 나는 중소기업에 대한 중앙정부와 지방정부의 지원이 더욱 확대되어야 한다고 생각한다. 바로 이곳에 미래 경제성장의 원동력이 있기 때문이다. 서울시에서 운영하는 서울글로벌센터와 서울글로벌창업센터는 현재까지 많은 지원을 해주었으며, 중앙정부 및 지방정부에서도 이러한 노력을 더욱 확대하여 대학을 졸업한 청년들에게 더 많은 기회와 일자리를 제공해야 할 것이다.

전통 풍습의 쇠퇴

마지막으로 내가 충격적으로 느낀 한국의 문제는 요즘 젊은 세대가 공공장소에서 행동하는 양식과 태도에 관한 것이다. 수백 년 간 유교사상과 계급제도로 이루어진 사회였던 한국에서 노년층을 대하는 젊은 세대의 태도는 점점 무례해지고 있으며 이로 인해 갈등과 싸움이 자주 발생하고 있다. 이는 내가 한국에서 지내는 동안 목격한 전통 풍습의 쇠퇴와 무관하지 않은 듯하다.

이런 세태는 자리싸움이 일어나는 지하철에서 극명하게 드러난다. 교통약자석이 따로 마련되어 있지만, 일반좌석의 경우에는 서서 가기 불편한 노년층과 그들에게 자리를 양보하지 않는 젊은이들 사이에 종종 갈등이 일어난다. 나도 노년층이 자리를 양보 받아야 할 맹목적인 자격이 있다고 생각하지는 않는다. 하지만 당연히 예의는 갖추고 살아야 한다고 생각한다. 서 있기 불편한 노인에게나 임산부에게 자리를 양보하는 것은 상식적인 일이다. 하지만 지하철에서는 임산부들이 서 있는 모습을 자주 보게 된다. 예전의 한국에서 흔히 볼 수 있었던 타인에 대한 배려가 점점 줄어들고 있다. 이런 부분에서 한국의 젊은 세대가 변화하는 모습을 보고 싶다.

또 다른 문제는 한때 존경받고 그에 마땅한 대우를 받던 교사들에 대한 태도가 점점 바뀌고 있다는 사실이다. 요즘 학생들은 선생님을 업신여기는 언행을 하는 경향이 있는데 선생님에 대한 존경심의 결여는 때로는 폭력적이고 무례한 행동으로 이어진다. 앞서 말했듯이 한국의 성장과 성공은 교육을 토대로 이루어졌다. 어느 나라에서든 나라의 미래를 형성할 학생들은 존경심을 가지고 선생님을 대해야 한다.

앞에서와 마찬가지로 이런 부분도 정부가 주도하는 공익캠페인이 해결책이 될 수 있다고 생각한다. 캠페인을 통해 무엇이 옳고 그름을 알리고 과거 한국의 젊은 세대들의 장점을 보여주는 것이다. 매우 엄격하긴 했겠지만 과거에는 현재의 젊은 세대가 배울 점과 교훈들이 많다. 또한 나는 좋은 교육은 가정에서부터 시작한다고 생각한다. 선생님과 함께 아이를 어릴 적부터 교육하는 주체는 부모이기 때문에 부모를 대상으로 한 공익캠페인을 펼쳐야 한다. 부모는 아이들에게 어른들과 선생님을 공경하는 모습을 보여주고 이것이 올바른 행동이라는 것을 인지시켜야 한다.

이러한 공익캠페인을 효과적으로 시행하려면 장기적으로 모든 소통방법을 활용해야 한다. 종합적인 캠페인을 위해서 교사를 대상으로 아이들은 도움을 필요로 하고 제대로 교육받아야 하는 존재임을 알려야 한다. 초등학교부터 고등학교까지의 교육과정과 특별수업을 통해 예절과 올바른 행동을 가르쳐야 한다. 올바른 가정교육과 잘 설계된 학교수업이 이루어져야만 이러한 교육의 영향이 한국사회에 확산될 수 있을 것이다.

지난 5~60년 동안, 그리고 그 이전의 긴 역사를 통해 한국은 역경을 극복할 역량이 충분하고 강하며, 회복력 있는 나라임을 보여주었다. 한국인들 또한 문제가 있을 때 명확한 길이 보이면 함께 뭉쳐서 헤쳐 나가는 특별한 능력을 가지고 있다. 한 가지 개선이 필요한 부분이 있다면, 오늘날 한국이 직면한 문제를 해결하기 위해 정부가 어떻게 공익캠페인을 진행하느냐 하는 것이다. 이것이 한국의 주요 문제를 해결할 유일한 방법은 아니지만 지속적인 캠페인을 통해 미래의 한국사회를 효과적으로 변화시킬 수 있다고 생각한다. 현재 한국이 직면한 문제든 미래에 대응해야 할 문제든, 나는 높은 학력과 능력이 있는 한국인들이 새로운 환경에 적응하고 역경을 극복하며 적절한 해결책을 찾을 수 있다고 생각한다. 한국의 '하면 된다' 정신은 반드시 승리할 것이다.

구동존이(求同存異)의 '인지 공동체'를 건립하면

진카이(중국)

나는 한국에서 공부하고 일하고 생활한 지 이미 12년이 넘었다. 중국인들의 전통적인 습속에 따르면 12년은 한 윤(輪)으로, 좀 더 정확히 말하자면, 십이지(十二支)지가 한 바퀴 도는 시간이라 할 수 있다. 이제 지난 12년의 세월 속에 내 신변에서 발생했고, 내가 직접 경험하고 관찰했던 갖가지 일들을 전면적으로, 그리고 이성적으로 회고하면서, 이를 통해 앞으로의 세월을 더 아름답게 할 수 있는 어떤 수확을 기대해볼 수 있는 때가 된 것 같다. 바로 이런 시점에 나는 포스텍 박태준미래전략연구소의 요청으로 재한(在韓) 외국인의 시각에서 한국사회의 발전이 직면한 문제와 도전에 관해 토론하고, 아울러 보다 행복한 미래의 모습을 구상해볼 수 있는 계기를 갖게 되었다. 나는 개인적으로 이것이 대단히 필요하고 중요한 의미를 갖는 작업이라고 생각한다. 첫째, 장기간 한국에 거주하는 있는 외국인의 시각에서 볼 때, 자신이 12년 동안 살았던 한국사회는 많든 적든 일종의 가치 공유의 감정을 제공한다. 둘째, 한국에서 교학과 연구에 종

1975년 6월 19일 태어남. 연세대학교 중국연구원의 전문 연구원. 중국의 인민해방군의 전문장교였고, 유네스코의 국제 화합 교육을 위한 Asia-Pacific Center에서 국제 컴뮤니케이션 및 홍보 담당관의 직을 맡은 바 있음. 현재 The Diplomat의 고정 기고가이며, Rising China in a Changing World: Power Transitions and Global Leadership (Palgrave Macmillan, 2016년 9월)의 저자.

사하고 있는 국제관계학 학자로서 내가 자주 사유하는 문제 가운데 하나는 결국 한국이라는 국가와 민족의 지역적 지위를 어떻게 고찰할 것인가 하는 것이다. 분명한 것은, 한국사회의 발전이 시종 어쩔 수 없이 심각한 수준으로 외부 요소의 직접적 혹은 간접적 영향을 받고 있다는 사실이다. 따라서 이 글에서 나는 지역적 차원에서 한국사회의 미래발전에 대한 초보적 탐구를 시도하고자 한다.

이 글에는 두 가지 중요한 키워드가 들어 있다. 첫째는 '인지(認知)'다. 이 용어를 생각하게 된 것은 이전에 내가 한국 아산정책연구원에서 주관하는 한중(韓中) 청년학자 포럼에 참가했을 때, 직접 참여했던 토론의 주제가 바로 "한국과 중국 사이에 인지공동체가 존재하는가?" 하는 것이었기 때문이다. 두 번째 키워드는 '국가와 민족의 지위'다. 어쩌면 한국의 지연(地緣)정치 상황은 하나의 공인된 곤경으로서 지역적 제한으로 인한 변화가 심하고, 이로 인해 국가(강대국들에 대한 외교를 예로 들 수 있음)와 민족(대북정책을 예로 들 수 있음)의 지위 설정이 함께 변화한다고 할 수 있다. 그리고 이러한 변화는 한국사회에 피할 수 없이 직접적 혹은 간접적 영향을 미치게 되고, 때로는 이러한 영향이 부정적이거나 심지어 위험할 수도 있다.

상술한 관점에 관해 두 부분으로 나누어 간단하게 논술하고자 한다. 첫 번째 부분은 내가 한국에서 공부하고 일하고 생활하는 동안 보고 들은 것들, 특히 '깊이 느낀 바가 있는' 것들을 '두 가지 시각'에서 회고하고 정리하는 것이다. 두 번째 부분은 두 가지 '키워드'의 상호관계와 상호작용에 대한 탐구를 통해 이 글의 중심 논점을 도출해내는 것이다. 끊임없이 변화하는 지역구도에 기초하여 한국의 국가 및 사회는 자국의 '인지'와 '지위 설정' 문제에 대해 한국사회의 장기적인 발전에 아주 깊은 영향을 미치고 있다. 바로 이런 이유 때문에 한국은 다른 지역이나 국가들과 더불어 공동으로 '포용성'을 지닌 '인지공동체'를 수립해야 할 필요가 있다.

'동질성'에서 '이질성'으로: 한 외국인의 시각

나는 2004년에 우한(武漢)대학에서 국제관계학을 전공하여 석사학위 과정을 밟던 도중에 석사교환학생 프로그램을 통해 한국에 오게 되었다. 중국인이 아주 오랫동안 '남조선'이라고 불렀고, 지금은 대단히 우호적인 이웃나라가 된 한국에 처음 도착했을 때, 나를 포함하여 함께 온 중국 학생들은 하나같이 눈앞에 펼쳐진 낯선 풍경 속에 겉으로 드러나진 않았지만 어떤 친숙한 그림자가 어른거리는 것을 느낄 수 있었다. 단지 처음에는 이를 분명하고 구체적으로 묘사할 수 없었을 뿐이다. 한 번은 우연한 기회에 한국 친구들과 대화를 나누는 과정에서 허심탄회하게 중국의 대학입시제도에 관해 토론하게 되었다. 우리는 이런 제도 하에서의 경쟁이 얼마나 격렬하고 잔혹한지(사실 여러 해 전에는 중국에서 대학입시를 통해 순조롭게 대학에 들어갈 수 있는 학생의 비율이 상대적으로 매우 낮았다)를 얘기했고, 이런 한담의 자리에서 우리는 처음으로 한국 학생들의 입을 통해 이른바 'SKY'라는 용어와 함께 한국에도 중국과 유사한 대학입시제도가 있다는 사실을 알게 되었다. 한국의 학부모들이 자녀들의 순조로운 대학입학시험 통과를 위해 종교시설을 찾아가 향을 피우고 절을 올린다는 사실도 처음으로 이해하게 되었고, 한국사회에 보편적으로 눈이 휘둥그레지고 혀를 내두르게 될 정도로 심한 과외공부 현상이 있다는 사실도 처음으로 듣게 되었다. 너무 놀란 나머지 나는 약간의 위안과 친근함마저 느낄 수 있었다. 요컨대 두 나라, 두 사회 사이에 공통된 부분이 적지 않았던 것이다.

사실 당시 학생이었던 우리로서는 한국사회에 대한 이해에 한계가 있을 수밖에 없었다. 하지만 시간이 지나면서 점차 한국사회에는 중국사회와 다른 점이 많다는 것을 깨닫게 되었다. 예컨대 한국사회에서의 '집단' 관념은 중국사회에 비해 훨씬 더 중요하게 느껴진다. 사회학 용어를 차용하여 말하자면 이는 일종의 '신분정체성(identity)'으로 이해될 수 있을 것이다. 이러한 '집단' 현상은 사회 각 계층에 분포한 무수한 사회단체와 각종 형식의 집단활동에 그대로 체현될 뿐만 아니라, 한국 민중의 어떤 '동질성(convergence)'을 추구하는 집단행위의 방식에도 체현되고 있는 것 같다.

여기서 현실생활에서 쉽게 찾아볼 수 있는 작은 실례를 들어본다. 한국에서 여러 해를 지낸 뒤 나는 호기심 어린 표정으로 한국 친구들에게 왜 나이가 좀 드신 한국의 아주머니들은 똑같은 스타일로 파마머리를 하느냐고 물었다. 이에 대해 이렇다 할 대답을 하지 못하는 친구도 있고 간단히 대답해주는 친구도 있었다. 한국사회에서는 나이가 든 아주머니들은 그 나이가 되면 당연히 그래야 한다고 생각한다는 것이 친구의 대답이었다. 문제의 핵심은 수많은 사람들이 그렇게 하는데 왜 굳이 그 양상이 서로 달라야 하는가 하는 것이었다. 그래서 나이가 든 아주머니들은 자연스럽게 같은 형태의 파마머리를 한다는 것이다. 이에 대해 사회 전체에 보다 깊이 있는 합리적 이해가 있는 것인지도 모른다. 하지만 부인할 수 없는 것은 어떤 분야에서 이러한 행동적인 '동질성' 추구 현상이 한국사회에서는 대단히 극명하게 나타나고 있다는 점이다.

그 뒤로 이어진 국제관계학 연구 과정에서 나는 점차 '동질성'을 지향하는 한국사회가 사실은 국가와 민족의 인지 및 지위 설정에 있어서 다중적인 '이질성(divergency)'을 추구하는 곤경에 직면해 있다는 사실을 발견하게 되었다. 예컨대 한국과 강대국(중국이나 미국)들의 관계는 한국사회가 다른 나라들에 대한 '인지'와 '동질성' 문제에 있어서 어느 정도의 분화를 체현하고 있다. 사드 문제가 하나의 참고 사례가 될 수 있을 것이다. 최근에 한 택시 기사와 대화를 나눈 적이 있었다. 나이가 대략 50세 전후인 이 한국 아저씨는 흥분을 감추지 못하면서 사드 문제가 한국사회를 분열과 대립으로 몰아 가고 있다고 말했다. 미국을 좋아하고 지지하는 사람들은 사드 배치를 환영하는 반면, 미국을 싫어하고 심지어 반대하는 사람들은 사드 배치를 강력하게 반대하고 있다는 것이다. 사드 문제를 이처럼 단순하게 분석해서는 안 되겠지만, 이 아저씨의 언사는 이처럼 중대한 문제에 있어서, 특히 외부 강대국들과의 관계에 있어서 한국사회가 직면하고 있는 '이질화'의 곤경을 어느 정도 반영하고 있다고 할 수 있다. 사실 이러한 현실은 한국의 내정과 외교에 깊은 영향을 미치고 있고, 어느 정도 한국사회를 분열의 길로 몰아 가고 있다. 이것은 한국사회의 안정과 발전에 대해 영향을 미칠 수밖에 수 없을 것이다.

물론 '동질화'와 '이질화'가 상호 교착된 현상은 다른 지역이나 국가에서도 찾아볼 수 있다. 단지 특수한 지연정치 환경 때문에 한국사회에서 비교적 쉽게 그러한 교착과 갈등이 나타나고 있는 것이다. 동질화와 이질화의 상호 교착을 설명할 수 있는 또 다른 사례가 바로 한(韓, 조선)민족의 정체성 문제라고 할 수 있다. 동일 민족이면서도 정치적 현실로 인해 동북아 지역에서 세 가지 서로 다른 신분 정체성 표식을 나타내고 있는 것이다. 한국(인)과 북한/조선(인), 그리고 중국인인 중국 조선족이 바로 그것이다. 이 세 집단 사이에도 '동질성'과 '이질성'이 교착하고 있다. 특히 현재의 남북관계가 한 치의 양보도 없는 대결 국면에 처해 있는 것을 고려하면 더욱 더 그렇다고 할 수 있다. 어쩌면 현재의 상황은 이런 사유를 가능케 할 수도 있을 것이다. 만일 이 세 가지 신분 정체성 표식 사이에 서로 충분한 '동질성 인식'이 부재하게 된다면 지역 전체의 '인지'와 '정체성' 문제를 어떻게 토론할 수 있을까? 사실, 이에 대한 해답은 아주 간단할지도 모른다. 근본적인 원인을 따지자면 중국의 속담에서 말하는 것처럼 멀리 있는 가족이 가까이 있는 이웃만 못하기 때문이다. 지역 내에 튼튼한 공통인식을 형성하지 못하면 외부적 요소가 너무나 쉽게 그 지역 정세의 발전에 영향을 미치게 되고, 심지어 주도적으로 통제할 수도 있다. 그리고 이런 형세에서 때로는 그 지역의 국가와 사회의 '수익'과 '곤경'(심지어

'피해')은 상대적이거나 서로가 서로를 동반하는 양태를 보이게 된다.

'인지의 갈등': 친구인가 동반자인가 맹우(盟友)인가?

우선 '인지'의 개념에 있어서 우리는 아주 쉽게 '인지 공동체'를 연상할 수 있을 것이다. 나도 현재 동아시아 지역에 확실히 '소리 없이 모든 것을 적시는 가랑비(潤物細無聲 : 두보의 시 「춘야희우春夜喜雨」의 한 구절)' 같은 공동체가 결여되어 있다고 생각한다. 그렇다면 '인지 공동체'를 구축할 필요는 있는 것일까? 중국의 국제관계 전문가인 위창선(喩常森 ; 중산대학 아태연구원 교수)은 인지주의의 주요 해석 도구인 '인지 공동체'는 어떤 영역에서 사람들에게 보편적으로 인정을 받는 지식 집단이라고 규정하면서, 그 집단은 그 지식의 권위와 국가의 경계를 뛰어넘는 인터넷이라는 마당에 의지하여 정부정책에 대해 영향력을 행사한다고 설명하고 있다. 이런 의미에서 볼 때 구조주의적 관점에서 출발하여 '인지 공동체'를 구축하는 과정 자체가 자신과 타인에 대한 '인지'에서 '동질성 인식'에 이르는 과정이라고 할 수 있다. 그리고 최종적으로 생산되는 정부정책에 대한 영향은 반대로 서로 간의 동질성 인식을 촉진하는 기제로 작용하게 된다. 예를 들어, 역사상 중국 명나라와 조선의 시사(詩詞) 문인들이나 양국의 사신들 사이에 수립된 '시부(詩賦)외교' 집단 역시 하나의 특수한 '인지 공동체'라고 할 수 있을 것이다. 그리고 현재의 국제관계에서 전개되는 '공공 외교' 혹은 '민간 외교' 역시 공동의 인식을 찾고 실천할 수 있는 중요한 통로가 될 것이다. 장기적으로 볼 때 '인지 공동체'를 수립하는 것은 자신도 모르는 사이에 감화되는 상호 인지와 인정, 동질성 인식의 과정이자 일종의 증량적(incremental)인 변화 방식이라고 할 수 있다. 따라서 장차 이러한 '인지 공동체'가 생산하게 되는 정책적 영향력은 실질적(substantual)인 성격을 갖게 될 가능성이 매우 크다.

한국에서 활동하는 중국인 학자로서 나는 당연히 한중 양국 사이의 '인지'와 '동질성 인식'이라는 문제에 큰 관심을 갖고 있다. 따라서 나는 이 부분에 관한 토론에서 먼저 구상중인 '인지 공동체'를 사례로 삼아 간단한 논술을 추가하고자 한다.

객관적으로 말해서 한중 두 나라의 관계는 '인지 공동체'의 수립 단계까지는 아직 요원한 상태다. 이렇게 말하는 이유는 무엇일까? 현실 속에서 양국의 현·당대 교류의 역사가 그다지 오래 되지 않았기 때문이다. 1992년을 기점으로 계산하자면 겨우 20여년에 불과하다. 간단히 말해서 양국의 외교관계 수립을 촉진했던 주요 요소는 공통된 인지와 정치관념, 신앙 등이 아니었다. 중국과 한국의 국교 수립은 지연정치에서 고려해야 할 요소들을 제외하면, 어느 정도 세계정세와 지역정세의 변화가 가져오게 되는 이익의 추진력 때문이었다고 할 수 있다. 예컨대 경제적 교류에 대한 요구 같은 것들이다. 하지만 부인할 수 없는 사실은 양국의 교류 과정에서 많든 적든 양국에게 공존하는 어떤 문화인지상의 공통점이 크게 강조되거나 암시되었다는 사실이다. 유가문화를 기초로 한 윤리도덕과 사회규범(두 나라 모두 완전하고 전형적이거나 전통적인 의미에서의 유가치국 모델이라고 할 수는 없지만)을 그 예로 들 수 있을 것이다. 확실히 중국의 일부 학자들도 전통 유가를 새롭게 부활시켜 현행 중국의 정치체제와 부합시킬 수 있는 방법을 모색하고 있고, 한국도 정치적으로는 서양의 민주주의 체제를 실행하고 있지만 이와 동시에 사회규범과 가정윤리 영역에서는 수많은 유가전통의 흔적을 드러내고 있다. 하지만 현재 양국은 완전히 유가의 문화전통을 기초로 하는 인지의 공동체를 수립하는 것이 그다지 가능하지 않은 상태이고, 그저 교류 과정에서 서로에게 존재하는 공동의 요소들과 관찰하고, 발견하고, 탐색하고, 연구하면서 이러한 요소들을 어떻게 보다 폭넓은 상호운동 과정에서 보다 적극적인 작용을 발휘할 수 있게 할까 하는 점을 탐구하는 단계에 불과하다. 다만 상호 교류의 과정에서 형성된 새로운 공통인식과 제도, 관례, 심지어 공통의 이해에 도달한 부분들이 공통인식의 기초가 될 수 있다. 따라서 역사와 현실에 기초하여 중국과 한국을 포함한 지역과 국가들은 서로에 대한 인지와 지위 설정을 새롭게 할 필요가 있다.

하지만 현실 지연정치 요소들의 개입으로 인해 특히 한국은 자기 지역 내에서의 자체적인 지위 설정 문제를 대하면서 또 하나의 연속적인 '곤경'에 빠지는 것 같다. 하지만 때로는 외부 요소가 저항할 수 없을 정도로 강대하고 '안전'과 '생존' 등 국운에 관련된 문제들이 절박하긴 하지만 나는 줄곧 '인지'가 '인동(認同 : 동질성의 인식과 인정)'을 결정하고, '인동'은 '이질성'의 추구가 아니라 '동질성'의 추구 쪽으로 방향을 결정하게 된다고 생각해 왔다. 이런 논리에 따라 한국 지연정치의 곤경 및 여기서 발생하는 한국의 외교와 국내 사회(경제와 민생) 발전의 불안전성은 많든 적든, 공개적이든 잠재적이든 간에 자연스럽게 다른 나라들(예컨대 중국이나 미국)과 자국에 대한 한국의 '인지혼란(epidemic entanglement)'의 영향을 받게 될 것이다.

그렇다면 '인지혼란'이란 무엇인가? 간단히 말해서 이중, 심지어 다중의 인지가 서로 중첩되고 얽혀 있는 상태라고 할 수 있다. 강대국들에 대한 한국의 외교를 예로 들어보자. 외교 영역에서의 이른바 '친미(親美)' 혹은 '친중(親中)'은 일종의 표상일 뿐이지만, 그 심층에는 여전히 '인지'의 문제가 감춰져 있다. 결국 친밀한 친구의 자세와 태도로 '오만하게' 미국이 이끄는 '주류세계'에 설 것인가 아니면 지속적으로 굴기하고 있는 중국의 '매력 공세' 하에서 동반자의 자세와 태도로(외부적 요소가 배제된) 새로운 동아시아 질서의 구축에 참여할 것인가, 아니면 이웃 작은 나라의 신분으로 '비굴하게' 이른바 새로운 '화이(華夷)시스템'으로 회귀할 것인가

하는 것이 한국이 갖는 '인지혼란'이다. 어느 정도 이 몇 가지, 심지어 이보다 더 많은 양상의 자국에 대한 '인지'와 '지위 설정'이 한국사회에서 기복과 승패를 반복하면서 존재할 것이고, 한국사회에 일정한 영향을 미치게 될 것이다. 또한 항시적으로 위정자들의 정책결정 과정에도 영향을 미치게 될 것이고, 한 걸음 더 나아가 이를 바탕으로 한국사회의 응집력과 구심력에도 영향을 미치게 될 것이다. (때로는 피해를 가져올 수도 있다.) 이와 동시에 이러한 과정이 반대로 한국에 대한 다른 나라들의 '(새로운) 인식'과 '(새로운) 지위 설정'에도 영향을 미치게 될 것이다. 다시 사드 문제를 예로 들자면, 한국의 행동에 대해 중국인과 미국인 모두 암암리에 "너희는 도대체 우리의 친구인가 동반자인가 아니면 맹우인가?" 하는 질의를 던지게 될 것이다.

사실 앞에서 제기한 문제의 핵심은 한국인들 스스로 자신들을 어떻게 보고 있느냐 하는 것이다. 다시 말해서 자국의 상황을 한국인들이 어떻게 '인지'하고 어떻게 '지위 설정'을 하는지가 관건인 것이다.

그렇다면 다시 지역구도의 시각에서 문제를 바라보자. 중국과 미국, 한국 세 나라의 관계를 예로 들자면, 지금의 곤경은 이 세 나라의 불안정한 삼각관계에 있다고 할 수 있다. 첫째, 경제무역 분야에 있어서 한국은 거의 저항이 불가능할 정도로 중국의 거대한 시장과 비즈니스 기회를 지향할 뿐만 아니라 이를 매우 중시하고 있다. 이는 하나의 실선(實線)이라고 할 수 있다. 둘째, 안보 문제에 있어서 한국은 한·미 군사동맹을 굳세게 믿고 의지하고 있다. 이 역시 실선이라 할 수 있다. 하지만 객관적으로 볼 때 중미관계의 불확실성 혹은 경쟁관계가 존재하고 있다는 사실을 무시할 수 없을 것이다. 이는 점선이라고 할 수 있다. 한국이 얼마나 견고하고 '분명하게' 자신의 지위를 설정하든 간에 중국과 미국의 상호신뢰 부족과 심지어 경쟁 및 대항 국면은 장차 이 불안정한 삼각관계 안에서 한국의 지위에 커다란 영향을 미치게 될 것이다.

따라서 다변화되는 지역구도와 정세 하에서 한국사회가 이처럼 중대한 '인지'와 '지위 설정'의 문제를 어떻게 대할 것인가 하는 것이 좀 더 깊이 있게 연구하고 논의되어야 할 문제일 것이다. 이런 의미에서 볼 때, '중간강국'으로서의 외교가 한국사회의 장기적인 꿈이자 동시에 어느 정도 지역구도의 곤경에서 탈피할 수 있는 외교적 구상이 될 수도 있을 것이다. 하지만 적어도 동아시아 지역에서는 자기 지역에 대한 한국의 '인지' 및 '지위 설정', 그리고 다른 지역 및 국가들과의 상호 '인지' 내지 '지위 설정'이 여전히 피할 수 없는 문제가 아닐 수 없다.

하지만 어쩌면 한국 민중의 눈에는 한국과 외부의 일부 강대국들 사이에 엄연한 차이가 존재할 것이다. 때문에 '인지' 내지 '동질성 인식'은 억지로 강요할 수 있는 것이 못된다. 게다가 '인지', 심지어 '동질성 인식'이 확보되었다 하더라도 그것이 반드시 필연적인 '동질성' 추구를 의미하는 것도 아니다. 예컨대 나는《외교학자(The Doplomat)》라는 잡지에 글을 발표하여 한자 및 한자문화에 관해 설명하면서 한국사회에 모종의 '애증이 교차하는' 정서가 있다는 사실을 지적한 바 있다. 사실 이는 이해하기 어려운 일이 아니다. 거시적인 시각으로 볼 때, 근대화의 과정에서 적지 않은 고통과 굴욕을 경험한 민족으로서, 특히 지역 정세가 끊임없이 변화하는 상황에서 독립을 성취하고 경제 기적과 정치 및 사회의 전환을 실현한 한국에게는 지역 내에서의 자신의 지위를 설정하고 해석하는 일이 정치 지도자들과 사회 전체에 정말로 가볍게 실천할 수 있는 역사적 과제로 느껴지지 않을 것이다.

그렇다면 동아시아의 미로 같은 정국에 처해 있는 한국 사회는 자신을 구할 방법이 없는 것일까? '인지혼란'이 장기적으로 한국의 내정과 외교에 영향을 미치는 것을 피할 수는 없을까? 한국사회의 장기적인 정치적 안정의 추구가 이러한 영향에서 자유로울 수는 없는 것일까? 나는 여기서 터무니없이 '인지'와 '동질성 인식'을 강조하거나 '인지공동체'의 수립이 문제 해결의 유일한 해법임을 주장하는 것이 아니라 '인지'의 중요성을 설명하려는 것뿐이다. 처음에는 '인지'의 결여로 인한 손실을 실감하지 못할 수도 있지만 나중에는 감당하기 어려운 피해가 닥칠 수도 있다. 이는 이해하기 어려운 일도 아니다. '인지' 상의 미세한 차이가 자연스러운 변화와 발전을 거치면, 특히 외부적인 요소들이 개입되면, 사회와 외교상에 나타나게 되는 후과(後果)는 상상과 예측을 초월하는 수준으로 확대될 수 있다. 바로 이런 판단에 기초하여 나는 시종 희미하게나마 한국의 사드 시스템 배치 결정을 둘러싸고 중국과 한국 사이에 펼쳐지고 있는 분쟁에도 실제로는 보다 심층적인 상호 '인지'의 괴리가 존재하고 있음을 감지하게 되는 것이다. 이는 겉으로 잘 드러나지 않는 근심이지만 그 영향은 대단히 크고 깊을 수도 있다.

마지막으로 나는 복잡한 동아시아의 역사와 현실에 기초하여 어떠한 유형의 독단적 '천하 통일'도 이미 성취가 불가능할 뿐만 아니라 중국을 포함한 어떤 지역이나 국가도 이런 불합리한 '동질성 추구'에 반대해야 할 것이라고 단언한다. 하지만 어떤 지역이나 국가든지 공통의 '인지'를 찾고 서로 '동질성 인식'의 실현을 위해 노력해야 한다고 생각한다. 이는 공통의 역사문화 전통의 재건이라는 협애한 개념으로 이해되어서는 안 되고, 보다 광범위하고 포용적이며 훨씬 더 전방위적이고 종합적이고 다차원적인 상호작용 및 상호신뢰의 과정으로 해석되어야 한다. 포용적이고 미래지향적이며 '동질성을 추구하지만 이질적인 것들도 병존할 수 있는(求同存異)' '인지 공동체'를 건립하는 것이 아마도 동아시아 지역과 국가들의 지도자들과 민중, 사회 전체가 진지하게 생각해야 할 장기적인 과제일 것이다.

행복한 공동체로 나아가는 희망

야마구치 히데코(일본)

행복한 삶이 무엇인가를 생각할 때 비로소 가족이나 사회에서 인정받고 자신의 능력을 발휘하여 어느 정도 안정된 생활을 하면서 자녀들의 미래에도 희망이 보이는 것이 아닐까 싶다.

한국은 빈부 차이가 너무 심하다. 한국2만기업연구소의 2016년 상반기 100대기업 등기임원 및 직원 평균 월급은 약 600만 원이었다. 반면 중소기업 직원 평균 월급은 약 250만 원대라고 한다. 월급부터 큰 차이가 난다. 미국에서는 운송업도 힘든 만큼 월급도 많은데 한국에서는 많은 월급을 받을 수 있는 직종이 많지 않다.

한국의 교육열이 높은 이유가 일류대학에 들어가면 대기업에 들어가 안정된 생활을 할 수 있다는 생각이 지배적이기 때문이다. 여유가 없는 가정은 사교육비도 못 쓰고 부모가 바쁘게 일을 하기 때문에 아이들에게 신경 쓸 시간도 여유도 매우 부족하다. 그러므로 교육을 못 시키면 계속

1957년 태어남. 2009~2011:서울출입국결혼이민자 네트워크 회장, 2013~현 : 이주여성공동체 '미래길' 공동대표, 2015.12~현 : 서울외국인대표자회의 역량강화 분과 의원장, 1995~현 : 유한대학 글로벌비즈니스일본어전공 강사, 2002~현 : 한국문인협회 구로지부 시분과회원, 2016~동아일보 야마구치의 한국블로그(한달 한번). 일본어강사, 서울시 다문화강사.

가난하게 살아야 하는 악순환이 되는 것이다.

우리가 인생 역전의 희망을 어떻게 가질 수 있을까?

성공마인드를 배우며

우리 주변에는 초등학교밖에 안 나와도 대기업 대표가 된 사람도 있고 고등학교까지 꼴찌였던 학생이 뭔가 계기가 있어서 분발해 전교 1등도 되고 일류대학에 진학을 한 사례도 있다. 그런 롤모델이 될 만한 사람의 사례를 발굴하고 경제적인 어려움에서 벗어날 수 있는 방법을 각자가 연구해야 한다. 누구나 행복하게 살 권리가 있는데 그런 생각도 안 하고 살고 있다.

생활을 개선하는 데 있어서 무엇보다 의식교육이 중요하다. 어렸을 때부터 비전 강의를 듣게 하고 자신의 목표를 일찍 세우게 하고 목표를 향해 매진할 수 있는 환경을 가정과 학교가 함께 만들어 줘야 한다. 글쓰기를 통해 감정을 표출하는 방법과 독서를 통한 인간 이해력 기르기, 그리고 발표능력 향상을 위해 개별지도가 필요하다.

학급 인원수가 적어지고 있어서 교사가 개별지도를 하면 좋겠다. 잘하는 학생에게만 맞춰서 수업을 진행하면 대다수가 따라가지 못하고 학업에 흥미를 잃고 만다.

마을공동체의 필요성

온 국민이 더불어 사는 마인드를 갖게끔 지역별로 마을공동체가 활성화되면 좋겠다. 퇴직한 교사들이 지역봉사로 생활이 어려운 학생들에게 방과 후 공부를 가르치거나, 밤늦게까지 일하는 부모를 대신해 노부부가 같이 밥을 먹거나, 가족이 아니지만 가족처럼 지낼 수 있는 심정공동체가 형성되면 얼마나 큰 힘이 될지 모른다. 육아환경을 개선하려면 마을공동체가 확산되어서 소규모 모임 안에서 육아, 살림, 교육문제를 해결할 수 있도록 생활을 공유하는 문화가 정착되어야 할 것이다. 세대 차이, 성별 차이, 생활수준 차이 등의 격차를 메울 수 있는 어울림의 창을 마련해서 어려움을 공유하고 서로 극복할 수 있는 방향을 모임 안에서 찾을 수 있다면 매우 바람직한 일이다.

이중 언어 교육으로 우뇌 회로를 열어

다문화가정 자녀들의 문제 중에 엄마가 말수가 적어서 아이들이 한국어를 배울 때 지장이 생기는 경우가 있다. 그런데 엄마의 나라 언어를 배워야 엄마와의 소통이 잘 되고 자존감을 높일 수 있다는 논문이 수없이 발표되었다. 아이들은 엄마와의 관계가 좋아야 정서적으로 안정되고 학습에도 집중할 수 있다. 엄마가 영어권에서 온 사람이라면 시댁이나 남편도 모국어를 적극적으로 가르치라고 할 텐데 한국보다 뒤떨어진 나라라고 생각할 때 그들이 한국어만 가르쳐주길 원한다.

뇌 연구자의 주장으로는, 아이들은 0세부터 8세까지는 뇌가 스펀지처럼 정보를 흡수할 수 있어서 몇 개 국어를 동시에 들어도 구별할 수 있다고 한다. 모차르트가 천재가 된 것도 음악가였던 아버지를 따라 어렸을 때부터 여러 나라를 돌아다니고 여러 나라 언어를 접함으로써 직감뇌인 우뇌 회로가 열려서 라고 한다. 정서적인 면이나 능력 배양 면에서 볼 때 2개 국어를 들으면서 자라는 것이 아이의 미래에 있어서도 큰 이득인데, 이런 내용들을 좀 더 대중들에게 알리고 잠재능력을 끌어내야 한다고 생각한다.

그리고 초등학교 저학년 때 세계명작을 읽게 하고 넓은 세상이 있다는 것을 알려야 한다. 게임만 하는 즉흥적인 재미로 사는 청소년들이 많아지고 있어서 장차 그들이 인품을 갖추지 못하는 어른이 될까봐 걱정이다.

유럽에서는 악기 하나를 다루는 게 중류 기준이다. 문화예술을 감상하고 고운 심성을 배양하는 것에도 교육의 목적을 두면 좋겠다.

인권교육의 강화

한국은 인권에 대한 교육을 강화할 필요가 있다. 어린아이에게 지속적인 폭력을 가해서 죽이고 암매장하는 범인이 부모였다는 사건들이 이어지고 있어서 안타까움을 금할 길이 없었다. 왜 죽을 때까지 맞아야 하는지. 누구나 신체적으로 정신적으로 보호를 받고 평등하게 대우를 받아 행복을 누릴 수 있는 권리가 있다는 것을 밥 먹듯이 복창해야 한다. 마치 범인에게 수갑을 채울 때 '당신은 묵비권을 행사할 수 있고 변호사를 선임할 수 있다'고 경찰이 알려야 할 의무가 있듯이 어릴 때부터 누구나 신체적, 언어적, 정신적인 폭력을 내가 받아야 할 이유가 없다는 것을 의식 속에 깊게 심어주어야 한다.

1948년 12월 10일 유엔총회 때 유엔 가입국 58개국 중 50개국이 찬성해 채택된 세계인권선언을 한국에 온 지 20년 넘어서야 접하게 됐는데, 인권에 관한 교육이 서양에 비해서 뒤떨어져 있다고 본다. 어렸을 때부터 누구나 나에게 손을 댈 수 없고 맞게 되면 도망가거나 이웃에게 알리고 보호를 받아야 한다는 교육을 의무화해야 한다고 생각한다.

프랑스에서 살던 한국인 유학생 부부를 동사무소에서 찾아와 2주 동안 휴가를 즐길 수 있는 돈을 주고 갔다고 한다. 시민의 권리를 외국인 학생에게도 보장해준다는 것에 놀랐다. 인권보장에 관해서 외국사례도 많이 연구하여 한국의 법에 적응하면 좋겠다.

독립심과 성인된 자각을

한국사회는 부모가 자녀의 인생에 간섭하여 진학, 취직, 결혼에 큰 영향을 끼친다. 어렸을 때부터 자립심을 키우고 뭐든지 스스로 알아서 할 수 있게 하는 교육이 필요하지 않을까.

일본에서는 '자신의 일은 자신이 스스로 하라', '남에게 폐를 끼치지 말라.' 이 두 가지를 취학 전부터 철저히 교육하므로 거의 평생 동안 이 문구가 머리를 떠나지 않다고 해도 과언이 아니다. 일본에서는 취직하게 되면 부모님께 매월 생활비를 드린다. 성인식은 공휴일이다. 관공서가 크게 행사해주고 여자들은 전통옷을 입는데 보통 부모가 이날을 위해서 백만 엔 이상 하는 기모노를 만들어 준다. 그만큼 심적으로 성인이 됐다는 자각을 가지게 하는 국민적인 행사다. 그 행사에 나가면 성인이 됐다는 기쁨과 동시에 각오를 새로이 하게 된다. 한국에서도 성인식에 모두 참여하도록 국가적인 규모로 개최하고 법 준수의 의무, 자신과 타인에 대한 책임을 일깨우도록 하면 좋겠다.

결혼문화도 바뀌어야 한다. 성대하게 출발해도 이혼하는 가정들이 많으니까 시작은 미약해도 갈수록 물질도 관계도 튼튼해질 수 있도록 간소화 시키고 내실 있고 신성한 언약식 개념으로 하면 좋을 것이다.

관광대국으로 경제부흥

한국처럼 계절마다 다른 아름다운 풍경이 있고 역사적인 문화배경이 있고 IT강국의 장점을 살려서 기술적으로도 새로운 재미를 찾을 수 있는 나라는, 지역별로 관광 사업을 활성화 시켜서 해외에서 외국인 관광객을 유치하고 관광대국으로 경제부흥을 일으키면 좋겠다. 한국 거주 외국인이 120만 명이 넘으니 각 나라 언어와 문화를 아는 사람이 중간 역할을 잘 하면 관광객 유치뿐만 아니라 사업적으로도 좋은 아이템을 발굴하고 경제적으로도 동반자 역할을 할 수 있을 것이다.

한국이 관광대국이 되기 위해서는 걸림돌이 있다. 쓰레기 처리가 큰 문제다. 캐나다에 이민 가서 오래 살다가 가족을 만나러 한국에 온 사람이 거리에서 풍기는 쓰레기 냄새를 맡고 "빈민촌 냄새가 난다"고 말했다고 한다. 서울의 강남지역에서는 발효액을 이용해서 냄새를 없애는 대책을 철저히 세우고 있는데 지역별로 차이가 나는 것 같다. 음식물 쓰레기 처리, 분리수거도 철저히 해야 한다. 쓰레기와 담배꽁초 등 어린이도 청년도 어른도 다 길가에 버리는 것에 대해서 가책을 느끼지 않는 사람이 많다. 50m마다 쓰레기통을 비치해야 한다는가 하는 법을 규정하고, 길가에 쓰레기를 버리지 않고 쓰레기통에 버리도록 어릴 때부터 교육을 잘해야 한다. 환경문제를 배우고 토론하고 스스로 깨달을 수 있도록 성숙한 시민의식을 길러줘야 하는 것이다.

무의도라는 섬에 놀러 갔더니 화장실 두 곳에 손을 씻는 수도조차 없었다. 휴지가 비치되어 있지 않은 곳도 많다. 관광지를 개발하고 찾아오는 사람을 지역경제에 도움을 주는 고마운 손님으로서 환영하는 분위기를 조성하면 좋겠다. 온 마을 주민이 정성을 다하는 만큼 사람들이 찾아올 것이다.

일본은 지방자치제가 발달되어 있어서 어디에 가든 지역별로 관광 사업이 잘 되고 있다. 지역 특산품을 홍보하고 축제 이벤트나 관광루트 개발 등 총괄해서 주력하고 있어서 어느 지역에 가든 만족할 수 있다. 그리고 길가에 쓰레기를 버리는 사람이 없다.

계몽예술활동

갈수록 살벌해지는 사회분위기를 바꾸기 위해서 긍정적이고 희망적인 문화예술단을 구성하고 영상, 방송, 노래 등에 힐링 되는 내용을 담아 특별히 활동하면 좋겠다. 태교음악처럼 마음이 편해지는 음악을 만들거나, 건전한 생각을 갖게 하여 소통을 잘 할 수 있는 긍정적인 가사를 아름다운 멜로디에 실어서 만드는 거다. 말하자면 공익광고처럼 공익성이 있는 계몽예술활동을 전개해보면 좋겠다.

인간의 자유만을 중심으로 하면 윤리적으로 문제가 되는 가사나 드라마가 사회에 만연하고 그것이 모르는 사이에 사람들을 세뇌한다. 학교에 교과서가 있듯 모범적인 기준을 갖춘 창조물을 만드는 것도 좋지 않을까 싶다.

마을공동체가 마을 미디어를 활성화시켜서 마을 구성원인 여러 지방 출신자, 여러 국가 출신자. 남녀, 부부, 연장자와 연소자, 경영자와 근로자 등 갈등요소가 생기는 내용을 전문가 상담으로 풀어나가면 문제가 해소되거나 축소되지 않을까 생각한다.

국가 중재 역할

미래의 지도자는 겸손하고 사람들 말을 잘 경청하고 포용력을 갖고 중재할 수 있는 능력을 가져야 한다고 생각한다. 국가 간의 갈등을 해소하기 위해서는 유엔이 중재할 수 있는 역량을 가져야 할 것이다.

옛날 왕 옆에 자문할 수 있는 영통인이 존재했던 것이 역사에 기록되어 있다. 인간 사회를 좀 더 입체적으로 영적인 영역까지 보면서 국가가 가야 할 방향을 지도자에게 제시할 수 있는 능력자가 존재했다.

유엔에 종교인, 철학교수, 문학인 등으로 구성된, 지상의 여러 상황을 입체적으로 파악할 수 있는 자문 집단 기구를 만들어야 한다는 의견을 들은 적이 있다.

유엔에 모여 있는 각 나라 대표들은 결국 자신의 국익을 넘어설 수 없으니 경기에 심판이 필요하듯이 중재능력이 있는 단체를 세워야 한다는 의견이다. 남북 간 소통의 창이 닫혀 있는 한 더 이상의 진전은 없다. 유엔이 중재역할을 하고 북한 도발의 목적이 무엇인지 정확히 파악하고 협의해

나갈 수밖에 없지 않는가.

인간성 회복

인간의 핵심, 가정과 사회의 핵심은 이타적인 사랑과 신뢰이다. 이것을 회복하지 못하면 결코 행복을 찾을 수 없다. 가족 간의 대화도 빈약하다. 마음의 양식을 서로 주고 받아야 하는데 몸에게만 양식을 주고 있다. 인간의 존엄성을 다시 한 번 깊게 마음에 새기고 무한한 능력을 가진 존재로서 서로 존경하는 마음으로 대하고 각자가 가지고 있는 세계를 소통으로 공유하고 내가 꼭 이겨야 한다는 욕심보다 다 같이 잘 되야 한다는 공동체 성장을 우선시할 수 있는 인격을 가지는 것이 한국사회 발전의 열쇠라고 생각한다. 친척이 땅을 사면 배 아파할 것이 아니고 우선 성공을 축하해주고 어떻게 하면 성공할 수 있는지 경청하고 모방하고 배워야 한다. 남이 떨어져야만 자기가 올라갈 수 있다는 약육강식의 부정적인 사고를 버리고 온 국민이 한국의 미래를 위해서 공익을 추구해 나가는 공인이라는 자각심을 갖고 행복한 가정과 사회를 함께 꾸려나가기를 희망한다.

제3부. 다문화 엄마들이 말해요.

작은 좌담, 깊은 생각

'다름'의 가치들이 빚어내는 '다양성' | 링크이주민통번역협동조합

왼쪽부터 남인선(중국. 난런샨), 이하연(베트남. 레티화이), 이수연(네팔. 꾸마리구룽), 산타테레시타벨라데마낭안(필리핀), 한아름(협동조합 이사)

에세이

이제 고정관념을 버리세요 | 김빈(베트남)
더불어 살아가는 시스템을 갖출 때 | 이해영(중국)
꿀벌의 삶처럼 | 조은하(필리핀)
느림과 여유, 그리고 행복탐험 | 이라(몽골)
다문화 사회에 열린 행복의 길들 | 돌람한드(몽골)

짧은 발표, 긴 여운

왼쪽부터 허령(중국), 이경숙(중국), 최진희(아시안허브 대표이사), 자야(몽골)

그 친절한 마음이 널리 확장되기를 | 자야(몽골)
시멘트와 모래에는 '물'이 있어야 | 허령(중국)
겨울옷을 봄옷으로 바꿔 입은 것처럼 | 이경숙(중국)

'다름'의 가치들이 빚어내는 '다양성'

링크이주민통번역협동조합

왼쪽부터. 남인선(중국. 난런샨), 이하연(베트남. 레티화이), 이수연(네팔. 꾸마리구룽), 산타테레시타벨라데마낭안(필리핀), 한아름(한국 링크협동조합 이사)

- 이 글은 '행복 한국사회'를 주제로 링크이주민통번역협동조합(이하 링크) 임원진 5명이 세 차례에 걸쳐 나눈 대담을 정리한 것이다.
- 링크이주민통번역협동조합은 통번역 전문 역량을 갖춘 이주민들이 직접 출자하고 운영하는 전국 최초의 이주민 주도형 직원협동조합이다. 2016년 3월 창립총회 후 4월 출범식을 열고 본격적인 사업을 시작하였으며, 8월말 현재 13명의 정조합원과 30명의 예비조합원이 이주민을 위한 공익적 통번역 지원과 함께 지자체, 의료기관, 연구기관, 일반기업 등의 의뢰에 따른 전문 통번역 서비스를 제공하고 있다.

아름 오늘부터 링크이주민통번역협동조합(이하 링크) 임원 여러분들과 3번에 걸쳐 '행복 한국사회'라는 주제로 이야기를 나눠보려고 합니다. 저희 협동조합에 이런 질문이 온 것은 이주민, 그 중에서도 결혼이주여성의 시선으로 바라본 한국사회와 행복에 대한 이야기를 듣고자 하는 것이라고 생각합니다. 결혼이주민으로서 한국사회에서 살아온 경험을 통해 한국사회가 좀 더 행복해지기 위해 풀어야 할 과제가 무엇인지 생각해 보고, 또 이 사회의 구성원으로서 행복한 한국사회를 만들어가기 위한 해법에 대해서도 함께 궁리해 보는 좋은 기회가 될 것 같습니다.

수연 그런데 행복에 대한 각자의 생각이 다를 것 같아요. 행복한 한국사회를 말하려면 먼저 행복에 대한 생각부터 짚어봐야 하지 않을까요?

인선 저는 행복을 생활 속의 만족과 기쁨이라고 생각합니다. 그러려면 우선은 경제적인 토대가 있어야 한다고 봐요. 어린 시절에는 친구들과 콩 한 쪽을 나눠먹으면서도 행복할 수 있었지만, 나이가 들고 철이 들면서 특히 내 가정을 꾸리고 부터는 가족들의 생활과 아이들의 미래를 책임져야 하는 만큼 아무래도 물질적인 부분을 생각하지 않을 수가 없더라고요.

그런 의미에서 한국은 기회의 땅이었어요. 저는 중국 심양의 코리아타운이라고 할 수 있는 서탑 지역 출신으로 어려서부터 한국문화를 접할 기회가 많았습니다. 드라마나 영화에서 비춰지는 한국은 정말 천국 같았어요. 제가 고등학교 다닐 때 저희 어머니께서 한국에 일을 하러 가신 적이 있는데, 그때 어머니 말씀이 한국은 참 깨끗하고 살기 좋은 곳이라고 하셨습니다. 그래서 저도 어른이 되면 한국에 가서 살고 싶다는 생각을 했지요.

동포라고는 해도 중국에서 한국 비자 받기가 몹시 어려운데, 회사생활을 하다 파견근무로 한국에 올 기회가 생겼습니다. 공항에 발을 딛는 순간, 어머니 말씀대로 한국은 정말 깨끗한 곳임을 실감했습니다. 하늘도 중국에서 보던 회색이 아니라 파란색이었고, 공기도 맑고, 길가도 꽃들로 장식되어 있었어요. 흰 양말을 신어도 하루 종일 까매지지 않을 정도였으니까요. (일동 웃음) 그땐 정말이지 한국에서 계속 살고 싶다는 생각이 들었어요.

테스 저도 어릴 때 너무 가난해서 무조건 해외로 나가서 돈을 벌어서 가족을 부양해야겠다고 생각했어요. 저뿐만 아니라 제 주위의 필리핀 사람들 대부분이 해외로 일하러 나가는 게 꿈이라고 했습니다. 그렇다고 필리핀에서 보낸 어린 시절이 불행했던 것도 아니고 필리핀 사람들이 불행하다고 생각하지도 않지만, 경제적 어려움 때문에 아이들이 학교도 제대로 다니지 못하는 경우가 많았어요. 필리핀 사람들은 내 아이나 조카들의 교육을 위해서, 또 고생하신 부모님의 노후를 조금이라도 편하게 해드리고 싶어서 해외로 이주노동을 가는 경우가 많습니다. 물론 저는 대학교 다닐 때 필리핀에 어학연수 온 남편에게 영어 과외를 해주다 사랑에 빠지는 바람에, 이주노동의 꿈을 이루지 못하고 결혼이주를 하게 되었지만요. (웃음)

저도 처음 결혼해서 한국에 왔을 때는 무조건 한국이 필리핀보다 좋았습니다. 시설도 그렇고, 교통도 그렇고, 환경도 좋았고요. 필리핀과 비교하면 한국은 생활이 몹시 편리하고 안전한 사회입니다. 빈부격차에서 상대적인 불평등과 예외적인 상황들은 있지만, 심각한 수준의 절대적 빈곤은 찾아보기 어렵지요. 여전히 부족한 점들이 많겠지만 한국사회는 사회 구성원의 행복을 키우는 방향으로 애써왔고, 구성원 역시 자기만의 행복이 아니라 이주민을 포함한 사회 전체의 행복을 위해 애쓰는 사람들이 많다고 생각합니다. 그래서 저는 한국에서 사는 것이 좋습니다.

그런데 이상하게도 한국 사람들은 별로 행복해 보이지가 않아요. 처음에는 왜 한국 사람들은 경제적으로 더 못 사는 필리핀 사람들보다 잘 웃지 않고 자유롭게 행동하지 못하는지 이해가 잘 안 되었어요. 그런데 여기서 20년쯤 살다 보니까 이해가 되는 부분이 있어요. 한국 사람들은 쉽게 만족하지 않고, 스스로 만족감을 표현하는 데도 인색해요. 너무 완벽한 목표를 세우고, 계속 목표를 향해 달리면서 지금 이 순간의 행복이나 만족을 누리지 못하는 것 같아요. 한국사회의 '빨리 빨리'가 빠른 경제적 성장과 민주화에 도움이 되었겠지만, 충분히 풍요롭고 행복을 표현해도 좋을 것 같은 지금도 뭔가 더 높은 곳을 향해 달리고만 있는 것 같아요.

필리핀 사람들이 갖고 있는 공통적인 태도 중에 '해피 고 럭키(Happy! Go, Lucky!)'라는 것이 있어요. 어떤 사람은 필리핀 사람들이 깊게 생각하지 않고 게으르다고 말하기도 하지만, 긍정적으로 생각하면 작은 것에도 쉽게 기뻐하고 만족감을 자유롭게 표현하는 태도로 볼 수 있다고 생각해요. 한국에서는 행복이 표현해선 안 되는 비밀인가요? 기쁘고 즐거운 마음, 나의 행복을 편하게 표현하고 또 주위 사람들과도 나눌 수 있다면 좋을 텐데 말이죠.

아름 듣다 보니 '사촌이 땅을 사면 배가 아프다'라는 한국 속담이 생각납니다. 남이 잘 되면 속이 상한다는 말인데, 사촌은 아예 타인도 아니고 가까운 친척인데도 누군가에게 좋은 일이 생기면 함께 기뻐하고 축하해주기보다, 나에게 좋은 일이 생기지 않은 것을 속상해하고, 내가 못 가진 것을 가진 사람을 시기하고 미워하기까지 하는 마음이 있는 것 같아요. 물론 다른 문화권에도 비슷한 속담이 있겠지만, 많은 한국인들이 물질적 풍요를 누리면서도 행복하다고 느끼지 못하는 데에는 상대적 박탈감이 중요한 요인인 것 같아요. 그리고 행복에 대한 자신만의 기준을 갖지 못하고, 늘 남과 비교하고 남보다 잘나야 한다는 생각을 강박관념처럼 갖는 것도 문제인 것 같고요.

하연 저는 비교가 무조건 나쁜 것은 아니라고 생각해요. 경제적으로나 일에 있어서나 자신의 목표를 갖고 노력하는 가운데 주변 사람들과 비교를 통해 자신이 이룬 것을 돌아보고, 좀 더 나은 삶을 향해 나아가는 자세는 개인의 발전을 위해서도 좋지 않을까요? 이만하면 충분하다고 쉽게 만족해버린다면 발전이 없을 것 같아요. 물론 욕심을 지나치게 부리면 안 되겠지요. 자신의 현실과 너무 동떨어진 목표를 세우고, 너무 격차가 많이 나는 사람들과 자신의 상황을 비교하면 오히려 스트레스만 받고 역효과가 날 수 있으니까, 자신의 능력에 맞는 목표를 세워야겠지요. 제 경우도, 함께 일하는 선배와 동료들을 보면서 한국어 실력이나 통번역 분야의 전문성을 더 키워야겠다고 생각하는 것이 자기발전에 도움이 됩니다. 또 두 아이의 엄마로서, 아이 또래의 주변 가정들과 비교해서 크게 모자람 없이 아이들을 교육시키고 미래도 준비해가고 싶은 마음이 있습니다.

한국사회에서 이주민으로서 사는 우리는 한국에서 태어난 사람들과 비교해 장점도 있고 단점도 있습니다. 저와 같은 이주여성들에게 하고 싶은 말이 있는데, 이주민으로서 자신이 가진 장점을 발전시켜 나가야지 한국어가 부족하다든지 하는 단점만 의식하면서 고개 숙이지 않았으면 좋겠습니다. 또 모든 것이 낯설고 어려운 초기에야 가장 가까운 사람인 남편을 의지하기 마련이지만, 언제까지나 남편에게만 의지하지 말고 스스로 일어날 수 있어야 한다고 생각합니다. 이주여성들이 한국으로 결혼이민을 할 때 상대적으로 가난한 친정에 경제적인 보탬을 주고 싶어 하는 것은 자연스러운 일이라고 생각합니다. 하지만, 삶의 자리를 옮겨 한국에서 가정을 꾸린 이상 한국에서의 삶과 자기 가정을 중심으로 생각하는 태도가 필요합니다. 이주여성들의 남편과 시가족이 이주여성들에 대해 '돈 때문에 시집왔고, 돈만 벌면 가출할 것'이라고 생각하는 것을 주변에서 보게 되면, 이주여성 스스로가 여러 가지 이유로 한국에서 자기 삶의 중심을 잡지 못한 경우도 많다는 점을 알게 됩니다. 가족끼리 서로를 믿지 못하고 의심하는 상황을 맞지 않으려면, 이주여성 스스로가 한국에서 자기 삶의 중심을 잡고 실력을 키워야 합니다. 자기 능력으로 경제활동을 하게 되면, 내 가정에도 보탬이 되고 크게는 아니라도 친정에도 당당하게 도움을 줄 수 있습니다.

수연 제 주변에도 고향에서보다 경제적으로 잘 살고 싶다는 생각으로 한국으로 온 이주여성들의 경우, 생활환경이 기대에 못 미치면 불행하다고 느끼는 사람들이 많았어요. 고향 사람들도 마찬가지입니다. 요즘 네팔을 보면 한 마을에 몇 사람은 해외로 이주노동을 가거나 결혼이민을 한 사람들이 있어요. 해외에서 어렵게 번 돈으로 고향의 가족들에게 송금을 하는데, 한국의 물가나 이주민으로서 사는 어려움을 알지 못한 채로 보내주는 돈을 받기만 하는 사람들은 점점 더 많은 것을 원하게 되는 것 같아요. 옆 마을에 누구는 땅을 사고, 집도 새로 지었는데 우리 집은 그렇지 못하다거나, 뒷집에 누가 아이폰을 샀는데 나도 갖고 싶다거나 하는 이야기를 들으면 좀 더 보탬이 되고 싶은 마음이 들다가도 한편으론 여기 상황도 모르고 쉽게 하는 말들에 속이 상하기도 합니다.

결국 어디에서 살든 자신의 환경에 적응하고, 만족할 수 있어야 행복할 수 있다고 생각합니다. 이주민의 경우 처음에 어떤 기대를 품고 왔든지 지금 한국에서 살고 있는 이상, 한국에서의 삶에 얼마나 잘 적응하고 한국사회에서 자신의 자리를 스스로 만들 수 있느냐 없느냐에 따라 행복과 불행이 갈린다고 생각합니다.

물론 처음 한국에 왔을 때는 낯선 환경에서 말도 통하지 않고, 하나부터 열까지 모든 것을 새로 배우고 익혀 나가는 것이 무척 힘들었습니다. 생활방식이나 문화적으로 고향에서의 방식과 여기 방식이 달라서 생기는 어려움들이 많았지요. 예를 들면, 어른을 공경하는 마음은 같아도 그걸 표현하는 방식이 다르고, 명절이나 제사 때 너무 형식적인 부분들을 강요하거나 같은 가족인데도 무조건 여성은 기다리고 참고 보살펴야 한다는 부분들이 잘 이해되지 않았습니다.

그리고 가족이나 친척, 심지어 친하지 않은 사이인데도 개인적인 일들에 대한 간섭과 참견이 좀 심한 것 같아요. 제가 이주민이라서 더 그런지 모르겠지만, 지하철에서 처음 보는 사람이 어느 나라에서 왔느냐부터 시작해서 아이는 있느냐, 왜 아이를 안 낳느냐, 남편은 뭐하냐, 월급은 얼마냐까지 아무렇지도 않게 물어보는데, 정말 황당해서 말이 안 나오더군요. 나와 다른 타인의 삶의 방식을 존중하는 태도, 그건 기본적인 예의라고 생각하는데, 한국사회에는 아직 기본예의조차 지키지 않는 사람들이 생각보다 많은 것 같습니다.

아름 결혼하지 않은 삼십대 여성으로서 명절은 한국에서 나고 자란 제게도 마냥 편하기만 한 자리가 아닌데요, 개인의 삶에서 정말 중요한 문제인 결혼이나 출산에 대해 누구보다 제 자신이 많은 생각과 고민을 하고 있음에도 불구하고, 일 년에 한두 번 만나는 친척들이 너무 쉽게 제 인생에 참견하는 이야기를 듣는 것은 정말 고역입니다. 제 남동생은 일반기업에서 직장생활을 하다가 퇴사를 결심하고 서른이 넘어서 공무원이 되었는데요, 공무원시험을 준비하는 몇 년 동안 친척들 만나는 자리를 되도록 피하는 눈치였습니다. 그렇지 않아도 취업난이 심각한 요즘 같은 때 취직을 못했다고 사회관계가 단절되는 현실을 납득하기 어렵지만, 실제로 많은 사람들이 학업, 취업, 소득 등에 있어서 사회적으로 통용되는 일정한 기준에 못 미친다는 생각에 괴로워하고 심지어 목숨을 끊기도 합니다.

OECD 가입국 중에서 한국이 10년 넘게 자살률 1위를 기록하고, 어린이와 청소년의 행복지수와 출산율이 꼴찌를 면치 못하는 것도 이런 사정과 무관치 않아 보입니다. 더 나은 미래를 위해 현재의 행복을 미루고 장시간의 노동을 견디는 가장들, 맞벌이에 자녀 교육까지 책임져야 하는 주부들, 수면시간까지 줄여가며 대입만을 준비하는 청소년들, 비싼 등록금 내고 대학 졸업장을 따도 학자금 대출을 갚을 수 있는 직장에 취업하기가 하늘의 별 따기인 청년들, 국민소득은 3만 달러를 바라본다는데 폐지 줍는 노인들이 도시의 거리를 배회하는 한국을 과연 행복한 사회라고 할 수 있을까요? 오죽하면 '헬조선'이라는 신조어가 생겼을까요. 좀 더 나은 삶을 위해 이 땅을 찾는 이주민들이 늘고 있는 한편에서는, 더 나은 미래를 꿈꿀 수 없는 절망 속에서 한국을 떠나고 싶어 하는 젊은이들과 극단적인 선택으로 삶을 포기하는 이들이 공존하는 것이 지금 한국의 현실인 것 같습니다.

저는 한국사회의 불행이 경제 성장을 위해 개발과 경쟁만을 앞세우면서 그런 시절에 다양한 삶의 가치들에 관심을 두지 못한 데서 기인한 게 아닐까 싶습니다. 개인마다 능력과 개성이 다른데도, '다름'은 존중되지 않고, '잘 살아보자'는 유일한 목표를 향해 달리는 무한경쟁에서 옆 사람을 돌아볼 여유가 있을 수 없지요. 경쟁에서 밀려난 사람에게 재기의 기회가 잘 주어지지도 않을뿐더러, 실패의 원인을 개인의 무능으로 돌리는 인식이 팽배한 탓에 실패를 경험한 사람은 격려와 응원이 아니라 무시와 조롱의 대상이 되기 십상입니다. 더 큰 문제는 경쟁과 성과 중심의 인식이 한국사회 구성원들에게 내면화되어 있기 때문에, 작은 실패에도 쉽게 절망하고 자존감이 상하고 낮아진 것으로 인한 모멸감을 자기보다 더 약한 사람을 향한 폭력으로 분풀이하는 경향이 위험수위를 넘고 있다는 것입니다.

테스 자존감과 자존심은 다른 것이지요? 제 생각에 한국 사람들은, 한국이 넘버원이어야 한다는 자존심이 너무 강한 것 같아요. 필리핀 출신 이주여성인 이자스민 씨가 국회의원일 때, 다른 국회의원들과 마찬가지로 잘한 일도 있고 잘못한 일도 있을 텐데, 그를 비난하는 이야기를 들어보면 단지 그가 이주민이라는 이유로 그를 미워하는 것 같다는 느낌을 받을 때가 많았습니다. 아니, 그냥 외국인도 아니고 한국보다 못하는 나라인 필리핀에서 온 여자가 왜 '우리나라' 국회의원을 하느냐, 한국말도 제대로 못하는데 무슨 국회의원이냐, 심지어는 남편도 죽었는데 필리핀으로 돌아가라는 말까지 있더군요. 이자스민 씨는 한국 국적을 취득했고, 한국에서 아이를 낳아 기르고 있는 엄마로서 다양한 활동을 하다가 인지도를 얻어서 이주 배경 사회구성원들의 목소리를 대변하는 역할로 국회의원이 된 건데, 그게 그렇게나 많은 욕을 먹어야 하는 건지 이해하기 어려웠습니다. 물론 이자스민 씨가 국회의원직에 있을 때 한국사회와 이주민을 위해 좀 더 많은 역할을 해주었으면, 귀중한 기회를 얻은 만큼 최선을 다해 훌륭한 롤모델이 되어 주었으면 하는 기대에 비추어 아쉬운 점도 있지만, 이제는 우리들이 뒤를 이어가야 한다고 생각합니다. 아, 제가 정치를 하겠다는 말은 아니니 오해는 마세요. (일동 웃음)

제가 한국에 온 것이 올해로 23년째인데요, 어느덧 필리핀에서 산 시간보다 한국에서 살아온 세월이 더 길어졌지만 아직도 한국사회가 저를 온전히 한국 사람으로 받아들인다는 느낌은 못 받아요. 외모가 다르니까 어딜 가도 어느 나라 사람이냐고 묻고, 어쩌다 한국 사람이라고 대꾸하면 농담하지 말라는 식입니다. 국적은 한국으로 바꾸었지만 부모님이 주신 이름은 간직하고 싶어 개명하지 않았는데, 어딜 가나 왜 이렇게 이름이 기냐, 불편하지 않냐, 왜 한국이름으로 안 바꾸냐고 물어요. 링크가 협동조합을 만들고 등록하는 과정에서도 구청에서 이사장인 제 이름을 잘못 기재하는 바람에 재발급 받으러 갔는데, 구청의 행정 실수마저도 제 이름이 긴 탓을 해요. (웃음) 지금은 마음의 여유가 생겨 웃고 넘기지만, 이제 막 한국생활을 시작하는 이주민들에게는 이런 사소한 일들이 높은 벽으로 느껴질 수 있습니다.

결론적으로 한국사회가 이주민을 받아들인 지 20년이 넘었지만 아직도 이주민을 받아들일 준비가 안 된 것 같다고 할까, 이주민과 어떻게 더 불어 살아가야 할지 잘 모르는 것 같아요. 일손이 부족해서 이주노동자들을 받아들였지만 이주노동자는 회사를 마음대로 옮길 수 없다고 엄연한 차별을 인정하는 법이 그대로이고, 한때 결혼하는 10쌍 중 1쌍이 국제결혼이었을 정도로 결혼이주여성들이 많이 들어왔고 그 아이들이 한국 국민으로 자라고 있음에도 '다문화가정'이라는 말이 오히려 구분과 낙인의 상징이 되어버렸지요. 물론 과거에 비하면 정말 많이 나아졌지만, 아직도 차별은 남아 있고 외환위기(IMF사태) 때나 요즘처럼 경제가 어려워지면 외국인혐오 같은 게 더 심해지는 것 같아요.

인선 중국 동포인 저는 한국에서 다른 나라 출신의 이주민들보다도 더 심한 편견을 경험했을 때 큰 충격을 받았어요. 주변 사람들이 제 말투를 듣고 조선족이라 얕본다는 느낌을 받았습니다. 그래서 말을 하기가 두렵고, 사람들과 관계 맺기가 무서워서 결혼하고 몇 년간은 거의 집에만 틀어박혀 살았어요. 한국이 살기는 좋지만, 어떻게 적응해야 할지 막막했습니다. 그래서 어딜 가도 조선족이라는 소리를 듣지 않으려고 열심히 한국어를 배우고 익혔습니다.

이제는 어디서건 두려움 없이 말할 정도가 되었지만, 사회적 편견 때문에 여전히 아이 또래 학부모들이나 잘 모르는 사람들에게 제가 중국 출신이라는 말을 쉽게 못합니다. 혹시라도 아이들한테 좋지 않은 영향을 줄까봐 두려워서요. (눈물) 중국 출신이라도 한족은 특별한 편견 없이 대하는 것 같은데 조선족이라고 하면 마치 사기꾼, 살인자, 인신매매범 같은 범죄자들의 집단처럼 보는 시선이 느껴집니다. 조선족을 조롱하는 개그 프로그램이나, 범죄사건의 피의자가 조선족임을 부각시키는 뉴스도 불편하지만, 특히 인터넷 댓글은 조선족에 대해 안 좋은 얘기들이 너무 많아서 혹시라도 아이들이 볼까봐 전전긍긍합니다. 한국사회는 조선족을 같은 동포라고 하지만 더 차별적인 태도로 대하는 것 같습니다. 재미동포나 재일동포는 한국 입출국도 자유로운데, 재중동포는 비자 받는 것부터가 어려우니 동포들 간에도 차별이 있지요. 가난해서 돈 벌러 온다며 무시하는 것은 물론이고 국적이 중국이라는 이유로 무슨 매국노처럼 대하는 사람도 있습니다. 결혼해서 한국 국적을 받고 내 나라라고 생각하며 10년을 살았지만 조선족에 대한 여전한 차별, 편견을 느낄 때면 정말 여기가 내가 있을 곳이 맞는지 혼란스럽습니다.

하연 언니가 동포여서 어려서부터 한국어와 중국어를 할 수 있어서 좋았겠다고 생각했는데, 동포에 대한 편견 때문에 그런 어려움이 있는 줄은 미처 몰랐어요. 하지만 어렵더라도 아이들이 엄마의 출신국 때문에 위축

되는 일이 없도록 좀 더 힘을 냈으면 좋겠어요. 저는 아이들이 친구나 선생님 앞에서 엄마가 베트남 출신이라고 말하고, 그래서 베트남어도 할 수 있다고 말할 때 정말 행복하거든요.

사실 지금 유치원에 다니는 큰 아이가 처음에는 베트남어 배우는 걸 싫어했어요. 베트남식 이름도 지어줬는데 그 이름으로 부르면 대답도 안하려고 하고요. 아이가 '나는 한국에서 태어났는데 왜 베트남 사람이냐, 엄마는 베트남 사람인데 왜 한국에 왔냐'고 따지기도 했지요. 하지만 지금은 학원 친구가 '너희 엄마는 외국 사람이네'라고 놀리듯이 말해도, 딸은 '그래서 나는 한국말도 할 줄 알고 베트남말도 할 줄 안다'고 당당하게 이야기할 정도가 되었어요. 얼마 전 급한 일로 베트남 환자 분 통역을 하러 병원에 갈 일이 있었는데, 아이를 맡길 데가 없어서 같이 데려가서 통역을 진행했습니다. 나중에 알고 보니 아이가 그 이야기를 유치원 친구들과 선생님께 자랑했다고 하더라구요. 우리 엄마는 한국말과 베트남말을 할 수 있어서 병원에 가서 통역도 하고 다른 사람을 도와준다고요.

테스 우리 아이들이 '우리 엄마는 외국에서 왔어, 이주여성이야'라는 얘기를 숨길 필요도 없고, 아무렇지 않게 할 수 있는 날이 어서 와야 한다고 생각합니다. 저도 처음에는 제가 아들 학교에 가는 것이 아들에게 부정적인 영향을 미칠까봐 걱정했는데, 아들은 엄마가 학교에 오는 게 더 좋다고 하더라고요. 자기는 엄마 아들이고 아빠보다 엄마를 더 닮았다고 하면서요. 남편도 아들이 혹시 왕따 같은 걸 당하지 않을까 걱정하는데, 아들이 상관없다고 하길래 앞으로는 더 자신 있고 당당하게 자신의 정체성을 찾을 수 있게 행동하라고 격려해줬어요.

이주 배경을 가진 아이들이 한국사회에서 당당하게 살아가려면, 이주여성들의 인식도 바뀌어야 한다고 생각합니다. 한국의 이주 정책은 이주민에 대해서도 이주노동자, 결혼이주민, 유학생, 난민, 미등록 이주민 등으로 카테고리를 나누고 따로 분리하는 방식을 취하는 것 같아요. 다른 이주민에 비해 결혼이민자들에게 상대적으로 많은 예산을 지원하는 것도 불공평하지만, 다문화가정만 따로 분리해서 의료비나 보육료, 급식비 같은 것을 주는 방식은 좋지 않다고 생각합니다. 아이 급식비를 못 낼 정도로 가난한 것도 아닌데, 단지 다문화가정이라는 이유로 우리 아이만 따로 무료급식 대상이 되는 것을 저는 원치 않아요. 다문화가족에 대한 일방적인 지원이 오히려 다른 사회구성원들에게 반감을 불러일으키고, 아이에게도 자기는 뭔가 부족한 집의 아이라는 인식을 심어주는 것도 문제고, 이주여성들이 뭔가를 자꾸 받기만 하는 데 익숙해지지 않을까 하는 걱정도 듭니다. 저는 링크가 만들어지기 전까지 링크의 모법인인 '(사)이주민과 함께'에서 20년 가까이 자원봉사활동을 하면서 필리핀 출신의 이주노동자를 도왔는데, 받아서 좋은 것보다 줄 수 있는 기쁨이 더 크기 때문이었어요. 이주여성들이 자신이 가진 능력을 인정받고, 펼칠 수 있다면 한국사회에도 훨씬 힘이 될 거라고 생각합니다.

김치 담그기나 합동결혼식은 이제 정말 그만해도 되지 않을까요? 그보다 중요한 건 이주여성들이 한국사회의 당당한 구성원으로 자립할 수 있도록 격려하고 응원하는 것입니다. 이주여성에게 필요한 것은 공짜 상품권이 아니라 성장과 교육의 기회입니다. 기초 위주의 한국어 교육, 일방적인 사회통합교육, 이주여성의 욕구나 적성과는 무관한 한국요리조리사 보조 같은 취업교육 말고 실질적인 사회참여의 기회를 열어주는 정책이 필요합니다. 이를테면 한국의 대학으로 편입하는 유학생들을 위한 어학코스처럼, 이주여성들이 출신국에서 취득한 학력이나 자격 등을 일정하게 인정해주고, 한국사회에서도 그 능력을 발휘할 수 있는 연결과정을 마련한다든지, 금융이나 부동산처럼 한국생활에 필요한 생활정보에 대한 접근을 좀 더 쉽게 하는 서비스들이 생기면 좋겠어요.

인선 링크가 이주여성들의 힘으로 협동조합을 설립하는 도전을 할 때도, 공익재단에서 창업을 위한 실무교육과 창업지원금을 받은 것이 큰 힘이 되었잖아요? 그래서 저도 협동조합 회계세무라는 낯선 분야에 도전하게 되었고, 힘든 과정이었지만 노력의 결실로 부가가치세 환급을 받았을 땐 정말 뿌듯했습니다. 링크의 협동조합 출범을 보도한 TV뉴스에 제가 나오는 걸 보고 주변사람들도 알아봐주고, 특히 아이가 엄마를 자랑스러워 할 때도 참 기뻤고요.

하연 저희 아이도 제가 TV에 나왔다고 어린이집에 가서 자랑을 했다던데. (일동 웃음) 정말이지 아이들이 엄마의 출신국이 어디라는 것 때문에 위축되지 않을 수 있어야 행복한 사회라고 생각합니다. 엄마들도 계속 노력해야겠지만, 학교에서도 다문화가정의 아이들이 밝고 건강하게 자랄 수 있도록 교과서 속의 차별적인 내용을 수정하고, 영어처럼 엄마나라 언어들을 좀 더 폭넓게 배울 수 있는 기회가 생기면 좋겠어요. 지금도 방과후 수업으로 이중언어교실이나 다문화수업이 있기는 하지만, 좀 더 포괄적으로 정규 교육과정에 다양성과 인권에 대한 교육이 포함되기를 바랍니다.

수연 저도 링크에서 일하면서 한국사회에 제 자리가 생겼다는 느낌을 받습니다. 물론 부족한 점이 많지만 앞으로 계속 보완해가면 된다고 생각합니다. 협동조합에 출자를 하고, 임원으로 참여한다는 것은 분명 쉽지 않은 도전이었지만, 도전하는 모습을 좋게 봐주시는 분들이 많아서 관심도 많이 받게 되고 앞으로 더 열심히 해야겠다는 생각이 듭니다. 한국사회에서 큰 역할을 하는 건 아니지만, 그래도 뭔가 할 수 있는 사람이 된 것 같은 느낌이고, 다른 이주민들도 좀 더 인정받을 수 있도록 제가 어떤 역할을 할 수 있을까도 생각하게 됩니다.

테스 저도 처음 링크이주민통번역협동조합의 이사장직을 맡아달라고 했을 때는 과연 내가 잘 할 수 있을까 자신이 없었지만, 지금은 도전을 두려워하지 않고 씩씩하게 자신을 성장시켜가는 동료들과 함께 하기를 참 잘했다고 생각합니다. 좀 더 행복한 한국사회를 위해서는 이주민들 스스로의 노력도 필요하겠지요? 한국사회가 이주민의 '다름'을 인정하고 존중해주기를 바라는 만큼, 이주민들 스스로 자신의 정체성을 당당하게 여기며 자신이 갖고 있는 '다름'에서 가치를 발견하고 성장시켜가는 노력이 중요합니다. 그런 의미에서 링크 조합원 중에서 이사장인 제 한국어 실력이 제일 부족한데, 앞으로는 더 열심히 공부하겠습니다. (일동 웃음)

아름 '차이'를 '차별'의 근거로 삼는 대신, '차이'에서 '다름'의 가치를 발견하고 그걸 성장시킨 '다양성'의 풍요로움이 한국사회를 좀 더 행복하게 만들 수 있다면 얼마나 좋을까요? 링크가 협동조합으로 새로운 도전을 시작한 2016년도 얼마 남지 않았네요. 새해에는 한국사회의 모든 구성원들이 자신만의 가치를 발견하고 서로의 '다름' 속에서 행복할 수 있기를 기원하며, 내년에는 새해 덕담으로 "부자 되세요!"나 "대박나세요!" 대신, "당신다운 삶을 응원합니다!"라고 말해보면 어떨까요?

이제 고정관념을 버리세요

김빈(베트남)

개인주의를 줄이고 공동체를 지향해야 하며, 외국인에 대한 따듯한 시선이 더욱 필요합니다.

예로부터 대략 2005년까지 한국은 자신들의 일상적인 언어습관 속에서 '커다란 민족국가'였습니다. 한국인들은 '우리'라는 표현을 아주 광범위하게 사용했습니다. 예를 들어, 우리 회사, 우리 거리, 우리 공원처럼……. 한국인들은 그렇게 공동체 의식이 아주 높았습니다. 언제나 민족 고유의 문화적 특색을 유지하고자 했습니다. 그래서 2005년 이후부터 외국인들이 물밀듯이 한국으로 몰려들자 한국인들은 깜짝 놀랄 수밖에 없었습니다. 갑자기 엄청나게 불어난 이주민 숫자에 정부조차 제대로 된 대비책을 마련할 겨를이 없었습니다. 한국에 온 외국인 부류는 다양합니다. 유학생, 대학원생, 일반노동자, 결혼이주여성, 특히 동남아에서 온 결혼이주여성들이 많은 수를 차지합니다. 베트남, 필리핀, 캄보디아…… 그리고 중국까지. 이 외국인 여성들과 한국인이 결혼한 가정을 한국사회에서

1985년 3월 9일 태어남. 베트남 유명한 관광지역인 유네스코 세계자연유산 '하롱베이'가 고향. 한국에 온 지 10년 됨. 남편과 초등학교 4학년 딸 1명. 서울시에서 위탁받아 다문화(베트남 문화)를 강의하고 있음. 경찰서와 법원에서 한-베 통역사 활동.

는 다문화가정이라고 부릅니다.

많은 사람들이 한국에 온 외국인들을 두 팔 벌려 환영하기도 하지만, 그 주변에는 또한 외국인들이 한국에 오는 것을 좋아하지 않는 사람들도 있습니다. 그들은 한국이 예전처럼 자기 민족 고유의 길을 따라 발전하기를 원합니다. 그들은 외국인들이 너무 많이 한국에 와서 자신들의 삶에 안 좋은 영향을 끼치고 있고, 사회를 아주 복잡하게 만들고 있다고 잘못을 떠넘깁니다. 그런데 그들은 '만약 그 많은 수의 외국인 노동자들이 없었다면 어느 누가 열악한 환경 속에 놓인 공장, 기업, 중공업 업체에서 험한 노동을 할 것인가'에 대해서는 생각하지 않습니다. 외국인 노동자들도 월급을 받을 때 일정 부분을 떼어내어 한국 국세청에 세금을 납부합니다. 한국인이 아닌데도 세금을 납부하고 있기에, 외국인 노동자들의 권리를 보호해줄 수 있는 구체적인 조직이 있어야 한다고 생각합니다.

다음으로는 다문화가정의 신부들 문제입니다. 많은 한국인들이 외국인 신부들은 저학력이며, 오로지 돈을 좇아서 한국남자랑 결혼한 것이라고 무시합니다. 하지만 이런 신부들이 없었다면 누가 35세에서 40세, 심지어는 50세, 때로는 그 이상의 나이를 먹은 한국남자랑 결혼을 하겠습니까. 한국처럼 출산문제가 점점 더 심각해지는 나라에서 외국인 신부가 나이 많은 한국남자랑 결혼하지 않았다면 한국이 현재와 같은 인구수를 유지하기 어려웠을 겁니다. 바로 그러하기에 그저 앉아서 외국인 여성들을 비난할 것이 아니라 자신들의 생각부터 제대로 돌아보아야 합니다. 한국인들의 지적이 틀린 것만은 아니지만 그 신부들 또한 부모와 형제, 가족, 친척, 고향을 떠난 고통과 손해를 감수하고, 머나먼 한국에 와서 남편, 그리고 남편의 가족들과 함께 살고 있다는 사실, 게다가 모든 것이 낯설고 한국의 풍속과 관습에 적응하기가 아주 어렵다는 것을 이해해주어야 합니다. 때문에 한국인들도 역시 손을 모아서 그 신부들을 도와주어야 합니다. 그들이 한국생활에 어서 빨리 정착할 수 있도록, 낯선 나라에서 살면서 적응하기 어려운 부분을 조금씩 줄여나갈 수 있도록 도와주어야 합니다.

다문화가정을 위한 한국어교육센터가 더 많이 필요합니다

2016년 8월까지 대다수의 다문화가정은 아내와 남편, 자녀와 아빠 간의 나이 차이가 아주 심합니다. 남편의 나이가 띠동갑을 넘는 것이 일반적이고, 두 바퀴 띠동갑을 넘는 경우도 많습니다. 그들은 나이가 많을 뿐만 아니라, 저학력인지라 안정적인 직업에 높은 수입을 갖기 어렵습니다. 아주 장시간 동안 노동해야할 뿐만 아니라 그 어떤 고생도 감내해야 합니다. 그런 까닭에 그들은 집에 오자마자 편히 쉬기만 바랄 뿐 자녀들의 학업에 관심을 기울일 겨를이 없습니다. 그런데 엄마 또한 학력이 높은 경우가 드물고, 대다수가 저학력인지라 한국어 공부에도 많은 시간이 소요됩니다. 하지만 경제적인 사정으로 인해 한국어 공부에 시간을 오래 투자하기 어렵습니다. 그들은 단지 일상생활에서 자주 통용되는 문장들을 배울 뿐입니다. 생계를 위해 그들은 식당에서, 음식점에서, 공장에서 근로자로 일합니다. 이런 종류의 일들은 수입이 적을 뿐더러, 자기 자신을 발전시킬 기회도 없습니다. 그러나 신부들에게는 다른 선택의 여지가 없기에 여전히 그 일을 계속할 수밖에 없습니다.

아빠와 엄마 모두가 가정의 생계 때문에 바쁘게 일하느라 다문화가정의 아이들은 한국가정의 아이들보다 손해를 꽤 많이 봅니다. 부모가 자녀교육에 관심을 기울일 여력이 없기에 공부에 열심인 아이들조차도 학교의 교과과정을 따라가기가 어렵고, 동급생들의 학업수준을 따라가기 어렵습니다. 바로 그러한 까닭에 다문화가정을 위한 보충수업 센터가 정말 필요합니다. 제가 아는 바로는 초등학생 대상 한 달 과외비가 한 과목에

10만원에서 15만원입니다. 중학생 대상 한 달 과외비는 한 과목 30만원에서 50만원입니다. 고등학생 대상 과외비는 훨씬 더 비쌉니다. 경제사정이 어려운 다문화가정은 과외학원에 자신의 자녀를 보낼 엄두를 내지 못합니다. 한국처럼 천연자원이 부족한 나라에서 명문대학 졸업장을 받기 위해 공부하지 않고서는 높은 수입을 얻을 수 있는 안정적인 직업을 구하기 어렵습니다. 바로 그러하기에 정부와 교육부는 이런 상황에 처해 있는 다문화가정 아이들에게 도움이 되는 실질적인 정책을 만들어야 합니다. 아이들에게 미래로 나아갈 길을 연결시켜주어야 합니다. 다문화가정의 아이들이 친구들의 학업수준을 따라가서, 자기 스스로 미래를 만들어갈 수 있도록 도와주어야 합니다. 이를 통해 한국이 더욱 발전하고 부강해질 수 있을 거라고 생각합니다.

다문화가정과 외국인에 대한 차별이 사라져야 합니다

아주 많은 한국인들이 외국인들을 그동안 차별했고, 지금도 차별하고 있습니다. 어떤 지역에 외국인이 많이 살고 있으면, 한국인들은 그곳에 오지 않습니다. 그들은 그 지역이 안전하지 않은 곳이며, 아주 복잡한 문제들이 발생하는 곳이라고 생각합니다. 나이가 많은 사람들은 아예 외국인들과의 접촉을 피합니다. 한국 부모들은 자녀들이 다문화가정의 자녀들과 어울리거나 놀지 못하게 합니다.

그들은 다문화가정을 무시합니다. 다문화가정은 저학력에다 경제수준이 낮아서 함께 어울릴 수 없는 부류라고 여깁니다. 그들은 그렇게 자기 멋대로 다문화가정의 사람들을 무시하고 아주 낮게 평가합니다. 이것이 참으로 서글픈 현실입니다. 반드시 사라져야할 문제라고 비판 받아 마땅한 모습입니다. 그러나 그들의 고정관념을 깨기 위해서는 많은 시간이 필요합니다. 지방정부에서부터 중앙정부까지, 그리고 모든 매스컴과 신문

방송의 계도운동이 결합되어야 합니다. 사회가 나날이 더 행복해지려면 그 사회는 반드시 평등한 조건 속에서 서로 화합하고, 사람과 사람 간의, 부자들과 평범한 사람들 간의, 한국인과 외국인 간의 따뜻한 시선과 포용이 필요합니다. 극단적인 생각들, 계급 갈등, 피부색에 따른 인종 차별이 최대한 없어져야 하고, 한국인과 외국인들 모두가 자신의 삶이 안전하고 평화롭고 행복하다고 느낄 수 있어야 합니다.

노동 능력이 아직 있는 나이 많은 저학력 계층과 결혼 이주 여성들에게 안정적인 일자리를 제공해야 합니다

남편이자 아빠는 한 집안의 기둥입니다. 가정이라는 한 배를 안정적으로 운행하기 위해서는 우선 그들이 가정 경제를 안정적으로 꾸릴 수 있어야 합니다. 그들의 책임은 참으로 큽니다. 바로 그러하기에 안정적인 일자리를 구하고 그 일을 유지하는 것은 그들의 아주 커다란 책무입니다. 졸업장이나 높은 전문지식이 필요 없는 직종일지라도, 공사장이나 공장, 광산업 등 열악한 작업장 역시도 정부의 관심 아래 월급이 안정적으로 지급될 수 있도록 하고, 편안하고 안전한 환경이 보장되어야 합니다. 어떻게 하면 그들이 언제나 안정적인 직업을 오래도록 안전하게 가질 수 있을지 관심을 기울여주어야 합니다. 퇴직한 노인들이 여전히 일할 능력이 있다면, 만약 그들이 나라와 사회에 공헌하고자 한다면, 그들을 받아줄 수 있는 기업이 있어야 합니다. 왜냐하면 그들은 아주 오랜 세월 동안 노동을 한 숙련된 경험자이기 일을 잘할 것이 분명하기 때문입니다.

그리고 결혼이주여성 역시 대다수는 가정의 수입이 적기에 그저 집안일만 하면서 남편의 월급만 기다리고 있다면 가족의 하루하루 생계만 겨우 유지될 뿐 여유를 갖기 어렵고 저축하기도 어렵습니다. 만약 자녀가 많은 가정이라면 가난 속에 빠질 가능성이 높습니다. 게다가 다문화가정은 남편의 나이가 많아서 십 년 또는 십오 년, 이십 년 후에는 60세 이상이 됩니다. 그때 어떤 회사나 공장이 그들을 받아들여서 일을 시킬까요. 가정의 기둥이 일할 곳이 없다면 가정경제의 부담은 고스란히 아내의 어깨를 짓누르게 됩니다. 더구나 결혼이주여성은 전문 지식이 없고, 한국어 소통의 한계가 있어서, 어떻게 직장 환경에 적응할 수 있을지, 어떻게 자신에게 알맞은 직업을 찾을 수 있을지 어려움이 있습니다.

이런 부분이 관계당국자들이 깊게 신경을 써주어야 할 아주 중요한 문제입니다. 다문화가정이 먹고사는 문제에 어떤 어려움에 직면해 있는지 잘 살펴보아야 합니다. 수입이 적은 가정, 사회 속에서 어려움에 직면한 가정에 대해 회사가 이들을 노동자로 받아들이는 노력을 더 해야 합니다. 사회 속의 예비인력문제를 해결하기 위해서 노동자 계층을 위한 일들을 많이 만들어내고, 안정적인 수입을 위한 안정적인 일자리를 가질 수 있게 도와주어야 합니다.

다문화가정이 공평하고 평등한 대우를 받고 사회 속에서 발전의 길을 찾을 수 있게 해주어야 합니다

다문화가정의 운명을 그저 받아들이고, 물질 결핍의 생활고를 그저 견디는 사람들이 있습니다. 그리고 남편이자 아빠는 가정의 기둥인데 가정에 대한 책임과 의무를 다하지 않는 경우도 있습니다. 아내이자 엄마는 외국인 신부로서 한국어와 한국문화에 대해 공부해야 함에도 시간과 노력을 투자하지 않고, 한국에 살면서도 자기 고향의 문화를 유지하면서 남편의 가족들과 화합하지 않고, 불필요한 오해를 아무렇지 않게 만드는 경우도 있습니다.

하지만 여전히 많은 수의 다문화가정은 사회 속에서, 일 속에서 자발적으로 열심히 노력하고 있습니다. 남자들은 가정경제를 안정적으로 담보하고 나날이 좀 더 부유해지기 위해 열심히 일하고 있습니다. 아내는 외국인 신부로서 밤낮없이 한국어와 한국문화, 한국인의 삶의 방식에 대해 열심히 공부하고 있습니다. 어떻게든 하루빨리 한국가정의 생활방식에 적응하기 위해, 사회에 화합하기 위해, 남편 가족의 안정뿐만 아니라 사회 속의 안정적인 일자리를 찾기 위해 항상 노력하고 있습니다. 경찰, 변호사, 교사 또는 경영업종, 서비스, 은행, 의료, 식당, 음식점……. 이러한 일들은 안정적인 수입뿐만 아니라 다문화가정의 여성들이 일속에서 자신의 능력과 전문적인 기능을 발휘할 수 있습니다. 그리고 많은 사람들과 접촉할 기회를 얻을 수 있으며 자녀들이 보고 따라 배울 수 있는 거울이 됩니다. 부모가 자녀에게 미래의 이상향이 되어 자녀가 따라 배우고자 노력하게 만들고 한국어 실력을 안정적으로 발전시킬 수 있게 만듭니다. 엄마는 직장 업무를 통해 전문 분야를 갈고 닦고 연마하면서 한국어 구사능력도 점점 더 발전하게 됩니다. 이러한 부분은 재고될 만하고, 장려할 만합니다. 그들이 나날이 높이 발전할 수 있고, 더 나아가서는 한국인들이 다문화가정에 대해 갖고 있는 좋지 않은 생각을 조금이나마 지울 수 있게 합니다.

'다문화가정은 업무의 전문성이 낮고, 어려운 경제 상황에 처해 있다'라는 고정관념이 사라지는 사회가 되어야 합니다. 그런 천편일률적 사고를 지우고 다문화가정도 유복한 가정들이 꽤 있고, 안정적인 삶을 행복하게 누리고 있다는 것을 인식하게 해야 합니다.

정부와 국회, 한국인들이 다같이 협력해서 불필요한 편견을 지우고 필요한 부분들을 격려하고, 존중하고, 발전시킨다면 머지않은 미래에 한국은 더욱더 부강과 번영을 누리는 행복한 나라가 될 것입니다. 한국은 세계의 수많은 사람들이 꿈꾸는 나라가 될 것입니다.

더불어 살아가는 시스템을 갖출 때

이해영(중국)

행복의 사전적인 의미는 '생활에서 충분한 만족과 기쁨을 느끼어 흐뭇함 또는 그러한 상태를 표현하는 말'이다. '수신제가치국평천하'란 말이 있듯이 개인의 행복이 있기에 세상이 행복한 것이다. 역으로 안정된 세상이 있어야 개인의 행복도 있을 수 있는 것이다. 물론 만족과 기쁨의 기준은 개인마다 다르다. 그러나 같은 사회제도권에서 서로 영향을 주고받으면서 하나의 공동체를 이루고 있기에 개인의 행복한 삶은 그 주변의 구성원을 포함한 모든 구성원들의 삶과 관련돼 있다.

그래서 가장 가까운 내 주변에 있는 문제들을 나누고, 이 문제들을 혼자서가 아닌 같은 대한민국에 살아가는 사람들과 함께 논의해보려고 한다. 내가 나누려고 하는 문제는 크게 세 가지로 자녀교육, 생계와 관련된 취업문제, 다문화일자리문제이다.

1. 자녀교육의 어려움

1972년 10월 26일 태어남. 이주여성공동체 미래길 공동대표(現), 서울시 교육청 소속 다문화언어강사(現), 구로구청 다문화계약직 공무원, 영등포구 다문화가족지원센터 통번역지원사, 그린트랜스, 씨아이티스 등 통번역에이전시회사 소속 중국어통번역 프리랜서.

'개천에서 용 난다'라는 말은 이제 옛말이 되었다고 한다. 할아버지의 재력과 어머니의 정보력이 자녀의 미래를 결정한다는 말이 있듯이 부의 대물림, 학벌세습이 현실이 되었다. 교육은 당연히 누려야 할 평등한 권리인데 이러한 교육기관조차도 부모의 재력에 따라 크게 영향을 받기 때문이다. 또한 다양하고 세분화되어 있는 교육구조는 다소 정보에 어두운 다문화가정의 학부모를 고민에 빠지게 만든다. 예를 들면, 같은 동에 사는 이웃집이 자녀 교육 때문에 집까지 팔고 목동으로 세를 얻어 이사를 갔다. 그런데 나는 큰아이의 담임선생님으로부터 "어머님, 집에서 미리 조금만 준비했으면 외고 같은 데 보냈으면 좋았을걸요"라는 전화를 받았을 때도 무덤덤했다. 공부는 자녀가 알아서 노력하고 열심히 하기만 하면 된다고 생각했던 것이다. 그러나 큰아이가 고2가 돼서야 그 앞의 어떤 선택들이 입시 때 얼마나 큰 영향을 끼치는지 알게 되었다. 적어도 나와 같은 학부모들이 이런 실수를 범하지 않았으면 한다. 현재 학부모 교육이나 연수가 많지만, 대부분 맞벌이가정의 학부모가 참석하기 어려운 시간대에 진행되므로, 야간이나 주말에 진행하거나 온라인교육이 필요하다.

복잡한 입시제도가 자녀교육에 초래하는 또 하나의 어려움이 있다. 입시설명회를 여러 번 다녀와도 책자만 쌓여갈 뿐, 정보는 머리에 들어오지 않았다. 정시와 수시, 게다가 수시까지 학생부종합, 학생부교과, 논술전형 등등으로 나뉘어 있었다. 또 대학마다 각각 다른 입시기준……. 그리고 그 전형에 지원하기 위해 중학교부터 준비해 고등학교를 가서 3년간 관리해 대학입시준비까지 이어진다는 것을 뒤늦게 알았다. 따라서 고1부터 교과목과 비교과를 넘나드는 활동의 전반적인 것을 전략적으로 해왔어야 했다. 이쯤이면 입시컨설팅이 왜 그리 인기인지 알 것 같다. 반면 중국의 입시제도는 정시 한가지다. 2000년도까지만 해도 대학 졸업 후 국가에서 취업까지 배정해주어 취업고민이 적었다.

요즘 학교마다 진로교육, 진학특강을 진행하고 있는 것은 희망적이다. 아이들의 희망직종 1위가 공무원, 건물주 등이 아니었으면 한다. 아이들에게 다양한 진로에 대한 드넓은 시야를 키워주는 것이 시급하다. 입시를 위한 공부가 아니라 먼 인생목표와 가치관을 가지고, 가슴을 뛰게 하는 직업을 정하고, 그것을 위해 관심 있는 대학과 학과에 갈수 있도록 도와주는, 일회성이 아닌 체계적인 진로교육이 절실해 보인다.

2. 정규직과 계약직의 차별

평생 계약직으로 전전긍긍하며 직장을 옮겨 다니면 생활이 안정적일 수 없고 따라서 심리적 불안과 긴장이 지속되기 마련이다. 계약 만료일이 되어 갈 때마다 재계약 여부에 대한 불안감에 시달린다. 여기저기 옮겨 다니기 때문에 제대로 경력을 인정받기 힘들고 나이가 들어서도 신입 아래에서 일해야 하는 경우가 많다. 이렇게 기본적인 삶의 요소가 보장되지 않는데 어떻게 행복해질 수 있을까?

더 큰 문제는 계약직과 정규직 그 자체의 문제가 아니라, 둘 사이의 차별문제다. 호봉제에 따른 직급상승과 각종 수당을 받는 정규직에 반해, 계약직은 그렇지 않다. 대표적 예로 1년 계약이 아닌 10개월 계약, 혹은 2년 이상 근무 시 정규직 전환을 해야 하는 것 때문에 일자리를 잃는 것이 대부분이다. 그렇게 되면 계약직의 실업급여도 국가에서 고스란히 떠안게 되는 재정적 부담도 생기게 된다. 그리고 실적 위주의 경쟁체계 속에서 번거롭고 하찮은 일들은 계약직이 하게 되므로, 업무의 범위와 내용이 불명확하다. 그러므로 제도적으로 대안이 필요하다.

3. 다문화일자리사업

2006년 슈퍼볼 최고 선수 하인스 워드(어머니가 한국인)가 한국을 방문하면서 대한민국 안의 혼혈인들에 대한 차별과 배타적 민족주의가 없어져야 한다는 분위기가 만들어졌다. 다문화사업이 대두되었다. 2006년 2월 다문화가족지원법이 시행되고 다문화가족지원센터 설립 및 통번역 지원에 대한 조항 등이 제정되었다. 그 조항에 따라 여기저기서 다문화사업을 하면서 언론에는 다문화가정에 김치 전달, 자전거 증정 등의 기사가 부각되었다. 물론 역차별이라는 논란도 불거졌지만, 어느덧 십여 년이 지나갔다.

그러한 법규와 기부활동이 다문화가정의 피부에 닿는 정도는 어떠할까? 언론매체에서 보도되는 혜택을 받은 다문화가정은 소수이고 일회성 지원에 불과하다. 그래서 다문화가정지원을 위해 정부에서 예산을 받아 사업을 진행하는 다문화가족지원센터가 생기긴 했지만, 일반인들이 다문화사업 예산이 "퍼주기 식"이라고 말한 것에 반해 실제적으로 예산의 70%는 센터 직원의 인건비로 지출되고 있다.(다문화가족지원센터 운영지침 예산규정항목 참조)

센터 직원은 통번역지원사 언어권별 1명씩, 이중언어강사 1명을 제외하고 나머지는 모두 선주민(한국인)이다. 급여를 보면 통번역지원사는 사업 시작인 2009년 80만 원대, 선주민 신입은 초봉이 150만 원 정도이다. 그리고 호봉제인 선주민 직원과 달리 통번역지원사는 2012년까지 급여가 한 번도 오른 적이 없었다. 그 후 반복적인 의견제시에도 불구하고 현재 사업 8년차 통번역지원사의 급여는 120만 원밖에 되지 않는다.

현재까지 통번역지원사와 이중언어강사 등 다문화관련 인력은 1기부터 지속적으로 양성되고 배출되었다. 몇 년차가 되어도 급여가 한 푼도 오르지 않고 다른 비전도 보이지 않는 일자리에서 사명감과 보람 하나만으로 계속 일해야 한다고 말할 수 있겠는가? 그런 사람도 없진 않겠지만, 대부분 3년차 이상이 되면 생계부담으로 그만두게 된다. 물론 그 일자리

사업으로 취업한 이주여성들은 모두 대졸 이상 학력과 서류심사, 필기시험, 면접 등 채용조건에 부합한다. 최대 6개월, 900시간의 오프라인교육을 이수하고 평가시험까지 통과한 사람들이며, 취업 후에도 지속적인 연수를 받고 있다.

그런데 아이러니하게도 2016년 교육청 소속 이중언어강사로 불리던 일자리가 갑자기 다문화언어강사로 명칭이 바뀌었고, 대학교를 막 졸업한 중국어를 전공한 한국인 이중언어강사 사업이 생겨났다. 더구나 채용된 중국어전공자인 한국인 이중언어강사는 학교와 직접 계약을 하는 시간강사로 주 5일 중 2일 반(半) 또는 오전만 근무하며, 수업과 통번역 업무 두 가지만 한다. 그러나 주당 19~22시수에 기타 업무까지 하는 다문화언어강사는 종일근무제로 일한다. 업무는 다문화가정 학생 생활지도 및 한국어수업, 선주민 학생 중국어동아리 아침 수업, 다문화이해수업, 방과 후 교육활동 지원, 행사 지원, 교육장소 청결 유지 등 계약서에 13가지나 나열되어 있으며 '학교는 강사를 기타 학교 순환근무를 지시할 수 있고, 소속기관 외의 다문화교육 관련 업무를 지원하도록 지시할 수 있다'는 조항에 '소속기관장이 지정하는 기타 업무 수행'이라는 불분명한 조항까지 있어 마치 언제든지 사용할 수 있는 알파고와 같은 존재가 된 것이다. 또한 근무일도 275일로 명시되던 계약조항이 2016년 365일로 바뀌면서 방학 중에도 근무하고 별도의 수당도 전혀 없다.

물론 공직에서는 법적으로 명확하게 급수별 급여가 정해져 있기 때문에 선주민과 똑같이 대우를 해주고 있다. 업무대상만 외국인을 위한 업무를 하게 되는 것이다. 그런데 기타 취업전선에서는 호봉제도 없이 몇 년을 근무해도 1년씩 재계약으로 이어가는 시스템 때문에 자격요건을 갖춘, 대한민국의 2세를 키우고 있는 또 하나의 이주민 가장을 힘들게 한다. 양성사업도 좋지만 이제는 양성된 인력들을 어떻게 역량발휘를 시키고 우리 사회의 약자가 아닌 평범한 이웃으로 살아가게 할지가 과제이다.

행복이란 개인의 만족감에서 보면 지극히 주관적인 것으로 경제수준이나 학벌과 상관없이 우리 마음속의 작은 저울에 의해 좌우될 수도 있다. 하지만 기본적인 생활이 되도록 해주는 안정된 사회적 시스템이 갖춰져야 개인의 행복이 있을 수 있다. 좀 더 행복한 우리의 대한민국을 위하여 다문화가정의 목소리에도 좀 더 진지하게 귀를 기울이고 '우리는 하나'라는 마음으로 함께 문제를 풀어나가는 화합의 삶을 살아야 한다.

꿀벌의 삶처럼

조은하(필리핀)

행복은 서로 소통하며 안전한 생활이 있어야 한다

행복한 한국사회로 가려면 제일 중요한 과제가 무엇인지 주변의 여러 지인들에게 질문을 해보았다.

정권이 바뀌어야 행복할 수 있을 것이다(30대 중증장애인 남성), 30대 직업여성에게는 급여는 그대로 받되 근무시간을 단축시켜 주어야 행복한 가정을 이끌어갈 수 있으며 가정이 행복하면 이 사회는 자동으로 행복해질 것이다(30대 여성), 청년 실업자가 없게끔 일자리를 마련해 준다면 행복한 사회가 될 수 있을 것이다(30대 남성).

편견을 버리고 생각을 바꾸면 행복한 사회가 되지 않을까요(40대 여성), 서로 신뢰하며 정치, 경제, 사회, 문화, 환경 등 다양한 분야가 서로 원할하게 소통이 된다면 행복한 사회가 이루어질 것이다(40대 남성).

먼저 개인이 행복해야 가정이 행복하고 가정이 행복하면 사회도 자연적

1985년 5월 5일 필리핀 제네랄산토스에서 태어남. 2007년 11월 21일 한국남편과 결혼, 2009년 3월 한국 입국, 2013년 11월 4일 글짓기대회 특선 당선(제주다문화가정센터), 2013년 9월10일 다문화가정 및 싱글맘 수기 공모 최우수상(희망과동행), 2014년 11월 7일 전국다문화 생활수기 특선(매일신문), 2015년 12월 1일 전국다문화 생활수기 대상(숙명여자대학 아시안 연구소), 2016년 5월 20일 세계인의 날 다문화 생활수기 특선(법무부)

으로 행복할 수 있을 것이다(50대 남성), 고액권 즉 50,000원 짜리가 없어지고 불법자금이 없는 사회가 되어야 행복할 수 있다(50대 여성).

서로 믿고 사랑하고 배려하며 협동한다면 이 사회는 행복해질 수 있을 것이다(60대 여성), 불법자금과 불로소득자가 없어지고 서로 소통하고 신뢰한다면 행복한 사회가 될 수 있다(60대 남성).

위의 답변들은 개인의 살아온 환경이나 가치관의 차이는 있겠지만 내 주위에 있는 여러 한국인 각자의 의견이다. 이런 답변을 통해서 행복은 한 가지로 절대적일 수 없다는 것을 알 수 있었다.

필리핀인인 나의 짧은 한국살이 경험으로는 행복한 사회를 위한 정확한 답을 내리는 것이 쉽지만은 않다.

최근에 본 〈몬스터〉라는 드라마를 통해 정권이 바뀌어야 행복한 사회가 될 수 있다는 것과 고액권 50,000원짜리가 없어져야 한다는 의견들이 이해가 되었다. 행복한 사회를 만들기 위해 헤쳐 나가야 할 숙제들이 많이 있는 것을 알 수 있었다.

그 드라마에서 재벌들의 치열한 경쟁과 욕심은 하늘을 뚫고도 남음이었다. 오직 돈을 벌기 위해 가족이나 친척들도 상관하지 않고, 온갖 추악한 음모와 살인을 일삼고, 탈세와 불법을 일삼았다. 등장인물로 나온 재벌가와 고위 정치인이 함께 손발을 맞춰 불법을 저지르는 것이 끝이 없었다. 국민의 안전에는 아무런 관심이 없고, 부정한 방법으로 시민들을 속이는 모습이 최고 수준에 이르렀다. 그 드라마처럼 부패한 재벌, 정치인들이 계속 활개를 친다면 제2의 세월호 같은 재난사고가 계속되겠구나 하는 생각이 들었다. 부패한 고위 정치인들이나 재벌들에게 반성하기를 바라는 마음으로, 〈몬스터〉 같은 드라마가 만들어졌다는 생각을 해보았다.

정권이 바뀐다고 행복한 사회가 된다는 보장은 없다. 뛰어난 사람은 많아도 완벽한 사람은 없기 때문이다. 한 가지를 승리할 수 있는 사람은 있더라도, 모든 일에서 승리할 수 있는 사람은 아무도 없기 때문이다.

고위 정치인들이나 재벌들은 경제를 살리는 것이 중요하다고 생각할지 모르겠지만, 행복은 경제발전이나 재물이 많은 곳에 있는 것이 아니다. 행복은 서로 소통하며 화목하는 것에 있다는 걸 명심하고, 국민의 안전을 생각하면서 경제발전은 부드럽게, 재난사고에는 신속하고 빠르게 처리하는 정책이 만들어졌으면 한다.

'윗물이 맑아야 아랫물도 맑다'라는 말이 있다. 고위 정치인과 재벌들이 정직하고 따뜻한 마음을 가지고 서로 소통하고, 신뢰하며, 화목하고 안전한 관계를 이룬다면, 안전하고 행복한 사회가 되지 않을까 하는 생각을 해보았다.

재물보다는 자녀들과 화목한 가정을 이루라

내가 태어난 필리핀에는 출산장려정책이나 미혼모보호를 위한 기관들도 없다. 하지만 5~7명의 자녀들을 부담 없이 낳는 편이다. 경제적인 어려움에도 아무런 근심 걱정도 하지 않는다.

남편에게 의지하기보다는 혼자 힘으로 자녀양육과 함께 경제문제를 해결하는 엄마들도 많이 있다. 그런 가운데도 가정은 화목하고 행복지수는 높다. 자녀들도 서로 경쟁하거나 크게 싸우지 않고 자연환경과 더불어 유연성 있게 잘 지내는 편이다. 엄마 혼자서 경제문제를 해결하면서도 많은 신경을 쓰지 않아도 서로 의지하며 사랑하는 자녀들로 자라난다.

나는 필리핀보다 훨씬 더 경제가 발전된 한국에서 한국인 남편과 한 가정을 이루었다. 9년의 세월 동안 남편과 사랑의 열매로 5명의 자녀를 낳았다. 보물과 같은 자녀들을 얻은 것도 행복한데, 여러 출산장려정책이 우리 가족들을 더욱 행복하게 만들어 주었다.

하지만 주변 친지들은 좋은 시선으로 보지 않았다. "몸이 불편하고 나이가 많은 남편과 어떻게 가정을 감당하며 이끌어 가려고 하는지 모르겠다"며 자녀들을 키우는 것을 큰 부담과 짐으로 생각하고 염려하는 분들이 많았다.

처음에는 이런 친지들의 걱정을 이해할 수가 없었다. 그러나 아이들을 학교에 보내고 나서 학년이 올라가면 올라갈수록 그 걱정들이 나와 내 가족들을 위한 것임을 깨달았다. 동생들을 챙기고 서로 도와가면서 함께 생활했던 것은 어디에 가고 없어져 버렸다. 학년이 올라가면 올라갈수록 아이들은 이기적으로 변해 서로 이겨내지 못해 안달이었다.

5명의 자녀를 두고 있는 엄마의 소견으로는 이런 현상의 원인이 경쟁하는 교육환경, 대중매체의 드라마, 스마트폰 영상물 등에 있는 게 아닌가 하는 생각이 든다. 자녀들이 계속 이렇게 자란다면 부모들의 마음이 상하고 정신적 스트레스가 끝이 없을 것 같다.

자녀들을 많이 낳아도 부담 없이 키울 수 있는 사회가 되기 위해서는 출산장려금도 중요하지만, 어린이집의 교육환경과 학교 교육도 많이 바뀌어져야 한다고 생각한다.

학문과 지식을 넓히는 교육도 필요하지만, 그보다 더 중요한 것은 이기적인 생활을 버리기 위해서 스마트폰이나 최신 전자장비 사용을 절제하고, 폐쇄된 실내 공간에서보다는 자연환경과 더불어 생산적이며 효율적으로 지식과 지혜가 함께 자라나는 교육환경을 만드는 거다. 아울러 서로 배려하고 화목하며 신뢰하는 생활습관을 가르쳐 나간다면 금상첨화일 것이다.

부모와 교육기관이 하나가 되어 어렸을 때 다양한 분야를 제공하여 주어 그 중 자신이 분야를 찾았을 때 그 능력을 기를 수 있도록 해주고, 학생들의 각자 특성을 존중해 주며 경쟁 위주의 학습이 아니라 서로 차별 없이 하나의 공동체가 되어 경쟁이 필요 없는 교육이 이루어졌으면 한다.

교육기관의 교육도 중요하지만 무엇보다 자녀들에게는 부모의 가정교육이 중요하다고 생각한다. 경쟁보다는 서로 배려하고, 화목하며, 안전하고, 행복한 생활이 중요하다고 가르쳐야 할 것이다.

많은 돈을 벌어 자녀들에게 물려주어야 행복할 수 있다는 생각은 버려야 할 것이다. 오히려 돈이 가정불화의 원인이 될 수 있다는 것을 알아야 할 것이다.

한국 재벌가들의 재산권 분쟁에 관한 소식을 대중매체를 통하여 볼 수 있었다. 수백억, 수천억 원을 가지고 있는 사람들이 더 갖고 싶어서 서로 싸우는 것을 보면 한심하다는 생각이 든다.

"마른 떡 한 조각만 있고도 화목하는 것이 육선이 집에 가득하고도 다투는 것보다 나으니라." 나는 이런 성경 구절이 필리핀에서 생활할 때는 절실하지 않았다. 하지만 한국사회의 생활환경에서는 자녀들과 화목하고 행복한 가정을 이루기 위해서 꼭 필요한 성경구절인 것 같다. 특히 자녀들에게 화목하고 행복한 가정으로 이끌어가고 싶은 부모의 마음이 깊이 새겨지도록 실천에 옮겨야겠다는 생각이 간절해진다.

화목한 가정이 되기 위해서는 서로 이해하려고 노력해야 한다. "가산이 적어도 여호와를 경외하는 것이 크게 부하고 번뇌하는 것보다 나으니라. 채소를 먹으며 서로 사랑하는 것이 살찐 소를 먹으며 서로 미워하는 것보다 나으니라." 이런 성경 구절처럼, 많은 재물이나 물질적인 풍요보다 마음의 평안과 화목이 더 중요하고, 진수성찬이나 좋은 음식을 먹는 것보다 사랑이 넘치는 관계가 더 중요하고, 배부르게 먹는 것보다 화목하고 행복하게 사는 것이 더 중요하다.

마른 떡 한 조각만 있다고 해서 자동적으로 화목해지는 것은 아니다. 가족 간의 이해와 사랑이 있어야 화목할 수 있다. 서로를 이해하기 때문에 비록 마른 떡 한 조각이지만 나누어 먹을 수 있고, 서로를 위해 양보할 수 있다. 육선이 집에 가득하고도 다투게 되는 경우는 서로 마음이 통하지 않고, 이해하려고 하지 않고 자기중심적이기 때문이다.

서로 이해한다는 것은 자기 중심, 자기 생각, 자기 세계에서 벗어나 다른 사람을 내 안으로 받아들이고, 다른 사람의 입장이 되어 보고, 나의 세계와 다른 사람의 세계가 어울릴 때 가능하다. 사람은 다른 짐승들과 달리 상대의 입장을 이해할 수 있는 능력이 있다. 상대에게 같은 감정을 느끼는 동감의 수준보다 상대를 이해하는 수준에 이를 수가 있어야 한다.

자녀들에게 많은 재산을 물려주는 것보다 자립심을 길러주라. 자립심보다 더 중요한 것이 이웃 친지들과 서로 배려하며 화목하게 지내는 것이다. 배려와 화목한 생활을 하면 행복한 사회는 자동으로 이루어질 것이다.

자연생태 곤충들의 비유로 한 행복한 사회

나는 꿀벌을 오랫동안 길러온 한국인 남편을 만나 남편과 함께 꿀벌 관리하는 일을 해왔다. 꿀벌과 함께 생활을 하다 보니 자연생태계와 곤충의 삶을 다음과 같이 이해할 수 있었다.

거미의 삶을 살펴보자. 거미는 거미줄을 쳐두고 걸린 곤충들의 체액을 빨아 먹고 산다. 나는 걸린 놈만 먹는다. 그러니까 걸린 놈이 잘못이다 하고 살아갈 것이다.

개미의 삶을 살펴보자. 개미는 열심히 땀흘리며 자기만을 위해 산다. 남에게 피해를 주지 않고 자기만을 위하여 열심히 사는 셈이다.

꿀벌의 삶을 살펴보자. 꿀벌은 꽃에서 꿀을 모으면서 자신들에게도 행복을 주고, 꽃들에게 수분(수정) 역할을 해서 열매를 맺게 해주어 꽃에게도 행복을 준다. 그래서 자연생태계가 아름답게 유지해 나갈 수 있도록 해준다. 또한 꿀을 모아 자기가 먹기도 하지만, 저장해 놓았다가 인간에게 주기도 한다.

인간 사회에도 세 부류의 곤충과 같은 삶을 사는 사람들이 있다는 것을 깨달았다. 꿀벌처럼 나도 행복하면서 남들도 행복하게 해주는 일을 하는 것이야말로 참된 행복이라고 생각한다.

어떤 건강학자가 '기쁨과 감사하는 마음으로 남들에게 베풀고 행복하게 해 준 것으로 몸 안에 좋은 세포가 만들어져 건강한 삶을 살 수 있을 것'이라고 했다.

남들을 먼저 행복하게 해주는 배려정신, 예를 들어 힘들고 어려운 이웃에게 기쁨과 감사하는 마음으로 배려해서 행복한 생활을 하며 살아갈 수 있도록 도와주었다고 생각해 보라. 그 이웃은 그 은혜에 감사하며 좋은 기운을 자신도 모르게 전파해 줄 것이다. 그 기운은 다시 돌아온다.

하지만 거미처럼 이웃의 행복을 무시하고 자기 혼자만의 행복을 추구할 때, 마땅히 행하거나 지켜야 할 도리가 무너져 결국 서로에게 두려움과 무서움을 줄 것이다. 또한 남이 잘되는 것을 미워하여 스스로 외롭고 쓸쓸해져 공포에 빠지게 된다. 결국 모두가 다 불행의 수렁에 빠져들고 말 것이다.

개미처럼 자기만을 위하여 열심히 살아가는 사람이 많이 있을 것이다. 다른 사람과 어울리거나 사귀지 아니하고, 도움을 받지 못하여 외톨이가 되고 마는 것이다. 이것 역시 계속되면 외로움의 수렁에 빠져 불행하게 될 것이다.

'기쁨과 행복은 함께 나누라'는 말이 있는 것처럼, 행복은 혼자에게 있지 않고, 꿀벌의 삶처럼 서로 소통하며 더불어 살아가는 공동체에 있는 것이다.

느림과 여유, 그리고 행복탐험

이라(몽골)

모르는 분한테 전화 한 통이 걸려왔다. 한국어를 모국어로 생각하지만 여전히 한국생활이 낯설다며 한번 만나고 싶다고 한다. 청바지에 하늘색 셔츠를 입은 50대 후반의 한 부인이 찾아왔다. 그녀는 젊었을 때 미국으로 이민을 가서 30년 가까이 미국에서 살았던 이야기로 시작했다. 한국으로 귀국한 지 두 달 되었는데, 사람들은 그대로이지만 문물이 너무 많이 바뀌어 마치 낯선 외국에 온 것 같단다.

출입국관리사무소에서 외국인이나 교포를 상대로 자원봉사를 하다 보면 외국에 오래 사시다 노년을 고국에서 보내고 싶어 귀국하신 분들을 가끔 만나게 된다. 이분들이 가장 먼저 하시는 말씀이 한국사회의 빠른 '속도'가 편하긴 한데 따라가기에 벅차고 숨차다는 것이다. 언제 어디서나 무엇이든지 빠르게 해야 하는 것이 힘이 든단다. 처음 한국에 와서 전화와 인터넷을 설치하려고 연락했더니 그날 바로 와서 32인치 LCD-TV를 무상으로 주면서까지 설치해주는 것에 놀랐고, 24시간 음식배달을 번개

1977년 2월 4일 태어남. NISS 대표(현), 한국다문화교육학회 이사(현), (사)한국여성유권자연맹 중앙이사(현), 다문화여성연합 대표(현), 경기도의회 의원(전), 연세대학교 행정대학원 정책학석사 졸업, 동국대학교 일반대학원 국제다문화학 박사과정 재학, 다문화활동가.

같은 속도로 해주는 세상이 있는가 싶고, 총알배송이나 퀵 서비스라는 것도, 동네 마트에서 장본 걸 집까지 배달해주는 것도 경이롭기까지 했다고 한다. 자정이 다 된 시간에도 도심의 지하철역 앞에 젊은이들이 가득한 게 아직도 신기하다고 하면서, 그 중 반 이상은 앞을 보고 걷는 게 아니라 핸드폰을 보면서 걷더라는 얘기에는 나도 미소를 띠지 않을 수 없었다.

다른 행사에서 뵌 비슷한 연세의 다른 분도 거의 비슷한 말씀을 하신다. 사회 모든 부분이 효율 지향적이고 빨라야 하는 게 때론 피곤하다는 얘기다. '미국 서부 완전일주'란 이름의 패키지여행을 갔는데 열흘 남짓 되는 기간에 그 긴 캘리포니아 주의 북쪽부터 서쪽까지의 거의 모든 관광지를 매일 이른 아침부터 저녁까지 계속 이동하며 '빨리빨리' 보고 지나가야 하는, 그런 부담감이란다. 나이가 들면서 천천히 느긋하게 살고 싶은데, 그런 목소리를 들어주는 사람들이 없다는 것이다. 옆에 계신 한 분이 거든다. 서남아시아 국가에서 사업을 하시는데 그 나라에는 관청에 서류를 발급받으러 가면 가끔 인터넷이 안 된단다. 언제 되냐고 물어보면 자기네들도 모른다고 대답한다. 오후에 가서 다시 허탕을 치고, 다음날 오전에 갔더니 이제 인터넷은 되는데 프린터 잉크가 떨어졌다고 서류 발급이 안 된다면서 아무도 미안해하지 않는다. 더 놀라운 점은 그 이유를 들어야 하는 민원인들도 아무 불평 없이 되돌아 나간다는 것. 그분만이 한두 번 큰 소리로 불평을 했더니, 들려오는 얘기가, "저 사람 한국인이래." 이렇게 뭐든지 시간이 걸리는 그 나라 사람들에게 그게 불편하냐고 물어보면 뭐라고 얘기할까? 살짝 웃으며 대답을 하지만 정답은 '아니다'란다.

나는 한국에서 생활한 지 벌써 13년이 되었다. 빠르고 비효율이 용납되지 않는 일상에 익숙해졌다. 인터넷과 컴퓨터, 그리고 스마트폰이 인간의 의사소통 구조와 방식을 바꿔가고 있는 세상이다. 사회가 빠르게 글로벌화 되면서 우리 주변 사람들은 점차 다양한 배경과 사고방식을 가진 사람들로 바뀌어 간다. 그럼에도 우리는 본능적으로 구분을 하고, 분류를 하고, 우열을 정해 등수를 매긴다. 나도 그런 사회의 '열성적으로 바쁜' 구성원으로 살아오지 않았을까? 그러나 이제는 그런 다양함을 존중하고 다름과 느림을 인정하는 움직임도 필요하지 않을까?

빠르게 변화하는 사회의 가장 큰 희생자는 이삼십 년 직장생활의 막바지에 접어든 중년 사회인이지 않을까 싶다. 예전 같은 평생직장의 개념은 이미 사라져버린 냉정한 일터에서 그들은 매일 경쟁하고 새로운 아이템을 찾아내고 만들고, 영업하고, 쉼 없이 정신적 육체적 노동을 해가며 살아간다. 요즘은 사람들이 너무나 똑똑해서 그런지, 인터넷 등으로 정보를 접할 기회가 너무 많아서인지, 유능한 직원으로 인정받지 않으면 살아남을 수 없다. 아침마다 넥타이 매고 출근해 늦게까지 전화와 E-mail 등으로 바쁘게 일하고 퇴근해도 핸드폰으로 보내오는 메시지가 평안한 저녁시간을 쉬이 허락해주지 않는다. 일주일만 아무 일도 하지 않고 쉬었으면 좋겠다는 직장인의 꿈은 시간이 지날수록 그 쉬고 싶은 기간이 석 달이 되고 반 년, 일 년이 된다. 얼마 전 만난 어느 회사의 임원이 토로하기를, 그동안 꼬박 수십 년을 일했으니 육 개월이나 일 년쯤 모든 것에서 놓여나 편히 좀 쉬어봤으면 좋겠다면서 그게 아니면 은퇴를 해도 괜찮을 것 같다고도 했다. 내가 은퇴를 하면 뭘 하고 싶으냐고 물어보니, 우선 E-mail 계정을 없애고 핸드폰도 없애서 30년 넘게 만들어진 모든 사회적인 관계를 없애고 가까운 친구들 몇 명과는 집 전화를 사용해 연락하거나 E-mail을 써야 하면 PC방에 가겠다고 한다. 그래도 휴대폰이 없으면 불편해서 어찌 사냐고 물어보니, 조금 불편하더라도 휴대폰이 없는 삶이 그립다고 한다. 바위든 산이든 오랜 기간이 지나면 비바람에 닳고 닳아서 뾰족한 것은 뭉툭해지고 직선이 곡선이 된다고 하는데, 일을 오래하느라

뇌와 몸을 너무 많이 써서 그만 쉴 때가 되었다고 이해하면 맞을 듯싶다.

나는 바쁜 일정에 치이면 가끔 오래 전 몽골에서 살았던 기억들이 따뜻한 느낌으로 떠오르곤 한다. 한국에 와서 처음 들었던 생소한 단어 '스트레스(stress)'가 존재하지 않았던, 아니 스트레스를 인식할 사회적 정서 자체가 없었던 시절이었다. 사람이 살면서 힘들기도 하고 기쁠 때도 슬플 때도 있을 터, 한국에서는 인생이란 이름의 여행에서 당연히 겪는 어려움, 피할 수 없는 작은 슬픔, 개인차가 있지만 각자가 느끼는 작고 큰 노여움 같은 감정들을 스트레스라는 말로 뭉뚱그려 표현하는가 보다 싶었다. 몽골에서 온 지인들에게 물어봐도 한국에 오기 전에는 들어본 적도 없다고들 했다. 그때 사회주의 체제의 몽골은 민주주의와 시장경제체제가 가지는 넘치는 자유와 역동적인 삶의 에너지도 없고 개인의 자유가 제한되는 부적절한 정치·경제 체제였지만, 거의 전 국민이 완전 고용 하에 배급제도가 적용된 상태에서 삶의 변화가 거의 없었다. 1980년대 들어 러시아와 동유럽으로부터의 원조가 줄어들고 사회주의를 대신해 시장경제체제가 도입되었으나 낯선 경제체제로의 적응이 늦어져서 최근 들어 경제적 어려움을 겪고 있지만, 당시에는 정부가 존재하는 한 굶어 죽을 위험도 거의 없었고, 잘 사는 사람과 못 사는 사람들 간의 생활수준 차이가 그리 많지 않았다. 불가피한 빈부의 차이는 존재했지만, 인터넷도 없고 민영 신문 자체가 없었기 때문에 일반 국민이 그걸 느끼기도 어려웠을 것이다. 열심히 일하고 능력을 발휘해도 그만큼 삶의 질이 나아지지 않는 현실로 인해 갑갑함은 본질적으로 내재되어 있을망정, 무한경쟁으로 인한 스트레스는 없었다. 학생들은 아침에 학교에 가면 수업 시작 전에 다들 복도에 모여 "정직하게 살고, 공부 열심히 하고, 이웃을 돕고, 국가에 충성하고" 등의 구호를 다같이 외운 다음에야 수업을 시작하던 시절이었다.

피아노학원이나 태권도학원도 없었고, 영어유치원이나 수학학원도 없었다. 이런 학창시절을 보내면서 이른바 스트레스라는 개념은 형성될 수가 없었으리라.

한국에 와서 처음 해본 직장생활, 지방의회 활동, 사회단체 활동, 그리고 고3 학부모를 거치면서 이젠 스트레스가 뭔지 설명할 수 있다. 어쩌면 '아주 잘' 설명할 수 있을 것 같기도 하다. 방학숙제 한다고 건초 묶음 만들고 땅다람쥐를 잡으러 산과 초원을 쏘다니면서 껌을 씹고는 싶은데 미국 달러 전용 상점에서만 팔아서 소나무 송진을 모아다 껌처럼 씹고 다니던 몽골생활도 즐거운 시절이긴 했지만, 한국에서의 바쁜 생활도 경쟁, 스트레스, 긴장이 "지나치지만" 않으면 나름대로 재미가 있고 해볼 만한 생활이라고 생각한다.

어떻게 해야 그것들이 '지나치지 않을' 수 있을까? 우선, 물질적 행복을 지향해야 하는 강박관념에서 벗어나야 한다. 어릴 때부터 남들보다 공부를 잘해 더 좋은 대학교, 더 좋은 직장에 들어가야 하고, 더 큰 집에서 더 비싼 차를 타고 다녀야 행복하다는 강박관념을 심어주지 않아야 한다. 아시아 최대, 세계 최초 등 뭐든지 순위를 매기고 줄 세우는 것이 오늘날의 한국을 만드는 큰 힘이 되었을 테지만, 이제는 도리어 그것이 한국인과 한국사회를 불행하게 만들고 있는 것은 아닐까? 우리 아이의 학습능력이나 적성, 흥미 분야에는 관심을 기울이지 않고 명문 대학에만 들어가야 한다고 다그치는 것, 남의 평가나 남과의 비교를 의식하면서 살아가도록 우리 아이들에게 잘못 가르치는 것은 물질적 행복을 지향하라는 강박관념을 심어주는 잘못이라고 생각한다. 인구에 회자되는 한국 부모의 교육열과 청소년 자살률 세계 최고 수준, 이 관계를 어떻게 설명할 수 있을까?

'호기심'은 인간이 가진 가장 강력한 추진력이다. 참되고 올바른 행복이란 어떤 것일까에 대한 '호기심'이 지금 한국사회에는 절실히 필요해 보인다. 주변의 올바르지 않은 조언과 조악한 대중심리에 휩쓸려가다 보면 결국 행복하지 않은 삶을 살게 된다. 만인이 합심해 모든 곳에서 서열을 매기고 위아래를 평가하는 풍조를 이제는 고쳐 나가야 한다. 누군가 말했듯이 우리는 발전하려고 태어난 것이 아니라, 행복해지려고 태어난 소중한 존재들이다. 내 것은 맞고 상대방은 언제라도 틀릴 수 있다는 교만한 생각도 조금만 버리자. 인터넷에 올라오는 댓글 중 부정적인 댓글이 몇 퍼센트인가? 보다 밝은 사회를 위한 '네티즌 운동' 같은 변화운동이 필요할 것이다. 정치판이든 인터넷 댓글이든 남에게 책임을 묻고 비난하는 일이 흔해졌다. 남을 비난해서 내가 정당화되지는 않는다. 사회구성원 다수의 부정적인 시각은 사회 자체와 그 속에 담긴 문화를 부정적으로 만든다. 우리가 살고 있는 이곳은 우리의 후대들이 살아가야 할 곳이다. 내 자식부터 남의 좋은 점을 인정하고 칭찬하는 습관을 키워주고 싶다.

전 세계에 230개가 넘는 국가가 있고, 코카콜라가 판매되는 나라는 199개국이라고 한다. 대한민국은 경제규모 순위로는 세계 10위권이다. 1960년대 초까지 아프리카 소말리아보다 못 살던 나라가 경제지표로만 보면 당당한 선진국이다. 그럼에도 국민들의 행복지수는 OECD 국가들 중 계속 하위권이다. '빛나는 조상의 얼을 오늘에 되살려야 한다'라는 오래 전 〈국민교육헌장〉의 소명은 크게 이루었으니 이제는 그것을 내려놓고 우리 자신의 작은 행복을 위해 조금은 노력해보자. 한강의 기적을 일궈낸 우리의 근면성과 역동성은 너무나도 칭찬받아야 하지만, 이제 조금만 느리게 살고, 효율에 대한 끝없는 질주에서 조금만 벗어나고, 조금만 여유를 가지고 쉬어보면 어떨까? 물질적인 행복도 물론 중요하지만, 평안한 마음에서 오는 행복도 이에 못지않게 중요하기 때문이다.

행복의 문은 찾는 자에게 더 크게 보인다. 내가 찾고 지향하는 행복의 패러다임을 조금 바꿔볼 수 없을까? 이성과 상식이 있는 사람이 그 반대로 이성과 상식이 없는 사람을 이기기는 불가능하다. 전자의 말을 후자가 절대로 이해할 수 없기 때문이다. 예를 들어, 우리가 이동한다는 개념이 앞의 공간을 잡아당겨 내 뒤로 보내는 것이 아니라 내 앞에 계속 빈 공간을 만들어 그곳으로 떨어짐으로써 전진한다고 설명하면 틀린 것일까? 몇백 년 전 사람들이 가졌던 사실과 진리에 대한 개념이 지금에 와서 보면 틀린 부분이 많듯이, 빛과 같은 속도로 변화하고 있다는 현대사회에서 우리가 지금 굳게 믿고 있는 행복의 진실과 실상은 몇백 년 후도 아닌 10~20년 후에 보면 아주 틀린 것이 되어버릴 가능성이 무궁무진하다.

13년 전 한국에 처음 왔을 때 나는 작은 두려움과 호기심으로 핸드폰, 비상금, 집 주소가 쓰인 메모장을 들고 내가 사는 동네탐험을 시작했다. 처음 며칠 동안 아침이면 운동화를 신고 집 옆의 도로를 따라 한 방향으로 두 시간, 다시 돌아오는 데 두 시간, 그 다음날은 다른 방향으로 바꾸어 걸어보았다. 그렇게 나만의 지도를 만들어가면서 동네를 익혀갔다. 첫째 날, 혹시나 시장이나 가게들이 줄지어 있는 상가라도 볼까 싶었는데 한두 시간을 걸어 봐도 점점 건물이 사라지고 트럭들이 다니는 황무지 같은 풍경만 연속되었다. 실망감과 함께 다시 두 시간을 걸어 집으로 왔다. 잘못된 방향이었나 보다. 발에 물집이 생겼지만 그러고도 며칠 동안 도보여행을 계속했다. 운동화를 신고 하루에 몇 시간씩 나만의 지도를 만들어가던 그 동네에서 나는 지금도 살고 있다. 새로운 문화와 새로운 언어의 장벽을 호기심으로 넘어낸 그해 가을을 잊지 못하는 내가 어느덧 한국에서 13번째 가을을 맞는다.

행복을 찾아가는 길도 나의 13년 전 지도 만들기 탐험과 다르지 않을 것이다. 굽이 높은 구두는 잠시 놔두고 운동화를 갖춰 신고 행복탐험을 해보자. 빌딩 가득한 도시만 있다고 생각한 곳에 차로 몇 시간을 가도 언제 끝이 나올까 싶은 초원이 나올지 혹시 아는가? 현대인, 도시인이 아닌 자유로운 자연인의 마음을 찾을 수도 있지 않을까?

다문화 사회에 열린 행복의 길들

돌람한드(몽골)

1

몽골에서 한국으로 이주하여 생활한 지 12년이라는 시간이 흘렀다. 그 동안의 시간을 뒤돌아보면 한국 사람들의 생각이 조금씩 달라지고 있다는 것을 느낀다. 예전엔 결혼이주여성이라고 하면, "한국 어떠냐?" "고향 가고 싶지 않냐?" 등으로 대화를 나누었는데 지금은 조금 다르다. "한국말 잘한다," "한국사람 다 되었네." "한국에서 계속 살아" 등의 대화를 나눈다.

스스로도 내가 적응을 잘하고 잘 살고 있다는 생각이 들 때가 있다. 이렇게 적응하고 생활을 잘하기까지는 주변 환경과 한국사회가 큰 도움을 주었다. 이주여성이 한국 생활에 잘 적응하고 아이들도 잘 키우고 잘 살 수 있도록 정부에서 많은 관심을 기울이고 있다. 다문화센터나 민간단체에서는 다문화 관련 프로그램을 운영하고 이주여성들이 한국말을 배울 수 있도록 방문 선생님도 파견한다. 하지만 정보를 몰라서 또는 못 찾아서 도움을 받지 못하고 어려움을 겪는 분들도 있다. 이것을 해결하고 앞

1979년 11월 29일 태어남. 경찰청 민간인 통역요원으로 3년째 활동, 미래길 공동대표, 서울시 외국인생활 살피미로 3년째 활동. 여성가족부 장관상 수상. 현재 몽골어 통번역 프리랜서로 활동.

으로 다함께 행복하게 살아갈 길을 찾는 것이 우리의 또 하나의 숙제이다.

현재 우리가 살고 있는 사회는 정보통신이 발전된 정보화 사회다. 이런 사회에서 국민들이 필요한 정보에 쉽게 접근할 수 있는 방법은 뭐가 있을까? 각 기관마다 인터넷 사이트나 홈페이지가 다 있지만 필요한 정보를 얻으려면 하나하나씩 사이트에 접속해서 찾아야 한다는 불편한 점이 있다. 이것을 하나로 묶어 더 쉽게 한 곳에서 검색해서 볼 수 있는 사이트나 프로그램이 있다면 어떨까라는 생각이 든다. 정보통신 분야에서 매년 새로운 것이 개발되어 이젠 인터넷으로 모든 것이 가능할 정도가 된 우리 사회에서 그런 프로그램을 얼마든지 만들 수 있지 않을까? 그런 사이트를 만들기 위해 정부가 관심을 갖고 전문가들이 아이디어를 모은다면 충분히 가능할 것이다.

2

요즘엔 일자리를 위해 정부에서 여러 가지 정책을 세우고 취업할 때 필요한 지식을 배울 수 있게 지원을 한다. 고용센터를 통해 교육도 받고 자격증도 취득할 수 있게 하고 있다. 그런데 이상한 현상이다. 사업장에는 일할 사람을 찾는 구인 광고들이 너무나 많지만 정작 일할 사람은 없다고 하는데, 반면에 사회에는 일을 하고 싶은데 일자리를 찾기 어렵다는 사람들이 널려 있다. 구인·구직의 연결고리가 하나로 되어 있지 않다는 뜻이다. 이것을 해결할 수 있는 방법은 뭐가 있을까?

이주여성들은 강사로 일하거나 센터에서 계약제로 일하는 경우가 흔하다. 서울시에서 몇 년 동안 결혼이민자 대상으로 취업 박람회를 여러 차례 개최했다. 그러나 사무적인 일이나 통번역, 의료 코니네이터 등 한국어 실력이 어느 정도 있어야 취업 가능한 일자리가 대부분이었다. 채용하고자 하는 대상 국가도 다양하지 않았다.

물론 이주여성들 중 한국말을 잘하는 이들도 많지만 초기 입국자는 한국어 능력이 채용기준에 미치지 못하는 경우가 많다. 취업 박람회 폭을 넓게 잡아 여러 기관들과 협력해 더 많은 일자리를 제공하면, 더 많은 사업장에서 필요한 사람을 찾고 더 많은 사람들이 찾던 일자리를 갖게 되지 않을까 하는 생각이 든다.

내가 산업인력공단을 통해 속옷 공장에 현장 통역을 나갈 때 경영자 한 분이 이렇게 말했다. "현재 직원들 중에 한국 사람이 많지 않다. 40~50대 아줌마 몇 명인데, 한국의 젊은 사람들은 공장에서 일을 하려고 하지 않는다. 그래서 외국인 근로자들을 고용하게 되는데, 그들은 일을 잘할 때쯤 되면 근로계약 만료로 본국에 돌아가야 한다. 한 이주여성 분이 일을 했었는데 아이가 너무 어려서 계속 일하기 어려워 그만둔 적도 있었다." 그분은 이주여성들이 한국에서 계속 생활하고 살면서 공장에서 일하면, 일 잘하는 분들을 승진시키기도 하며 적극적으로 도와주고 싶어 했다. 앞으로 공장을 이끌어갈 사람들이 이주여성들이라고도 했다. 이주여성 중에는 아이들이 커서 시간적 여유가 있는 이들도 많다.

내가 아는 필리핀인 한 분은 공장에서 일하고 싶은데 아직까지 일자리를 찾지 못하고 알바를 하면서 다닌다. 한 번은 구직 사이트를 통해서 이주여성을 고용한다는 공장에 전화를 한 적이 있었다. 담당자가 면접 보러 오라고 해서 금요일에 면접 보고 월요일부터 공장으로 출근하기로 했다. 월요일 공장으로 나갔다. 그런데 담당자가 다른 직원들과 얼굴이 좀 달라서 고용하기 어렵다고 돌려보냈다. 중국, 몽골, 일본에서 온 이주여성들은 외모적으로 한국 사람과 비슷하게 생겨서 일자리를 찾을 때 외모적으로 차별을 받진 않는다. 외모적으로 차별 받는 이주여성들은 아이들이 다 커서 시간 여유가 있어도 일자리 찾기가 쉽지 않다. 어느 공장은 사람을 못 찾고 있고, 어떤 사람은 일자리를 못 찾고 있으니, 모순적인 이 문제를 해결해야 한다.

산업인력공단, 중소기업중앙회, 여성개발인력센터, 서울시 등 여러 기관들이 따로따로 일자리를 제공하는 것보다는 하나로 협력해서 다양한 종류에 일자리를 제공하는 취업 박람회를 열면 더 많은 사람들이 일자리를 찾고 더 많은 사업장이 필요한 사람을 채용할 수 있을 것이다.

3

내년 3월부터 초등학교 1~2학년 학생들 대상으로 '숙제 없는 학교' 정책을 시행한다고 한다. 학부모로서 나는 무척 반가웠다. 우리 둘째가 초등학교 1학년인데 한글을 다 못 떼고 학교에 들어갔다. 좋은 담임선생님을 만나서 열심히 공부하며 친구들을 잘 따라가고 있다. 나는 한국에 와서 '선행학습'이라는 말을 처음 들었다. 몽골에는 선행학습이라는 것이 없다. 한국에는 선행학습을 해야 한다는 생각을 가지고 있는 학부모가 대부분이다. 하지만 선행학습을 한다고 해서 아이가 공부를 잘하는 것은 아닌 것 같다. 공부를 잘하는 방법은 선행학습이 아니라 복습이라고 생각한다.

한국은 초등학교에 들어갈 때부터 아이들이 학원을 다니는 등 너무 바쁘게 하루를 보낸다. 수업이 끝난 뒤 학교 놀이터에서 놀고 있는 아이들은 손가락으로 뽑을 만큼 적다. 학교 공부가 끝나면 친구들이랑 뛰어놀며 스트레스를 풀고 새로운 에너지도 얻어야 하는데 아이들한테 그럴 시간이 없다는 게 너무 놀랍다. 중·고등학생들이 학교 끝나고 학원가서 밤 11시는 되어야 집에 들어온다는 얘기를 듣고 너무 안타까운 마음이 들었다. 중·고등학교는 수업도 늦게 끝나고 의무적으로 동아리 활동도 해야 한다고 했다. 우리 집 아이들이 중·고등학생이 되어서 학교 갔다 학원 끝나고 밤 11시 집에 돌아올 걸 생각하면 눈앞이 캄캄하다.

부모들이 아이를 키울 때 학비가 많이 들어서 힘들다며 아이를 한두 명 밖에 낳지 않는 경향이 있다. 정부에서 아이를 낳으면 양육비를 지원하고 임산부한테 진료비도 지원한다지만, 이 정책이 출산율을 늘리는 데 크게 효과를 얻지 못하는 원인이 다름 아닌 학비인 것 같다.

아이들이 학교에 들어갈 때부터 부모의 의지에 따라 여유 시간 없이 뭔가에 쫓기는 생활을 하다 보면 고학년에 올라가 부모의 말을 듣지 않는 경우가 생긴다고 한다. 누구든 이런 말을 한 번쯤 들어보았을 거다. "그 학생은 공부도 잘하고 부모님 말도 잘 듣는 착한 아이였는데 어느 순간부터 부모님 말도 잘 안 듣고 공부도 안 하더라." 이것은 어렸을 때부터 마음의 여유, 시간의 여유 없이 살다가 지쳐서 나온 문제이다. 이런 학생이 더 많이 늘어나지 않게 하기 위해서는 정부가, 부모가 무엇을 해야 할까?

어렸을 때부터 너무 많은 것을 시키지 않아야 한다. 사람이 아무리 많은 것을 배워도 마음에 병이 생기면 오래 가지 못한다. 마음이 건강한 사람은 얼마든지 무엇이든 배울 준비가 되어 있을 것이다. 이를 실천하기 위해서는 어른들이 바뀌어야 한다. 그래야 우리 아이들 학교생활이 즐거워진다.

인터넷에서 우연히 서울 강남의 어느 초등학교에 다니는 학생의 방학 일정표를 보았을 때 나는 할 말을 잃고 말았다. 새벽 5시 30분부터 밤 11시까지의 일정이 짜여 있었다. '이건 진짜 아니다'라는 생각이 들었다. 부모의 잘못일까, 사회의 잘못일까? 답은 어디에 있을까?

4

이주여성들은 고등학교에 대해서 잘 모르는 경우가 많다. 몽골에는 고등학교, 일반학교, 직업학교만 있다. 한국의 고등학교는 자율형, 사립고,

일반고, 특목고, 자공고, 마이스터고, 외국어고, 특성화고 등등 아주 다양하다. 중학교 3학년을 자녀로 둔 다문화 어머니들의 고민이 깊어진다. 다문화가정 부부들 중 남편이 나이가 많고 아이들 교육에 대해 잘 모르는 경우에는 아내한테 알아서 하라고 한다. 아내도 잘 모르면 아이가 혼자서 결정해야 한다. 물론 학생 자신의 생각이 우선이지만 부모와 상의하고 선택하는 게 좋은 결과를 불러올 수 있다. 어떤 고등학교를 선택해 가느냐에 따라 자녀의 진로가 결정될 수 있기 때문에, 중학교 다닐 때 잘 알아보고 본인에 맞는 학교를 선택할 수 있게 해야 한다. 안타깝게도 이주여성들 중에는 한국 교육에 대해서 모르는 경우가 많다. 아는 것이 힘이라는 말이 있다. 교육에 대한 생각과 지식의 폭을 넓혀야 한다. 그래야 아이와 대화하면서 아이가 본인에게 맞는 진로를 선택할 수 있게 도울 수 있다.

한국 엄마들은 아이가 직업고등학교에 가는 것을 별로 좋아하지 않는다는 걸 대화를 통해서 느꼈다. 난 생각이 좀 다르다. 자녀가 공부 쪽으로 가는 것을 바라지 않는 부모가 어디 있을까. 부모는 누구나 아이가 좋은 대학교 가고 좋은 직장 다니길 바란다. 하지만 현실은 생각대로 되지 않는다. 일반고등학교를 졸업하고 직업도 없이 알바하거나 막노동하는 것보다, 직업고등학교를 졸업해 직장에 다니면서 전문대학교를 다닐 수도 있다. 뉴스에서 대학생 문제가 갈수록 심각해지고 있다는 것을 들었다. 원인이 무얼까? 구인 광고를 보면 대학 졸업 이상 조건을 자주 볼 수 있다.

5

다문화가정에 대한 편견을 가진 이도 있지만, 편견 없이 바라봐주는 이들이 갈수록 많아지고 있다. 다문화가정을 특수한 존재로 취급하지 말고 선주민과 이주민이 어울려 소통하는 기회가 늘어났으면 한다. 요즘엔 학생들 대상으로 다문화문화 이해 교육을 많이 한다. 어느 학교에서 '다문화 이해' 수업 시간에 방송으로 다문화 아이들만 모이라고 했다는 얘기를 들은 적이 있다. 전반적으로 좋은 방향으로 달라지고 있지만 간혹 그런 학교도 있다. 다문화 이해 수업의 목표는 서로 잘 소통하고 잘 이해하고 잘 어울려 사는 것이다. 다문화가정 학생만 따라 불러서 교육을 시키거나 프로그램을 하는 것은 바람직하지 않다.

다문화 교육을 할 때 그 나라 문화를 알리는 것도 중요하지만, 한국에서 어떻게 살고 있는가를 소개하는 것이 더 중요하다고 생각한다. 다문화 수업을 하면 전통의상을 입고 음식을 소개하곤 한다. 실제로는 한국 사람들과 똑같이 생활하는 가정이 대부분이다. 나라마다 조금씩 차이가 있을 수 있지만, 몽골에서 온 이주여성의 가정은 한국의 일반 가정과 다를 것이 하나도 없다. 몽골이라고 하면 다 전통의 집 게르에 살고 말 잘 타는 걸로 알고 있지만 몽골의 도시 생활은 한국의 도시 생활과 똑같다.

나는 몽골문화 수업을 할 때, 특히 나이 어린 학생들의 수업에 들어갈 때는 처음부터 전통 의상을 입히지 않는다. 첫 인상이 중요하기에 처음부터 다르다는 생각을 주는 것은 좋지 않다. 나는 너희들과 다를 것이 없고 몽골에서는 이렇게 저렇게 생활했지만 한국에서는 너희들과 똑같이 산다는 것을 더 알리고 싶어 한다. 방송에서 유럽 사람들이 나오면 '글로벌'이라고 하고 아시아 사람들이 나오면 '다문화'라고 할 때가 있다. 명백한 차별이다. 같은 외국 사람인데 왜 이렇게 말할까? 이것도 동일하게 해야 한다.

6

한국 속담에 '뿌린 만큼 거둔다'는 말이 있다. '노력한 만큼 결과가 나온다'는 뜻을 담고 있다. 이주여성들이 처음엔 한국말도 모르고 아는 게 별로 없어서 힘들어 하는 경우가 있다. 하지만 한국말을 배우고 생활하면서 하나둘씩 해결된다. 어느 누구든 다른 나라에 가서 살면 적응 기간이 필요하다.

한국 엄마들이랑 스스럼없이 지내다 보면 좋은 분들이 많다. 아이들 교육에 관심이 많고 정보도 많이 알고 있어서 많은 도움을 받을 수 있다. 그러기 위해서는 한국어 공부도 당연히 해야 하지만, 이주여성 본인 스스로 외국 사람이라는 생각으로 거리를 두지 않아야 한다. 한국말이 조금 서툴러도 먼저 다가가 서로 알게 되면 좋은 인연이 될 수 있다.

내 아이들을 위해서 당연히 엄마가 먼저 움직이며 노력해야 한다. 본인이 할 수 있는 모든 것에 도전하여, 비록 한국 엄마들과는 언어와 문화의 차이가 있을지언정 실패와 역경을 두려워하지 않고 계속 전진해나가는 씩씩한 모습을 기대한다.

한국이 좋은 이주여성들과 함께

최진희(아시안허브 대표이사)

왼쪽부터. 허령(중국), 이경숙(중국), 최진희(아시안허브 대표이사), 자야(몽골)

아시안허브는 다문화여성들을 교육해서 일자리를 창출하는 사회적기업입니다. 오전에는 주로 초기 입국자에게 한국에 적응할 수 있도록 기초 한국어교육 및 멘토링을 해주고 오후에는 취업과 연결되는 전문 한국어 교육을 실시하고 있습니다. 또 전문 아나운서가 이주여성들을 대상으로 스피치교육을 해주고 있습니다. 전문가 과정에는 한국에서 생활한 지 오래된 몽골, 중국 출신들이 많습니다. 이들의 공통점은 모두 한국인 못지않은 학구열과 한국어 실력을 가지고 있다는 점입니다. 그럼에도 불구하고 한국생활이 쉽지만은 않았습니다. 한국에 유학생으로 와서 결혼을 한 경우도 있고, 결혼을 위해 한국으로 들어온 경우도 있고…… 처음 한국을 접하게 된 동기는 다르지만, 모두가 한국인의 아내, 한국인의 며느리로 살아가면서 공통점에 맞장구치고 웃으며 서로를 다독입니다.

어느 날 오후에 우리 넷이서 짧은 얘기를 나눠보았습니다. 좌담도 아니고 토의도 아니고, 결혼이주여성 세 사람이 자신의 한국생활 경험 중에서 '가장 하고 싶은 말'을 발표하는 자리였습니다. 이들의 짧은 발표에는 한국인, 한국사회가 함께 공감할 긴 여운이 있다고 생각합니다.

최진희 한국생활이 쉽지만은 않겠지만, 이렇게 평일 오후에 전문 스피치 교육을 받을 수 있는 여러분 정도면 한국사회의 문화혜택을 잘 누리고 사는 사람들 아닌가요?

자야 물론 저는 유학생으로 먼저 한국에 들어왔기에, 한국의 대학캠퍼스부터 남들보다 많은 한국 문화를 접할 수 있었습니다. 지금도 몽골어 특성을 살려서 직장생활도 하고 있고요. 여러 가지로 행복한 한국생활이 많지만, 한국인들도 그렇죠? 학교 다닐 때가 제일 좋았다고. 저도 한국생활을 떠올리면 학창시절이 가장 먼저 떠오르는 것 같아요.

허령 저도 가족의 협조로 이 자리까지 왔는데요. 처음에는 누구든 타인들끼리의 만남은 갈등의 연속인 것 같아요. 그래서 저는 소통이라는 단어에 집중을 하기 시작했고 가까운 사람부터 소통을 잘할 수 있는 방법을 고민해봤습니다. 가까운 사람일수록 더 예의를 지키고 마음을 다하게 되면 훨씬 원활한 소통을 할 수 있고 관계가 오래 유지 되는 것 같아요.

이경숙 사람들이 저를 욕심 많은 억척아줌마라 할 수도 있어요. 직장생활을 하면서 왕복 4시간이 넘게 걸리는 여기까지 와서 스피치교육을 받고 있으니까요. 제가 한국인으로서 한국사람과 가정을 이루어 살고 있고 한국인들과 직장생활을 하고 있는데도 여전히 어눌한 말투는 항상 컴플렉스예요. 이렇게는 10년, 20년을 살아도 나는 외국인이겠구나 생각하니 너무 마음 아프더라고요. 그래서 이 교육도 열심히 받고 다른 일에도 최선을 다하면서 살고 있습니다. 언젠가는 사람들과 대화할 때 저도 한국사람처럼 자연스러워질 수 있겠죠?

최진희 다들 행복해 보이지만 하나씩은 고민을 안고서 한국생활을 하고 있는 커리어우먼 이주여성 세 분의 발표를 차례로 경청해 보겠습니다.

그 친절한 마음이 널리 확장되기를

자야(몽골)

내가 한국에 와서 가장 행복했던 순간은 유학생 시절입니다. 어렸을 때부터 유학을 가는 언니, 오빠들 보고 늘 부러웠어요. 그래서 언젠가 대학교 졸업하고 꼭 유학을 떠나겠다는 마음을 가졌습니다. 내가 유학을 떠나고 싶었던 이유 중 하나는 항상 나보다 더 많은 걸 알고 있고, 더 많은 걸 배우고, 더 많은 경험을 쌓고 있는 친구들이 부러웠기 때문입니다. 외국어를 배우고 싶어서 학원을 다녔으면서도 잘 깨우쳐지지 않았던 나는, 대학교를 졸업하고 회사에 다니면서도 유학 가고 싶은 꿈을 포기하지 못하고 유학 떠나는 방법을 열심히 알아 봤답니다. 어느 날 유학전문 회사에 가서 신청을 하게 되었고, 그로부터 한 달 만에 드디어 한국외국어대학교로 유학을 오게 되었습니다.

유학을 온 그날부터 "나의 행복한 유학생활"이 시작되었고, 그날부터 모든 것을 새로 시작하였습니다.

모든 한국어 선생님들이 너무 친절하고, 수업도 재미있게 잘 진행하셔서 공부하기에 참 좋았습니다. 모든 대화를 한국어로 해야 해서, 한국어를 전혀 모르는 나는 빨리 한국어를 배워야 했습니다. 신기하게도 생각보다 빨리 배울 수 있었습니다. 특히 한국 여자들의 말하는 모습이 너무 예뻐서 보고 들으며 따라하다 보니 금방 늘었답니다.

몽골에서 회사 생활을 했던 내가 학생, 유학생이 되어, 모든 사람들이 나를 학생, 몽골학생, 외국인 학생이라고 부르는 것도 느낌이 신선했습니다. 외국인 친구들도 많이 생겼습니다. 우리는 한국어로 꼬박꼬박 말을

1977년 5월 29일 태어남. Mongolian & Korean News 신문 편집국장

하면서 잘 어울리고, 같이 공부도 하고, 학교 친구들끼리 회식도 하고, 늘 행복했습니다. 시험 있는 날은 외국인 친구들이 "괜찮아~ 자야"라고 따뜻하게 용기를 줬답니다. 그렇게 나는 "괜찮아"라는 말을 배웠습니다. 지금도 힘든 일이 있을 때마다 "괜찮아~ 자야"라는 말을 나 자신에게 친구들 대신으로 해주곤 합니다.

내륙 국가에서 온 내가 학교 친구들과 같이 처음 바다도 보고, 회도 먹었습니다. 지금은 바다도 회도 너무 좋아하는데, 특히 한국음식 중에 제일 좋아하는 회를 그렇게 처음 먹게 된 것이었지요. 다양한 나라에서 온 친구들 중에 처음 눈에 들어온 친구와는 같이 새해를 기숙사 밖에서 보내기도 했습니다.

나는 기숙사 생활을 중국인 친구랑 같이 했어요. 그녀의 이름은 "소아"였습니다. 나보다 공부도 열심히 하고, 착하고, 예쁘게 생겼습니다. 그 친구가 매일 "자야 예뻐요, 자야 착해요, 자야 숙제해요, 자야 공부 열심히 해요, 자야 아프지 마요! 자야 건강해야 되요!"라는 말로 나를 보살펴줬습니다. 그녀가 나에게 새해 편지를 보낸 적도 있습니다. 나와 같이 기숙사에 살면서 생각하고 느낀 것을 적은 편지였습니다. 나는 그 편지에 정말 감동했지만 한편으로는 놀랍기도 했습니다. 부모님 외에도 늘 나를 생각하고 그리워하는 사람이 있다는 사실을 깨달았기 때문입니다. 우리는 헤어지는 것이 무척 슬펐습니다. 지금도 그 친구가 너무 보고 싶습니다.

한국 유학생 생활은 말로 표현 할 수 없을 만큼 즐겁고 행복했습니다. 학기마다 새로 들어온 외국인 친구들도 있고, 학기마다 본국으로 돌아간 친구들도 많았습니다. 한국 유학생 생활을 같이 했던 친구들은 서로 친해져서 헤어지기를 무척 아쉬워했습니다.

제일 기억에 남는 추억은 어느 날 내가 아파서 수업에 들어가지 못하고 기숙사에 누워 있던 때였습니다. 그때 우리 반 친구들이 수업 끝나고 약을 사왔더군요. 그 친구들이 나를 위해 약을 사온 것만큼 기억에 남는 선물이 있을까요?

한국인과 외국인의 구별이나 경계 없이 같은 사람으로서 서로 따뜻하고 친절했던 유학생 시절의 그 마음들이 더 넓게 퍼져야만 한국사회는 더 행복할 수 있을 거라고, 나는 믿는답니다.

시멘트와 모래에는 '물'이 있어야

허령(중국)

'행복한 사람들은 다 똑같지만 불행한 사람들은 제각기 다르다'라는 명구가 생각납니다. 행복한 생활에 대한 정의는 사람마다 다를 것입니다. 한 사람의 행복이 반드시 다른 사람들의 눈에도 행복이라는 보장은 없겠지요. 하지만 그 명구에서 말하는 '같다'라는 말은 행복한 생활의 가장 기본적인 요소를 지칭하고 있습니다. 결혼이주여성으로서 내 개인적 경험에 비춰보자면, 행복한 삶의 가장 핵심적인 요소는 부부간의 양호한 소통일 것 같습니다. 다시 말해서 부부 사이에 소통이 원활하고 서로 믿음이 있으며, 서로 깊이 사랑하는 것이 한 가정의 행복 여부를 결정하는 주요 조건이 된다는 것이지요. 행복한 가정의 구성원들이 느끼는 행복감은 그들 내면의 안정감을 강화시키고, 갖가지 위기를 견뎌낼 수 있게 해주며, 폭풍의 습격도 두려워하지 않게 해줍니다.

내가 이런 결론을 얻을 수 있었던 것은 직접 겪었던 일련의 잊기 어려운 경험 때문입니다. 나는 2004년에 중국을 떠나 한국으로 와서 지금까지 12년째 살고 있습니다. 막 한국에 도착하여 한동안은 어머니와 함께 생활하다가 나중에 어떤 사람의 소개로 지금의 남편을 만나게 되었습니다. 우리는 서로 교류하는 과정에서 점차 감정이 깊어지고 뜨겁게 사랑하게 되었고, 결국 양가 부모님의 허락을 받아 여러 친척, 친구들의 축복 속에서

1972년 6월 4일 태어남. 1997년 09월~2004년 11월 중국 광동성 심천시 천도유한공사(비서 인사 행정부서 근무), 2004년 12월 한국으로입국, 2005年 01월~2008년 07월 (주)대교 차이홍중국어 방문교사, 서울삼육초등학교 중국어 전담교사, 2008년 08월~ 2013년 08월 전업주부, 2013년 09월~2015년 06월 (주)네이버스 중국어 번역사, 2015년 07월~현재 프리렌서 번역사로 활동, 현재 번역사·서울문화관광해설사

백년가약을 맺게 되었습니다. 그 뒤로 두 식구는 금세 네 식구가 되었고 시어머니까지 더해 지금은 다섯 식구가 함께 시끌벅적한 생활을 하고 있답니다.

내가 시어머니와 함께 산다는 얘기를 듣는 사람들은 동정 어린 말투로, "정말 쉽지 않은 일이야", "정말 착한 며느리네.", "스트레스가 이만저만이 아닐 텐데"라고 했습니다. 사람들이 이렇게 말하는 이유는 한국사회의 전통에서 유교사상을 대단히 중시하고 있고, 따라서 한국 남성에게 시집가는 외국인 여성들은 고부관계를 잘 유지하기가 쉽지 않다고 생각하기 때문입니다. 하지만 나는 지금 매일 아내와 며느리, 엄마라는 세 가지 역할을 무리 없이 잘 소화해내고 있습니다. 비록 모든 역할이 대단히 훌륭한 것은 아니지만 매일 충분한 만족감과 행복감을 느끼고 있답니다.

사실 나는 결혼생활을 시작해 얼마 동안은 이것이 행복이라고 느끼지 못했고, 우리 가족이 줄곧 화목하기만 했던 것도 아니었습니다. 막 결혼했을 때, 우리 부부는 성격이 잘 맞아 매일 끝없는 대화를 나누었고, 때때로 무척 낭만적인 시간을 갖기도 했습니다. 하지만 연이어 아이들이 태어나면서 늘어난 가사와 육아 등으로 몹시 바빠지게 되었고, 부부 둘만 있는 시간이 갈수록 적어지기 시작했습니다. 두 사람 사이에 점차 마찰이 생기게 되었고, 하루하루 아이들이 자라남에 따라 집안의 사소한 일 때문에 종종 시어머니와도 의견 차이가 생기게 되었습니다. 이럴 때 남편이 내 편을 들어주지 않으면 몹시 마음이 상했습니다. 걱정하실까 두려워 친정엄마에게 고충을 털어놓을 수도 없었지요. 그때는 이 세상에 나를 이해해주는 사람이 하나도 없다는 생각이 들어서 심각한 우울증을 앓기도 했답니다. 매일 어떻게 이런 곤경에서 벗어나야 좋을지 고민했습니다. 심지어 경솔하게 목숨을 버릴 생각까지 하게 되었습니다. 간신히 얼마 남지 않은 나의 이성이, 나의 불행이 우리 엄마의 마음을 아프게 할 수 있다는 생각을 갖게 해주었습니다. 결국 모든 것을 참고 견디는 수밖에 없었지요. 하지만 충돌은 극한에 이르러 마침내 폭발하고 말았습니다. 나는 자신의 억울함과 불만을 속 시원히 다 털어놓고 마지막으로 남편에게 함께 살아갈 방법이 없으니 깨끗하게 이혼하자고 말했습니다.

그제야 남편은 문제의 심각성을 인식하게 되었답니다. 그리하여 우리는 부부 간의 소통과 관계조율에 관한 프로그램에 참여하게 되었습니다. 이 프로그램에서 내게 가장 깊은 인상을 주었던 것은 강사 선생님의 첫 번째 질문이었습니다. 강사 선생님은 내게 부부 두 사람이 매일 단 둘이 대화하는 시간을 적어보라고 했어요. 자세히 따져보니 밥하고, 청소하고, 아이들 돌보고, 빨래하고, 밥 먹고, 잠자는 시간을 빼면 부부가 단 둘이 대화하는 시간이 제로에 가까웠습니다. 너무나 뜻밖에도 남편의 대답도 나와 다르지 않았습니다. 당시 마음속의 느낌은 말로 표현할 수가 없었답니다.

강사 선생님은 우리에게 결혼 초기의 상황으로 돌아가 상대방과의 대화 시간을 가져볼 것을 권했습니다. 이러한 과정을 통해 나는 자신의 심각한 소홀함을 깨닫게 되었습니다. 이어서 숙제가 주어졌어요. 매일 두 사람이 일정 시간을 할애해서 서로 그날 일어났던 일들과 생각에 대해 얘기를 주고받으라는 것이었습니다. 아울러 하루에 몇 통의 전화와 문자메시지를 주고받으면서 서로 안부를 묻고 교류를 하라고 했습니다. 처음에는 조금 어색하여 무슨 얘기를 해야 좋을지 몰랐습니다. 하지만 강사 선생님과 약속한 바가 있었기 때문에 고정적으로 매일 몇 번의 전화통화를 해야 했고, 집으로 돌아오면 단 둘이 대화하는 시간을 가져야 했습니다. 이를 통해 우리는 조금씩 상대방의 진지하고 성실한 마음을 느낄 수 있었고, 상대방의 입장에서 서로를 고려하기 시작했으며, 연애 시절에 서로에게 보여줬던 갖가지 장점들을 기억해내기 시작했습니다. 이렇게 마음속의 빙산이 녹기 시작하면서 우리의 대화 시간은 갈수록 길어졌답니다. 내용도 아이들 교육에서 남편의 일과 집안의 사소한 일상까지 확대되었어요. 그리고 이러한 습관은 지금까지도 지속되고 있습니다.

그 프로그램의 마지막 수업에서 강사 선생님은 우리 두 사람에게 공동으로 한 가지 미션을 수행할 것을 요구했습니다. 이 미션에서 우리 부부는 두 사람이 공동으로 협력하여 묵계에 따라 최단 시간에 임무를 완수했습니다. 프로그램이 끝날 무렵, 나는 남편이 쓴 축하 카드와 꽃다발을 받았고, 우리는 모든 것을 다시 시작할 수 있게 되었습니다.

그때 이후로 우리는 매일 대화하면서 전화와 문자메시지를 주고받는 습관을 유지하고 있습니다. 이런 방식이 두 사람의 친밀감과 귀속감을 증진시켜 주고 서로의 감정을 처음 연애할 때의 상태로 유지해줍니다. 더욱 신기한 것은 남편과의 관계가 개선된 뒤로 아주 자연스럽게 시어머니와의 관계에도 변화가 생겼다는 점입니다. 지금 나는 시어머니께 우리 남편을 낳아주시고 나의 생각을 최대한 이해해주신 데 대해 더없이 고마운 마음을 갖고 있답니다. 간혹 나와 시어머니 사이에 생각의 차이가 생길 때면 남편이 쌍방의 입장에서 적당히 조절에 나서줍니다.

이런 사건이 있고 나서 나는 유가의 전통이 주요 도덕적 기초로 뿌리 내리고 있는 한국사회에서 행복한 가정을 유지하기 위해서는 부부의 화목이 가장 중요한 조건이고, 부부가 화목하기 위해서는 두 사람 사이에 양호한 소통이 이루어져야 한다는 사실을 뼈저리게 깨달았습니다. 그래야만 서로에 대한 이해가 깊어질 수 있고, 부부관계도 안정적으로 유지될 수 있으며, 이에 따라 원만한 고부관계의 유지도 그다지 어렵지 않은 일이 될 것이고, 또한 시댁 식구들과 함께 어울리는 것도 어색하지 않은 일이 될 것입니다. 이것이 바로 "마누라가 예쁘면 처갓집 쇠말뚝을 보고도 절을 한다"라는 애정 파급의 원리라고 생각합니다.

부부가 함께 생활하는 시간이 길어지다 보면 권태기가 찾아오는 것도 피할 수 없을 것입니다. 하지만 나와 비슷한 일을 겪고 있고 부부관계를 개선시키고 싶어 하는 여성들에게 실천을 통해 성공이 확인된 내 방법을 권하고 싶습니다. 다름 아니라, 자신의 또 다른 절반과 최대한 많이 소통하는 것입니다. 부부를 시멘트와 모래로 비유한다면 소통은 물이라 할 수 있지요. 물은 아주 연약해 보이지만 시멘트와 모래를 아주 단단하게 만들어 강한 충격을 견딜 수 있는 힘을 갖게 해줍니다. 이처럼 소통은 부부가 손을 잡고 함께 안정적이고 행복한 가정을 유지할 수 있게 해주는 최상의 에너지입니다. 나처럼 한국에서 생활하는 모든 외국 여성들이 소통하는 습관을 통해 행복하고 자신의 뜻에 맞는 생활을 영위할 수 있기 바라 마지않습니다. 다문화가정, 이주여성가정의 행복은 한국사회의 행복을 늘리고 높이는 데도 크게 이바지할 것입니다.

겨울옷을 봄옷으로 바꿔 입은 것처럼

이경숙(중국)

저는 가끔 잠들기 전에 제가 한국에 처음 오던 날을 생각해보곤 합니다. 저는 2003년 3월에 한국에 처음 왔습니다. 한국과 중국은 기온 차이가 많이 나서 중국 공항에서 두꺼운 겨울옷을 봄옷으로 바꿔 입었습니다. 그러자 비로소 한국에 간다는 게 실감이 났습니다. 저도 모르게 흐르는 눈물을 멈출 수가 없었습니다. 그랬던 제가 어느덧 한국에서 13년째 살고 있습니다.

13년 동안 크고 작은 일들이 많이 있었습니다. 현재 제 가족은 세 명인데, 남편은 1남 3녀 중 외아들입니다. 시댁 부모님들은 저희 집에서 10분 정도 떨어진 단독주택에 살고 계시고, 저는 남편과 9살 아들과 함께 아파트에서 살고 있습니다.

지금은 별다른 문제없이 작은 행복을 누리며 살고 있지만 9년 전만 해도 불임 때문에 경제적으로도 육체적으로도 너무 힘들었습니다. 시험관 이식을 5번이나 한 끝에 5년 만에 지금의 아들을 낳았습니다. 남의 가정사도 잘 모르면서 주변 사람들은 외국인 며느리가 시댁 재산을 챙겨서 도망가려고 아이를 안 낳는 것 아니냐고 비난하는 이야기도 들었습니다. 그때마다 저의 시어머님께서, "세상 사람들이 다 너를 외국인 며느리라고 무시하고 비난해도 너는 내 며느리이고 나는 너를 외국인 며느리라고 생각해본 적이 한 번도 없으니 주변 사람들 때문에 상처 받지 말고 항상 씩씩하게 살아라"하고 다독여 주셨습니다. 저를 늘 걱정해주시고 아껴주시는 시부모님들을 실망시키지 않으려고 한국어 공부도 해서 토픽 자격증

1976년 4월 24일 태어남. 김포시 (사)한국이주민복지회

도 받았고 다른 여러 가지 자격증들을 땄습니다.

저는 아들을 세 살 때부터 어린이집에 보냈는데 혹시라도 엄마의 억양을 따라 하다 보면 나중에 발음이 정확하지 않아 놀림을 받을까 봐 걱정이 앞섰습니다. 저도 사람들과 잘 어울리지 않았습니다. 하지만 이러다간 외톨이가 되겠다는 생각에 뭔가 할 수 있는 일이 없을까 찾던 중 김포에 있는 한국이주민복지회에서 다문화 강사를 모집한다는 공지를 보고 지원을 했습니다. 연수를 받고 2012년 4월에 입사를 해서 1년 정도 다문화 강사로 일을 하다가 2년째부터는 사무보조도 하면서 강사활동도 하고 다양한 분야에서 활동을 했습니다. 열심히 한 결과 올해는 실장으로 승진했습니다.

사회생활을 하다 보니 조금씩 욕심이 생겼습니다. 2013년부터 김포경찰서 외사계에서 다문화 치안봉사단 단장으로 활동을 하고 있으며, 2014년 10월 21일 경찰의 날에는 김포경찰서장으로부터 외국인과 내국인 사이에서 중요한 역할을 해주었다고 표창까지 받았습니다. 2015년 근로자의 날에는 김포시장으로부터 결혼이민자와 중도입국자녀들이 안정적으로 정착할 수 있게 도와주었다고 표창을 받았습니다. 제가 노력한 것보다 더 큰 상을 받게 되어 감사한 마음이었습니다. 어머니 방범대에 최초로 외국인 엄마로 초대되어 작년부터 본격적으로 활동을 하고 있으며 작년에는 전 국회의원인 이자스민 의원이 교장으로 있는 꿈드림 학교에 일 년 동안 다녔고 졸업식 때는 개근상에 장학금까지 받았습니다.

올해 5월에는 서울시에서 주관하는 취업 성공 멘토링에서 박원순 시장께서 직접 임명장을 주셨습니다. 현재 다섯 명의 멘티들과 열심히 활동하고 있습니다. 부족한 저를 많은 분들이 믿어주시고 좋게 봐주셨기 때문에 이렇게 활발하게 활동하며 좋은 결과가 있었던 것 같습니다.

내가 만약에 중국에 있으면 이러한 행복을 누릴 수 있을까 싶을 정도로 행복하게 살고 있습니다. 겨울옷을 봄옷으로 바꿔 있은 것처럼, 어려움과 원망도 사랑과 행복으로 생각하면서 세상을 더 아름답게 느끼고 있습니다. 지금처럼 결혼이주여성의 한 선배로서 좋은 모습을 보여주면서 좋은 정보를 공유해 나갈 것입니다. 우리 외국인 며느리들이 당당하고 행복하게 사는 모습을 보여주고 싶습니다. 한국사회의 일원으로서, 늦게 시작한 한국인으로서 말입니다.

번역자 일람

류초롱 - 가치체계를 재정립할 때가 왔다 망고 제인 안기르(케냐)
한미선 - 젊은이들에게 정치참여 시스템을 리티카 듀타(인도)
조정연 - 경쟁과 자전거 솔튼 그리트 윌리엄(네덜란드)
최상희 - 부탄과 한국, 행복과 문화 치미 왕모(부탄)
김주은 - 냉소주의를 넘고 비교를 내려놓는다면 다니엘 튜더(영국)
손석주 - 한국과 독일의 사회복지 실상에 비춰볼 때 다니엘 종 스베켄디크(독일)
이지애 - 진정한 다문화 한국을 위해 팀 알퍼(영국)
김혜나 - 젊은 세대의 개인 중심과 공익캠페인 본 제프리(미국)
김태성 - 구동존이(求同存異)의 '인지 공동체'를 건립하면 진카이(중국)
하재홍 - 이제 고정관념을 버리세요 김빈(베트남)
김태성 - 시멘트와 모래에는 '물'이 있어야 허령(중국)

| 박태준미래전략연구총서를 펴내며 |

현재가 과거의 축적 위에 있듯 미래는 현재를 포함한 과거의 축적 위에 있게 된다. 과거와 현재가 미래의 상당한 실재를 담보하는 것이다. 다만, 소통의 수준에는 격차가 크다. '역사와의 대화'에서 확인할 수 있는 것처럼 현재가 과거와 소통하는 일은 선명한 이해를 이룰 수 있어도, 현재가 미래와 소통하는 일은 희미한 공감을 넘어서기 어렵다. 이른바 'ICT시대'라 불리는 21세기 '지금 여기'서는 더욱 그러하다. 현란하고 다양한 현재의 상상력들이 서로 융합하고 충돌하면서 예측불허의 창조적 조화를 생성하기 때문이다. 그러나 그것이 인간 또는 인간사회의 어떤 근원적인 문제를 해결할 수는 없다.

나는 어디서 와서 어디로 가는가? 어떻게 살아야 인간답게 사는 것인가? 이런 질문들은 모든 개인에게 가장 근원적인 문제다. 이 문제의 완전한 해답이 나오는 날에 인문학은 사그라질지 모른다.

더 나은 공동체로 가는 변화의 길은 무엇인가? 더 나은 공동체로 가는 시대정신과 비전은 무엇인가? 이런 질문들은 인간사회가 결코 놓아버릴 수 없는 가장 근원적인 문제다. 이 문제가 '현재 공동체에서 벗어날 수 없는 우리'에게 당위적 책무의 하나로서 미래전략 탐구를 강력히 요청한다. 거대담론적인 미래전략도 있어야 하고, 실사구시적인 미래전략도 있어야 한다.

거대담론적인 미래전략 연구가 이상적(理想的)인 체제를 기획하는 원대한 작업에 주력한다면, 실사구시적인 미래전략 연구는 가까운 장래에 공동체가 당면할 주요 이슈들을 예측하고 대응책을 제시하는 작업에 주력한다. 박태준미래전략연구소는 앞으로 일정 기간 동안 후자에 집중할 계획이며, 그 결실들을 총서로 출간하여 더 나은 공동체를 향해 나아가는 사회적 자산으로 공유할 것이다.

꼭두새벽에 깨어난 이는 먼동을 예감한다. 그 먼동의 한 자락이 이 총서에 담겨 있기를 바랄 따름이다.

박태준미래전략연구소

박태준미래전략연구총서 4
대한민국 행복지도 ©망고 제인 안기르 외

발행일 2016년 10월 31일 초판 1쇄 발행
2017년 7월 28일 초판 2쇄 발행
펴낸이 김재범
펴낸곳 (주)아시아
지은이 망고 제인 안기르 외
편집 김형욱, 신아름
관리 강초민, 홍희표
출판등록 2006년 1월 27일 제406-2006-000004호
인쇄 · 제본 AP프린팅
종이 한솔 PNS
디자인 나루기획

전화 02-821-5055
팩스 02-821-5057
주소 경기도 파주시 회동길 445(서울 사무소: 서울시 동작구 서달로 161-1 3층)
이메일 bookasia@hanmail.net
홈페이지 www.bookasia.org
페이스북 www.facebook.com/asiapublishers

ISBN 979-11-5662-291-8 (94080)
979-11-5662-119-5 (set)

* 값은 뒤표지에 있습니다.

이 도서의 국립중앙도서관 출판도서목록(CIP)은 서지정보유통지원시스템 홈페이지(http://seoji.nl.go.kr)와
국가자료공동목록시스템(http://www.nl.go.kr/kolisnet)에서 이용하실 수 있습니다.
(CIP제어번호: CIP2016024658)